TECNOLOGIA, FAMÍLIA E RELAÇÕES SUCESSÓRIAS

TUTELA DAS PESSOAS E PROTEÇÃO PATRIMONIAL

MARCOS EHRHARDT JÚNIOR
MARCOS CATALAN
Coordenadores

TECNOLOGIA, FAMÍLIA E RELAÇÕES SUCESSÓRIAS

TUTELA DAS PESSOAS E PROTEÇÃO PATRIMONIAL

Belo Horizonte
FÓRUM
CONHECIMENTO JURÍDICO
2024

FÓRUM
CONHECIMENTO JURÍDICO

Luís Cláudio Rodrigues Ferreira
Presidente e Editor

Coordenação editorial: Leonardo Eustáquio Siqueira Araújo
Revisão: Bárbara Ferreira
Capa, projeto gráfico e diagramação: Walter Santos

Rua Paulo Ribeiro Bastos, 211 – Jardim Atlântico – CEP 31710-430
Belo Horizonte – Minas Gerais – Tel.: (31) 99412.0131
www.editoraforum.com.br – editoraforum@editoraforum.com.br

Técnica. Empenho. Zelo. Esses foram alguns dos cuidados aplicados na edição desta obra. No entanto, podem ocorrer erros de impressão, digitação ou mesmo restar alguma dúvida conceitual. Caso se constate algo assim, solicitamos a gentileza de nos comunicar através do *e-mail* editorial@editoraforum.com.br para que possamos esclarecer, no que couber. A sua contribuição é muito importante para mantermos a excelência editorial. A Editora Fórum agradece a sua contribuição.

Dados Internacionais de Catalogação na Publicação (CIP) de acordo com ISBD

T255 Tecnologia, família e relações sucessórias: tutela das pessoas e proteção patrimonial / Marcos Ehrhardt Júnior, Marcos Catalan (coord.). Belo Horizonte: Fórum, 2024.

225 p. 14,5x21,5cm
ISBN impresso 978-65-5518-831-8
ISBN digital 978-65-5518-833-2

1. Direito civil e tecnologia. 2. Novas tecnologias. 3. Inteligência artificial. 4. Direito e tecnologia. 5. IA e direito. 6. Responsabilidade civil e tecnologia. 7. Contratos eletrônicos. I. Ehrhardt Júnior, Marcos. II. Catalan, Marcos. III. Título.

CDD: 342.085
CDU: 347

Ficha catalográfica elaborada por Lissandra Ruas Lima – CRB/6 – 2851

Informação bibliográfica deste livro, conforme a NBR 6023:2018 da Associação Brasileira de Normas Técnicas (ABNT):

EHRHARDT JÚNIOR, Marcos; CATALAN, Marcos (coord.). *Tecnologia, família e relações sucessórias*: tutela das pessoas e proteção patrimonial. Belo Horizonte: Fórum, 2024. 225 p. ISBN 978-65-5518-831-8.

SUMÁRIO

A TÍTULO DE EXÓRDIO: O QUE ULISSES TEM A VER COM A FAMÍLIA, A SUCESSÃO OU A DISRUPÇÃO TECNOLÓGICA?

Uma das personagens mais complexas gestadas pelo intelecto humano na antiguidade clássica – Ulisses, em grego, Odysséus – inaugura aquele que parece ser o último trabalho de Luc Ferry vertido ao vernáculo, ao largo do qual o pensador francês retoma algumas das personagens mais icônicas da mitologia grega, procurando explorar sua atualidade.

Ulisses, aliás, apesar de sua indiscutível importância na guerra que imortalizou Aquiles, nunca a desejou, preferindo o rei de Ítaca, não fosse a necessidade de honrar um antigo juramento, a companhia de Penélope e de seu primogênito Telêmaco, com quem pouco convivera antes de partir para Troia. Se o inconteste desejo de retornar a Ítaca não serve como viva prova do eudemonismo legado ao presente pela antiguidade grega – adjetivo ulteriormente ofuscado por séculos de controle moral das liberdades humanas no âmbito das relações familiares imposto pelas doutrinas monoteístas –, as lágrimas que escapam dos seus olhos, todas as noites, ao longo de sete anos, mostram que ele prefere abandonar a vida paradisíaca ao lado da encantadora Calipso e até mesmo as promessas de vida e juventude eternas, pois crê que a "harmonia vale muito mais do que a própria imortalidade" .

A epopeia narrada por Homero permite, então, pensar a família e, antes dela, a pessoa humana, alimentando reflexões "de uma profundidade abissal sobre o sentido da vida, sobre a sabedoria e a vida boa para os mortais [e] refletir sobre os obstáculos que podemos encontrar nesse caminho" de modo a "tomar consciência das forças caóticas que se opõem na vida real ao êxito, sempre incerto," de cada projeto existencial arquitetado pela subjetividade humana.

Em um segundo plano, a despeito dos muitos pretendentes à mão da devota, perseverante e sagaz Penélope e, consequentemente, ao trono da empobrecida Ítaca, levando a cabo a sucessão ficta de Ulisses – de quem vale lembrar não houve notícias por uma década –, esta levou algum tempo mais para ocorrer.

Enfim, a tecnologia é outra marca na vida de Ulisses, afinal em diversas passagens ele fez uso de recursos técnicos para sobreviver. Talvez isso se dê por conta dos traços genéticos legados por Sísifo. Fato é que Ulisses "não é apenas astuto, é inteligente, quer conhecer tudo, se enriquecer sempre com saberes e experiências novas que possam alargar seu horizonte intelectual cultural e moral". Esta forma de ver o mundo retroalimentou as soluções criativas que permitiram seu retorno à Ítaca, dentre as quais podem ser listadas: o cavalo de Troia, a estaca usada para cegar Polifemo e os carneiros amarrados de 3 em 3, usados para escaparem da caverna do ciclope, o antídoto para a poção de Circe que o transformaria em porco e, ainda, a cera nos ouvidos da sua tripulação, que impediu que seus homens fossem seduzidos pelo canto das sereias.

Tudo isso está de algum modo presente neste livro, obra que encontrou em Ulisses uma premissa velada, afinal, tem por escopo explorar como as transformações tecnológicas impactam a dimensão existencial da pessoa humana, as relações familiares e sucessórias.

O livro, que pode ser lido em um sopro só, funde ideias desenvolvidas por professores respeitados no cenário nacional e internacional, tanto por sua atuação acadêmica como por seus sucessos na práxis, à energia de jovens promessas que dão vivas provas de que souberam aproveitar ao máximo as lições de seus mestres. Anote-se ainda que diversos estados da Federação estão muito bem representados ao longo das páginas que dão vida a este opúsculo, parte deles unida pelos laços forjados no contexto da rede de pesquisas Agendas de Direito Civil Constitucional.

Para não dilatar demais este breve exórdio e alimentar a ansiedade de todas as pessoas que nos agraciam com sua leitura, é tempo de reforçar que, tendo por foco a pessoa humana enquanto ser em formação a obra discute, inicialmente, com muita densidade, temas como o *cyberbullying*, o *(over)sharenting*, a *internet of toys*, procurando entender como o Direito tem lidado com estes fenômenos típicos da virtualização das relações sociais.

Os artigos alinhavados também enfrentam os limites e possibilidades de crianças serem personagens nas redes sociais, bem como a necessária proteção da infância frente a manipulação dos infantes por um sistema de mercados cada vez mais ousado e sofisticado, assunto deveras atual e que impacta diretamente na formação da personalidade humana.

As relações entre a Quarta Revolução Industrial, a vida e a morte das pessoas são objeto da segunda parte do livro, explorando assuntos como os testamentos digitais, a simbiose entre a tecnologia *blockchain* e a saúde e o papel do antropocentrismo na modulação normativa da inteligência artificial, merecendo destaque os ensaios lapidados por Marco Berberi e Jocevaldo Macêdo e, ainda, por Adriano Godinho, por abrirem as portas da imaginação e nos provocarem a pensar um pouco do que está por vir; algo que talvez permeie o presente, não apenas a imaginação humana.

Não podemos deixar de agradecer, efusivamente, o comprometimento e cuidado de cada pessoa envolvida neste livro, que procura conectar a disrupção tecnológica ao cotidiano das relações privadas abarcadas pelo Direito Civil e pelo Direito do Consumidor e é por isso que registramos, aqui, nossa profunda gratidão a autores, autoras e a toda equipe da Editora Fórum por seguirem acreditando que juntos podemos moldar um mundo menos injusto.

Enfim, que as pessoas que de algum modo venham a ter contato com esta obra possam experimentar a mesma sensação, eis nosso mais sincero desejo, em especial, quando relembramos o compromisso que temos com a qualidade das pesquisas e ensaios fundidos a este livro, algo que sempre tivemos como inegociável desde o momento em que o projeto editorial foi concebido.

Marcos Catalan
Marcos Ehrhardt Júnior

CYBERBULLYING E O ESPAÇO DIGITAL: ENTRE A ÉTICA E O DIREITO

GUSTAVO HENRIQUE BAPTISTA ANDRADE

MARIA RITA HOLANDA

Introdução

Diversas manifestações culturais do século passado mostravam o tempo atual projetado através de uma tecnologia romantizada, voltada para a evolução dos robôs, que deveriam se caracterizar o mais próximo possível da aparência humana. Foram tantas as descobertas científicas que se criou também uma tendência pela busca do desconhecido e improvável, embora com certa atmosfera visionária, a exemplo da viagem através do tempo, do que hoje se revela como transumanismo (homem biônico, robocop, etc.) e outras fontes de criatividade e imaginação que pareciam não ter – e, de fato, à época não tinham – qualquer relação com o que a realidade permitia prever.

Sem qualquer sombra de dúvidas, o marco temporal da grande revolução tecnológica do século XX foi o advento da rede mundial de computadores, a *internet*. Com ela a noção do limite entre a ficção e a realidade passou a apresentar uma estrutura fluida, na qual os desafios tecnológicos foram se adequando em um ritmo frenético.

Esse potencial evolucionista trazido pela *internet* promoveu muitas mudanças no ser humano e em sua forma de se relacionar, com óbvios reflexos na sociedade globalizada. A criação das chamadas "redes sociais", o novo ambiente de convívio que assumiu protagonismo no mundo virtual foi, entretanto, a grande revelação de como a interconectividade manteria as pessoas em permanente comunicação com o outro. O século XXI já se aproxima de seu primeiro quarto e desde os primórdios da primeira grande empresa de *social media*, o *Facebook*, em 2004, o que era um programa de computador – hoje chamado de aplicativo – voltado para bate-papos (*chats*) entre estudantes da Universidade *Harvard*, se transformou em um centro de poder paraestatal capaz de influenciar comportamentos, direcionar ações e, dentre outros efeitos deletérios, ameaçar democracias através da livre manipulação de dados por seus usuários e seus algoritmos, o que comprovadamente modificou o rumo da política institucional de algumas nações.[1] Foi o que ocorreu, de resto, com todas as grandes empresas de tecnologia digital, que a todo momento coletam informações e dados de grande parte da humanidade.

A propagação de notícias, especialmente as que não são verdadeiras, mas criadas para disseminar a desinformação,[2] o discurso de ódio[3] e outros tipos de manifestações muitas vezes sob um pretenso manto de liberdade de expressão, surgiu igualmente no horizonte desse universo avesso a regulamentações por parte do Estado.

Para além dos conteúdos das mensagens postadas na *internet*, nas redes sociais mais especificamente, o modo de propagação – fenômeno da viralização[4] – é por certo um risco para os usuários, o que atinge os mais vulneráveis, a exemplo de crianças e adolescentes.[5]

Isto porque, no curto tempo histórico que possui a rede mundial de computadores, o usuário já foi mero espectador, passando depois

---

1 Vide conhecido caso da empresa *Cambridge Analytica*, que em 2017 usou sem autorização dados de 50 milhões de usuários do *Facebook* para realizar campanha política. Disponível em https://g1.globo.com/economia/tecnologia/noticia/entenda-o-escandalo-de-uso-politico-de-dados-que-derrubou-valor-do-facebook-e-o-colocou-na-mira-de-autoridades.ghtml. Acesso em: 2 maio 2024.

2 Acerca de notícias falsas com relação às vacinas para a covid-19, disponível em: https://www.arca.fiocruz.br/handle/icict/47416. Acesso em: 2 maio 2024.

3 O Brasil, devido a sua dimensão populacional, tem grande influência nas estatísticas sobre o tema. Disponível em: https://www.andes.org.br/conteudos/noticia/brasil-lidera-discurso-de-odio-nas-redes-sociais-contra-populacao-lGBTQIAP1. Acesso em: 2 maio 2024.

4 Disponível em: https://veja.abril.com.br/tecnologia/o-perigo-virtual-e-real-de-brincadeiras-como-o-desafio-da-rasteira#google_vignette. Acesso em: 5 maio 2024

5 Disponível em: https://brasil.elpais.com/brasil/2019/06/14/cultura/156533971_274766.html. Acesso em: 5 maio 2024.

a interagir com os sistemas, chegando atualmente ao *status* de criador de conteúdo. Quer isto dizer que qualquer pessoa pode criar determinado conteúdo e inseri-lo no ambiente virtual, com potencial âmbito de projeção, quer para um pequeno grupo de pessoas, quer para um sem-número de usuários, o que depende de diversos fatores, os quais não demandam maior aprofundamento neste trabalho.

O usuário criador de conteúdo é, na verdade, qualquer pessoa. No entanto, a tecnologia também criou robôs que podem interagir nas redes sociais. São os chamados *bots*[6] (abreviatura do inglês *robots*). Eles podem ser usados para a execução de tarefas repetitivas, entre outras utilidades positivas. Entretanto, podem ser usados para fins maliciosos. É quando se transformam em um *malware* autopropagador, o qual, partindo de um servidor que funciona como um centro de controle e comando, infecta o dispositivo das pessoas e retornam ao comando central, após ter coletado senhas, obtido informações ou retransmitido *spams*. Os *bots* têm capacidade para infectar um grande número de computadores e formar uma rede própria, conhecida por *botnet* e passam geralmente despercebidos por se esconderem à sombra de um servidor e apresentar comportamento idêntico ao de um usuário comum.[7]

É nessa ambiência e sob as perspectivas apontadas que o presente trabalho versará sobre um sensível tema, o *bullying*, cuja inserção no universo virtual trouxe enorme amplitude e alcance, porém ao menos vem despertando a atenção para suas consequências, muitas vezes trágicas, e para a necessidade de prevenir e repelir a sua prática.

1 A origem do *cyberbullying* ou como a tecnologia da informação potencializa benefícios, riscos e danos

É muito comum na atualidade, em especial no público jovem, encontrar a percepção de que os fenômenos sociais, do afeto ao crime, da ética à intolerância, já teriam nascido dentro do ciberespaço (do inglês *cyberspace*), o espaço das comunicações por redes de computação.[8]

---

6 O que são *bots*? Disponível em: https://br.norton.com/blog/malware/what-are-bots. Acesso em: 5 maio 2024.

7 O que é um *bot* e como funciona? Disponível em: https://www.avast.com/pt-br/c-what-is-a-bot. Acesso em: 5 maio 2024.

8 HOUAISS, Antônio; VILLAR, Mauro de Salles; FRANCO, Francisco Manoel de Mello. *Dicionário Houaiss da língua portuguesa*. Rio de Janeiro: Objetiva, 2009, p. 461.

Isto se dá, naturalmente, dado o fato de que as próprias gerações que nasceram após o advento da *internet* têm no ciberespaço o seu lugar de comunicação.

E se é de fenômenos sociais, comportamento humano e comunicação que se está a tratar, tal sensação pode não ser verdadeira, mas é real. E todos devemos admitir a coexistência entre um espaço físico e outro virtual, os quais se juntam e se complementam, promovendo o deslocamento, o tráfego do agir humano.

Talvez a questão diga respeito a uma evolução ou, mais adequadamente, ampliação ou, quem sabe ainda, uma consequência natural da ligação entre os fenômenos sociais e biológicos. A própria civilização não teria surgido a partir de indivíduos isolados, nem muito menos se reduzida a mecanismos exclusivamente biológicos e genéticos do ser humano. Além dos mecanismos naturais, é a aculturação, a educação, as ciências sociais enfim que acrescentam ao ser humano um conjunto de estratégias e tomada de decisão que favorecem a sua sobrevivência, servindo de base à construção de sua pessoa:

> Ao nascer, o cérebro humano inicia seu desenvolvimento dotado de impulsos e instintos que incluem não apenas um *kit* fisiológico para a regulação do metabolismo, mas também dispositivos básicos para fazer face ao conhecimento e ao comportamento social.[9]

Muito do que acontece hoje no comportamento comunicacional entre as pessoas e, também, no fenômeno social são repetições ou continuidades de determinadas práticas já consolidadas no convívio entre as pessoas e que se deslocaram para o cyberespaço.

Veja-se o caso da polarização política, algo que parece a princípio ter surgido de repente como a definir certa dificuldade de se encontrar equilíbrio e sensatez nas mais diversas esferas da convivência social, porém fortemente ressaltada no campo político e ideológico. A polarização é prática social que enfraquece o diálogo e despreza os argumentos. Independentemente das forças que estejam nos bastidores desse fenômeno, a polarização como a conhecemos hoje representa uma herança social que provavelmente teve início com as primeiras grandes divergências entre os seres humanos, quando houve a necessidade de estabelecer escolhas e decisões que pudessem afetar a vida de todos.

---

9 DAMÁSIO, António R. *O erro de Descartes*. Emoção, razão e cérebro humano. São Paulo: Companhia das Letras, 2012, p. 125.

Mas não somente essa perspectiva subjetiva da polarização teve lugar na história. A organização do poder estatal e dos poderes privados teve grande impacto em diversas passagens da história e muitas vezes foi promovida menos pelas divergências existentes na vida em sociedade do que pelo que ditos poderes puderam influenciar.

A globalização econômica, por exemplo, é um dos fatores que contribuíram para o fenômeno da polarização, ao menos no que diz respeito à maneira de administrá-la e gerenciar seus potenciais riscos, por parte dos países ricos.

Outro fator de influência para a sociedade polarizada vem sendo a ética utilizada no uso da internet. Anos se passaram, gerações se formaram e o espaço de comunicação atual na *internet* é o das redes sociais, todas, sem exceção, pertencentes a grandes grupos econômicos, grandes conglomerados das chamadas genericamente de "empresas de tecnologia" ou *big techs* (gigantes da tecnologia), concentrados nas mãos de poucos e poderosos empresários.

Com algumas alterações em sua estrutura, sempre relacionadas ao crescimento, as maiores empresas de tecnologia do mundo são *Alphabet* (hoje proprietária do *Google*), Amazon, Apple, Meta (proprietária do *Facebook*, *Instagram* e *WhatsApp*), Microsoft e Tesla, todas sediadas nos Estados Unidos da América do Norte, país de economia indiscutivelmente neoliberal e, portanto, adepta do Estado mínimo, onde praticamente inexiste regulamentação de seus serviços. Em havendo regulamentação, são as próprias empresas que a promovem. Não à toa e ainda que com certo atraso, a União Europeia acaba de aprovar legislação regulamentadora dos serviços digitais, afetando diretamente as gigantes do setor.[10]

Embora o Brasil possua legislação protetora dos mais diversos aspectos quanto à tutela da pessoa humana no que possa vir a ser afetado pelos serviços prestados pelas *big techs*, seja no que diz respeito aos direitos da personalidade, à responsabilidade civil ou ao direito do consumidor, é preciso reconhecer o desafio de lidar com um ordenamento jurídico pensado para uma realidade puramente analógica, num contexto de relações jurídicas que cada vez mais se desenvolvem num mundo digital, sem nenhum tipo de suporte físico, sujeito a impactos tecnológicos verdadeiramente disruptivos que põem em xeque categorias tradicionais que precisam ser ressignificadas diante de um

---

10 Disponível em: https://g1.globo.com/tecnologia/noticia/2024/03/07/lei-da-uniao-europeia-que-regula-big-techs-entra-em-vigor-entenda.ghtml. Acesso em: 27 abr. 2024.

cenário que só reforça a importância da utilização de métodos que privilegiem a realidade do caso concreto e a proteção dos legítimos interesses dignos da tutela jurídica.

Nesse contexto, a ética a ser observada no ciberespaço é que denotará em qual contexto se dará a convivência nesse ambiente e se há meios de combater os efeitos nocivos de uma liberdade que, em sua absoluta plenitude – como a história já demonstrou – pode ser opressora e causar danos à pessoa.

Formas de intervenção reequilibradora das relações jurídicas que decorrem da utilização da *internet* como espaço não regulamentado de maneira mais direta pelo Estado precisam ocorrer pautadas na lógica de que vem se valendo o ordenamento brasileiro como um todo no campo da expressão do pensamento, limitando o seu exercício se constituir crime (art. 20, §§1º e 2º, da Lei nº 7.716/1989[11]) ou violar direitos da personalidade.

2 A origem do *cyberbullying* e a realidade no Brasil

Partindo das linhas iniciais do presente artigo, é possível reconhecer que o *bullying* sempre foi uma prática reiterada no universo infantojuvenil. A sua revelação e reconhecimento como prática social foram fundamentais, tanto para a compreensão do fenômeno quanto para as reflexões acerca de suas consequências. E o seu deslocamento para o espaço comunicacional da *internet*, especificamente para as redes sociais, apresentou sua nova face, o *cyberbullying*, cujo ambiente onde é praticado tem o poder de reverberá-lo em níveis jamais pensados, o que termina por potencializar os riscos e os danos propriamente ditos causados às vítimas.

Em sua origem, o termo *bullying* é o gerúndio do verbo inglês *bully*, que significa "amedrontar ou machucar uma pessoa mais fraca; usar sua força ou poder para obrigar alguém a fazer algo".[12] Não há

---

[11] Art. 20. Praticar, induzir ou incitar a discriminação ou preconceito de raça, cor, etnia, religião ou procedência nacional. Pena: reclusão de um a três anos e multa. §1º. Fabricar, comercializar, distribuir ou veicular símbolos, emblemas, ornamentos, distintivos ou propaganda que utilizem a cruz suástica ou gamada, para fins de divulgação do nazismo. Pena: reclusão de dois a cinco anos e multa. §2º. Se qualquer dos crimes previstos neste artigo for cometido por intermédio dos meios de comunicação social, de publicação em redes sociais, da rede mundial de computadores ou de publicação de qualquer natureza. Pena: reclusão de dois a cinco anos e multa.

[12] Tradução livre de "to frighten or hurt a weaker person; to use your strength or power to make somebody do something". HORNBY, A. S. *Oxford Advanced Learner's Dictionary of Current English*. Oxford: University Press, 2002, p. 155.

equivalente na língua portuguesa e dessa forma foi que a prática, há muito existente, se popularizou no Brasil. Nem mesmo como neologismo formal por empréstimo, a palavra é utilizada em dicionários tradicionais como o Houaiss e o Aurélio.

Tal fato, porém, não impediu a popularização do termo, assim como sua compreensão e uso, até mesmo em textos legais. Embora se aproxime de conceitos como o de assédio moral, o alcance do uso da palavra *bullying* no Brasil terminou por se restringir à prática de ameaça e intimidação no ambiente escolar, envolvendo crianças e adolescentes como atores ativos e passivos.

Entretanto, é forçoso reconhecer-se que a tutela de direitos necessita de conceituações precisas acerca do exercício abusivo e ilícito de atos que a tais direitos se contrapõem. De forma que eventual indefinição ou mesmo imprecisão quanto a atos que violem o princípio constitucional da absoluta prioridade da criança, do adolescente e do jovem (art. 227, CF)[13] pode dificultar a interpretação de textos legais.

O Poder Legislativo não se furtou da tentativa de regular a prática do *bullying*, mas o fez algumas vezes de maneira açodada, talvez pelo clamor social. Vários projetos tramitaram no Congresso Nacional nos últimos anos, a exemplo do PL nº 1.573/2011, apresentado logo após o fato conhecido como "massacre de Realengo".[14]

Lei de 2015 – Lei nº 13.185 – dispôs sobre programa de combate à intimidação sistemática no âmbito do Poder Executivo das três esferas de governo. Para os efeitos dessa lei, conforme dispõe o §1º do seu art. 1º, a intimidação sistemática é apresentada como a definição *lato sensu* de *bullying*, na forma a seguir:

> Art. 1º. (...)
>
> §1º. No contexto e para os fins desta Lei, considera-se intimidação sistemática (*bullying*) todo ato de violência física ou psicológica, intencional e repetitivo que ocorre sem motivação evidente, praticado por indivíduo ou grupo, contra uma ou mais pessoas, com o objetivo de intimidá-la ou agredi-la, causando dor e angústia à vítima, em uma relação de desequilíbrio de poder entre as partes envolvidas.

---

13 Art. 227. É dever da família, da sociedade e do Estado assegurar à criança, ao adolescente e ao jovem, com absoluta prioridade, o direito à vida, à saúde, à alimentação, à educação, ao lazer, à profissionalização, à cultura, à dignidade, ao respeito, à liberdade e à convivência familiar e comunitária, além de colocá-los a salvo de toda forma de negligência, discriminação, exploração, violência, crueldade e opressão. (...)

14 Disponível em: https://www.bbc.com/portuguese/brasil-56657419. Acesso em: 5 maio 2024.

Já agora em 2024, a Lei nº 14.811, no intuito de instituir medidas de proteção à criança e ao adolescente contra a violência nos estabelecimentos educacionais ou similares, busca a tentativa de um combate mais específico ao que se denominou *bullying* e *cyberbullying*. Além de alterar dispositivos da Lei de Crimes Hediondos (Lei nº 8.072/1990) e do Estatuto da Criança e do Adolescente (ECA – Lei nº 8.069/1990), acrescentou ao Código Penal (Decreto-Lei nº 2.848/1940) o art. 146-A, na forma a seguir:

> *Intimidação sistemática (bullying)*
>
> Art. 146-A. Intimidar sistematicamente, individualmente ou em grupo, mediante violência física ou psicológica, uma ou mais pessoas, de modo intencional e repetitivo, sem motivação evidente, por meio de atos de intimidação, de humilhação ou de discriminação ou de ações verbais, morais, sexuais, sociais, psicológicas, físicas, materiais ou virtuais:
>
> Pena - multa, se a conduta não constituir crime mais grave.
>
> *Intimidação sistemática virtual (cyberbullying)*
>
> Parágrafo único. Se a conduta é realizada por meio da rede de computadores, de rede social, de aplicativos, de jogos on-line ou por qualquer outro meio ou ambiente digital, ou transmitida em tempo real:
>
> Pena - reclusão, de 2 (dois) anos a 4 (quatro) anos, e multa, se a conduta não constituir crime mais grave. (grifos no original).

No Brasil, os dados e concepção sobre o *bullying* vêm sendo uma tônica no cotidiano, frequentemente noticiada através dos meios de comunicação.

Em abril de 2024 mais um triste episódio de *bullying* resultou na morte do estudante Carlos Teixeira, de apenas 13 anos de idade. A vítima estudava na Escola Estadual em Praia Grande-SP. Segundo os relatos, a agressão física ocorreu por parte de dois colegas de Carlos, que já em casa apresentou queixas de dores nas costas e dificuldades para respirar.

Após o genitor levar o filho por três vezes ao atendimento de uma Unidade de Pronto Atendimento – UPA, quando teria sido medicado e retornado para casa, os sintomas se intensificaram e Carlos finalmente foi internado e entubado, mas após sofrer várias paradas respiratórias, veio a óbito. Já era tarde demais para Carlos.[15]

---

[15] G1 GLOBO. Adolescente de 13 anos morre após ser agredido pelas costas por dois estudantes em escola no litoral de SP, disponível em: https://g1.globo.com/sp/santos-

A história de Carlos é apenas uma dentre tantas outras que podem resultar em desfechos fatídicos e irreparáveis como o dele.

A princípio buscam-se vários responsáveis pela morte como resultado final, quando tal resultado não teria advindo se os seus amigos não o tivessem agredido mediante violência física. Se por um lado, em um contexto de fragilidade de atendimento na saúde pública e mesmo de agilidade do socorro, se enxerga a possibilidade da morte haver sido evitada, de outro lado, não é justificável a prática que gerou o fato.

Não apenas os pais das vítimas devem estar atentos a possíveis violências em face de seu filho na escola e em outros ambientes, inclusive os digitais, como também os pais de possíveis agressores mirins serão legalmente responsáveis pelos danos causados por seus filhos menores de idade.

A prática de *bullying* consiste em ações negativas persistentes por parte de colegas (daí seu outro nome, *peer victimization* [vitimização entre pares]), sejam eles de escola, de trabalho ou de qualquer outro ambiente social. Este assédio pode ser físico, verbal ou relacional.[16]

O IBGE apresentou importante resultado em 2019, através da pesquisa Nacional da Saúde escolar – PeNSE, que foi o primeiro inquérito nacional que perguntou diretamente aos escolares, por meio de um questionário, sobre diversos aspectos de sua vida, dentre eles os fatores de riscos.

No quesito *bullying*, foram registrados os seguintes dados:

> Com relação às Grandes Regiões, a Centro-Oeste com 25,5% apresentou o maior percentual de escolares que informaram sofrer *bullying*, enquanto a Norte (18,8%), o menor percentual. Quando perguntados sobre o motivo de sofrerem *bullying*, os três maiores percentuais foram para aparência do corpo (16,5%), aparência do rosto (11,6%) e cor ou raça (4,6%).

---

regiao/noticia/2024/04/18/adolescente-de-13-anos-morre-apos-ter-sido-agredido-pelas-costas-por-dois-estudantes-em-escola-no-litoral-de-sp.ghtml. Acesso em: 5 maio 2024.

16 SILVA, Gaspar Monteiro E. *et al.* Detecção de *bullying*: Como identificar automaticamente essa prática em redes sociais? Disponível em: https://www.researchgate.net/profile/Nadia-Felix-2/publication/325069746_Detecao_de_bullying_Como_identificar_automaticamente_essa_pratica_em_redes_sociais/links/5af48ffeaca2720af9c57bbd/Detecao-de-bullying-Como-identificar-automaticamente-essa-pratica-em-redes-sociais.pdf?origin=publication_detail&_tp=eyJjb250ZXh0Ijp7ImZpcnN0UGFnZSI6Il9kaXJlY3QiLCJwYWdlIjoicHVibGljYXRpb25Eb3dubG9hZCIsInByZXZpb3VzUGFnZSI6Il9kaXJlY3QifX0. Acesso em: 5 maio 2024.

O levantamento feito em 2019, antes do período pandêmico, não chegou a refletir a potencialização dos danos referentes a estas condutas quando ocorridas no meio virtual. A pandemia não deflagrou essa possibilidade, uma vez que a vida em uma sociedade da informação já existia em diversas dimensões das relações sociais, mas certamente, após o período imposto do afastamento, o uso das modalidades remotas de educação, assim como das comunicações e relações por meio das vias virtuais, sofreu exponencial aumento.

Basta identificar o aumento de acesso à internet por crianças e adolescentes. Segundo a pesquisa TIC KIDS ONLINE do ano de 2023,[17] 95% da população de 9 a 17 anos é usuária de Internet no país, o que representa 25 milhões de pessoas. O celular foi apontado como um dispositivo de acesso para 97% dos usuários, sendo o único meio de conexão à rede para 20% dos entrevistados.

Os indicadores da pesquisa revelam ainda a importância das escolas e dos educadores na educação digital dos estudantes. Assim, de acordo com a nova edição da pesquisa:

> 61% dos professores afirmaram ter apoiado alunos no enfrentamento de situações sensíveis vivenciadas na Internet. Entre os motivos pelos quais os professores foram procurados estão: uso excessivo de jogos e tecnologias digitais (46%); *cyberbullying* (34%); discriminação (30%); disseminação ou vazamento de imagens sem consentimento (26%); e assédio (20%).
>
> Entre os estudantes, em praticamente todas as faixas etárias, quase metade afirmou recorrer aos professores ou educadores da escola quando precisam de informação sobre o uso de tecnologias digitais: de 9 a 10 anos (46%); de 11 a 12 anos (43%); de 13 a 14 anos (43%); de 15 a 17 (45%); de 18 ou mais (28%).

O *cyberbullying* transformou-se no *bullying* de alta dimensão porque é praticado por meio dos ambientes virtuais, cujo alcance é extraordinariamente maior e corresponde à prática da intimidação, humilhação, exposição vexatória, perseguição, calúnia e difamação, que agora ocorrem não apenas no ambiente escolar, mas se estendem nos lugares considerados mais seguros, sobretudo para a criança e adolescente, na privacidade de sua casa e de seu quarto.

---

17 Disponível em: https://cetic.br/pt/pesquisa/kids-online/indicadores/. Acesso em: 5 maio 2024.

Assim, o *cyberbullying* é uma forma de agressão física, verbal e psicológica que se mostra sistemática e contínua, fazendo com que um indivíduo ou um grupo ataque sistematicamente uma vítima com base em sua aparência ou no seu comportamento, que em geral não está enquadrado no padrão de normalidade estabelecido pelo grupo social. O *cyberbullying*, por sua vez, é a extensão da prática do *bullying* do ambiente físico para o plano virtual.[18]

De acordo com outra pesquisa do Instituto Ipsos, o Brasil é o segundo país que registra o maior número de casos de *bullying* e de *cyberbullying*, estando atrás apenas da Índia. Segundo o levantamento, 29% dos pais entrevistados contaram relatos de seus filhos serem vítimas de alguma agressão *on-line*.[19]

Talvez pelo registro do crescimento dessa prática, em janeiro de 2024 o Brasil sancionou a mencionada Lei nº 14.811.

A iniciativa é compreensível e necessária, mas sofre críticas técnicas dos doutrinadores na área da Ciência Penal.

Isso porque, no sistema jurídico brasileiro, aos crimes são sempre cominadas penas de reclusão ou de detenção, podendo em alguns haver a cumulação com multas, mas jamais apenas a sanção patrimonial. Não sendo uma mera contravenção penal, isso não seria possível.

A referida lei não se destina apenas ao objeto do presente estudo, mas é mais abrangente.

Em tese, os sujeitos ativos dessa conduta são todas as pessoas jovens inimputáveis ou adultos, mas na prática, predomina o número de pré-adolescentes que são praticantes de chacotas e ridicularização cuja causa pode ser a aparência, a raça ou mesmo a orientação sexual que afetam o equilíbrio emocional do sujeito passivo, que prioritariamente são crianças e adolescentes em formação de personalidade, ou mesmo pessoas vulneráveis por alguma deficiência, pelo gênero ou pela idade avançada.

O bem mais valioso afetado pode ser a integridade física, mas sobretudo é a integridade psíquica e autoestima, podendo gerar um permanente e incurável desequilíbrio ou mesmo levar a pessoa atingida ao suicídio, a depender de seu nível de vulnerabilidade.

---

18 BRASIL ESCOLA. *Cyberbullying*. Disponível em: https://brasilescola.uol.com.br/sociologia/cyberbullying.htm. Acesso em: 5 maio 2024.

19 EXAME. Brasil fica em segundo lugar em ranking global de ofensas na internet. Disponível em: https://exame.com/brasil/brasil-fica-em-segundo-lugar-em-ranking-global-de-ofensas-na-internet/. Acesso em: 5 de maio de 2024.

A prática é intencional e não se caracteriza se cometida isoladamente, mas sim reiteradamente.

Há várias condutas que podem ser tipificadas como *bullying* e *cyberbullying* e têm sido assim nominadas e qualificadas: *bullying* físico (socos e empurrões); verbais (xingamentos e insultos); social ou relacional (disseminação de rumores, boatos e exclusão social) e o *cyberbullying*, que pode ocorrer por meio de mensagens e vídeos difamatórios e ameaçadores.[20]

O parágrafo único do artigo 146-A já mencionado define bem o *cyberbullying*, que afasta a violência física direta, mas pode produzi-la da mesma forma, *quiçá* pela indução ou instigação. O assédio *on-line* por meio de mensagens ameaçadoras e ofensivas nas plataformas, a difamação no compartilhamento de informações falsas e humilhantes, o monitoramento e perseguição constantes podem vir a caracterizar a prática de *cyberbullying*.

Como já ressaltado, o *bullying* torna-se comum entre adolescentes no ambiente escolar, que, diferentemente do ambiente virtual, é mais propício a intervenções para a sua interrupção e afastamento dos agressores. Mas no ambiente virtual, é de suma importância que a vítima não naturalize e denuncie já que a ação não conhece fronteiras e a sua intervenção se torna mais complexa.

Podem ser consideradas como *cyberbullying* as exposições de fotografias, divulgação de fotografias íntimas, crítica à aparência física e ao comportamento do indivíduo. Algumas práticas foram batizadas com termos em inglês, a depender da ação pretendida. Assim, o *hater*, como disseminação no ódio nas redes sociais em face de alguém; o *sexting*, conhecido como a troca de mensagens de cunho sexual que pode conter imagens íntimas que também pode levar a vítima ao *cyberbullying*; o *revenge porn*, conhecida como a vingança pornográfica pela divulgação das imagens íntimas em razão do término de algum relacionamento ou frustração relacional.

Para se prevenir de tais condutas, o usuário das redes deve evitar maiores exposições de sua vida e principalmente de intimidades, além de bloquear pessoas que o atacam e denunciar quando estiver sob ameaça de um bem jurídico como a sua honra, intimidade e integridade

---

20 BITENCOURT, Cezar Roberto. Lei cria medidas para proteção a vítimas de *bullying* e *cyberbullying*. Disponível em: https://www.conjur.com.br/2024-fev-07/lei-cria-medidas-para-protecao-a-vitimas-de-bullying-e-cyberbullying/. Acesso em: 5 maio 2024.

psíquica. Mas, se o usuário é menor de idade, muitas vezes é capturado e acredita firmemente na efetivação das ameaças.

O que se percebe, portanto, é que através de um *cyberbullying* outras condutas criminais podem ser praticadas, mas independentemente disso, a conduta em si está sujeita à punição.

Em mais uma pesquisa, a realizada pela Intel Security, empresa vinculada à Intel, com 507 crianças e adolescentes com idades entre 8 e 16 anos revelou os seguintes dados sobre o *cyberbullying* no Brasil: 66% presenciaram casos de agressão na internet; 21% afirmam ter sofrido *cyberbullying*; 24% realizaram atividades consideradas *cyberbullying*. Desse grupo: 14% admitiram falar mal de uma pessoa para outra; 13% afirmaram zombar de alguém por sua aparência; 7% marcaram alguém em fotos vexatórias; 3% ameaçaram alguém; 3% zombaram alguém por conta de sua sexualidade; 2% postaram intencionalmente sobre eventos em que um colega foi excluído para ele ver que foi excluído.[21]

O sistema punitivo tenta cumprir com o seu papel em inibir a sociedade de praticar tais atos mediante as ações restritivas de liberdade, mas ao que parece, urge um sistema preventivo que promova cada vez mais uma educação e consciência de cidadania, na vida presencial e na vida digital.

Assim, importante destacar as bases jurídicas protetivas de uma cidadania digital que envolve o cuidado com bens jurídicos antes não vislumbrados como os próprios dados pessoais sensíveis, que são comumente vilipendiados nas condutas caracterizadas como *cyberbullying*.

Afinal de contas, uma cidadania digital busca garantir apenas o acesso de todos à *internet* como política pública inclusivista ou também busca medidas assecuratórias para que essa inclusão ocorra de forma democrática e com potencial proteção à privacidade?

O alcance de uma cidadania digital inclui, além do acesso universal, isonômico e sem barreiras aos usuários com deficiência e vulneráveis cibernéticos, a proteção de dados sensíveis e neurais e a conscientização e educação digital para todos. [22]

Isto implica o fato de que nenhuma disciplina jurídica poderá se afastar de uma normatividade voltada para a cidadania digital. Muitas

---

[21] CANALTECH. Pesquisa da Intel revela dados sobre *cyberbullying* no Brasil. Disponível em: https://brasilescola.uol.com.br/sociologia/cyberbullying.htm. Acesso em: 5 maio 2024.

[22] PIMENTEL, Alexandre Freire. Cidadania digital e o estado algorítmico de direito, disponível em: https://www.conjur.com.br/2023-nov-21/cidadania-digital-e-o-estado-algoritmico-de-direito/. Acesso em: 6 maio 2024.

são as situações jurídicas afetas ao tema no âmbito do Direito Privado, destacando-se, no que concerne ao objeto deste estudo, a responsabilização civil pelas violações de direitos, quando ocorridas através do meio digital.

Nesse aspecto, imprescindível a identificação dos elementos que caracterizam a responsabilidade civil, indicando-se o ato ilícito, o dano e sua extensão, o autor do dano, a vítima e o nexo de causalidade, este a fazer a ligação entre o ato e o dano, com o fim de identificar a quem será imputado o dever de indenizar.

Se forem menores os que praticarem o *cyberbullying*, a solução será a responsabilidade civil por fato de outrem, no caso, a imputação aos pais do dever de indenizar por atos praticados por seus filhos, na exata dicção do art. 932, I, do Código Civil[23] e do art. 933[24] do mesmo diploma, o qual espanca qualquer dúvida de que está a se tratar de responsabilidade objetiva.

Conclusão

Longe de um pretensioso esgotamento do tema ou até mesmo de uma de suas especificidades, o presente trabalho buscou apontar uma problematização ampla na abordagem do *cyberbullying*. Sim, porque não há como versar sobre tal prática sem uma visão estrutural e funcional e sem perder de vista a necessidade de um estudo interdisciplinar para sua compreensão e seu enfrentamento. Esta a razão de promover um corte metodológico a partir da realidade brasileira em seu aspecto legislativo, onde é possível não se ter alcançado maiores avanços no trato de uma mazela social que existe desde sempre, mas que tomou potencial poder ofensivo quando inserido no ambiente virtual, justamente pela ausência de maior aprofundamento no conhecimento de suas causas e de suas consequências.

Na verdade, este texto procurou trazer à tona a inquietação de seus autores acerca de um problema extremamente sensível e a busca pelo oferecimento de reflexões que devem atravessar qualquer discussão que tenha por objetivo apresentar possíveis soluções para a questão.

---

23 Art. 932. São também responsáveis pela reparação civil: I - os pais, pelos filhos menores que estiverem sob sua autoridade e em sua companhia; (...).

24 Art. 933. As pessoas indicadas nos incisos I a V do artigo antecedente, ainda que não haja culpa de sua parte, responderão pelos atos praticados pelos terceiros ali referidos.

É premente a interlocução entre o Direito e a Ciência da Computação, compreendida esta como a disciplina que estuda a teoria e a prática da computação e abrange as mais variadas áreas, a exemplo da estrutura de dados, algoritmos, programação, sistemas operacionais, redes de computadores, segurança da informação e, mais recentemente, inteligência artificial, entre muitas outras.

As iniciativas do legislador no trato do tema demandam amplo debate, do qual devem fazer parte atores de diversas áreas do conhecimento e a sociedade civil.

E o fio condutor do debate – que por certo será também o da legislação – há de ser o modelo ético optado pelo Estado brasileiro e a mencionada cidadania digital.

De outro modo, é possível que o ordenamento absorva textos normativos com pouca logicidade, contendo termos imprecisos e dispositivos muitas vezes em confronto com outros marcos regulatórios do universo digital.

Estudiosos da ciência da computação têm demonstrado grande preocupação com a "ética dos algoritmos". O *cyberbullying* é um minúsculo ponto de um universo onde gurus da alta tecnologia e profetas do Vale do Silício criam uma nova narrativa, norteada pelo *Big Data*.[25] A equação do problema, cuja superação depende de muitas variáveis, passa pela promoção de amplo debate e pela apropriação social de questões como ética, privacidade e dados.[26]

O que efetivamente vem ajudando o Brasil a lidar com os conflitos gerados por essa nova ordem é um sólido e bem estruturado sistema constitucional, apto a direcionar as soluções aos princípios que o norteiam. A partir desses valores eleitos pelo legislador constituinte para a construção do Estado Social Democrático de Direito brasileiro é que deve partir qualquer iniciativa com vistas à criação de normas que tenham a pretensão de tratar questões tão díspares, que parecem habitar universos paralelos, mas devem ser solvidas na vida real, tendo na pessoa o seu princípio, o seu meio e o seu fim.

---

[25] Em uma definição superficial, *Big Data* são sistemas capazes de processar grandes quantidades de dados ao mesmo tempo. Disponível em: https://www.totvs.com/blog/inovacoes/big-data/. Acesso em: 5 maio 2024.

[26] SOUZA, Renato Rocha. Sobre a ética humana e a ética dos algoritmos. *In:* REIA, Jhessica *et al.* (org.). *Horizonte presente. Tecnologia e sociedade em debate*. Belo Horizonte: Casa do Direito – FGV, 2019, p. 583.

Referências

ABRIL/VEJA.COM. *O perigo virtual e real de brincadeiras como o desafio da rasteira*. Disponível em: https://veja.abril.com.br/tecnologia/o-perigo-virtual-e-real-de-brincadeiras-como-o-desafio-da-rasteira#google_vignette. Acesso em: 5 maio 2024.

ANDES.ORG. *Brasil lidera discurso de ódio nas redes sociais contra a população LGBTQIAP+*. Disponível em: https://www.andes.org.br/conteudos/noticia/brasil-lidera-discurso-de-odio-nas-redes-sociais-contra-populacao-lGBTQIAP1. Acesso em: 2 maio 2024.

AVAST.COM. *O que é um bot e como funciona*? Disponível em: https://www.avast.com/pt-br/c-what-is-a-bot. Acesso em: 5 maio 2024.

BBC.COM. *Acerca do "massacre de Realengo"*. Disponível em: https://www.bbc.com/portuguese/brasil-56657419. Acesso em: 5 maio 2024.

BITENCOURT, Cezar Roberto. Lei cria medidas para proteção a vítimas de *bullying* e *cyberbullying*. Disponível em: https://www.conjur.com.br/2024-fev-07/lei-cria-medidas-para-protecao-a-vitimas-de-bullying-e-cyberbullying/. Acesso em: 5 maio 2024.

BRASIL ESCOLA.UOL.COM.BR. *Cyberbullyng*. Disponível em: https://brasilescola.uol.com.br/sociologia/cyberbullying.htm. Acesso em: 5 maio 2024.

CANALTECH. Pesquisa da Intel revela dados sobre *cyberbullying* no Brasil. Disponível em: https://brasilescola.uol.com.br/sociologia/cyberbullying.htm. Acesso em: 5 maio 2024.

DAMÁSIO, António R. *O erro de Descartes. Emoção, razão e cérebro humano*. São Paulo: Companhia das Letras, 2012.

EL PAIS.COM/BRASIL. *Acerca do fenômeno da viralização*. Disponível em: https://brasil.elpais.com/brasil/2019/06/14/cultura/156533971_274766.html. Acesso em: 5 maio 2024.

EXAME. *Brasil fica em segundo lugar em ranking global de ofensas na internet*. Disponível em: https://exame.com/brasil/brasil-fica-em-segundo-lugar-em-ranking-global-de-ofensas-na-internet/. Acesso em: 5 maio 2024.

FIOCRUZ. *Acerca de notícias falsas com relação às vacinas para a Covid-19*. Disponível em: https://www.arca.fiocruz.br/handle/icict/47416. Acesso em: 2 maio 2024.

G1 GLOBO. *Adolescente de 13 anos morre após ser agredido pelas costas por dois estudantes em escola no litoral de SP*. Disponível em: https://g1.globo.com/sp/santos-regiao/noticia/2024/04/18/adolescente-de-13-anos-morre-apos-ter-sido-agredido-pelas-costas-por-dois-estudantes-em-escola-no-litoral-de-sp.ghtml. Acesso em: 5 maio 2024.

G1 GLOBO. *Entenda o escândalo de uso político de dados que derrubou valor do facebook e o colocou na mira de autoridades*. Disponível em: https://g1.globo.com/economia/tecnologia/noticia/entenda-o-escandalo-de-uso-politico-de-dados-que-derrubou-valor-do-facebook-e-o-colocou-na-mira-de-autoridades.ghtml. Acesso em: 2 maio 2024.

G1 GLOBO. *Lei da União Europeia que regula big techs entra em vigor*. Disponível em: https://g1.globo.com/tecnologia/noticia/2024/03/07/lei-da-uniao-europeia-que-regula-big-techs-entra-em-vigor-entenda.ghtml. Acesso em: 27 abr. 2024.

HORNBY, A. S. *Oxford Advanced Learner's Dictionary of Current English*. Oxford: University Press, 2002.

HOUAISS, Antônio; VILLAR, Mauro de Salles; FRANCO, Francisco Manoel de Mello. *Dicionário Houaiss da língua portuguesa*. Rio de Janeiro: Objetiva, 2009.

NORTON.COM. *O que são bots*? Disponível em: https://br.norton.com/blog/malware/what-are-bots. Acesso em: 5 maio 2024.

PIMENTEL, Alexandre Freire. *Cidadania digital e o estado algorítmico de direito*. Disponível em: https://www.conjur.com.br/2023-nov-21/cidadania-digital-e-o-estado-algoritmico-de-direito/. Acesso em: 6 maio 2024.

SILVA, Gaspar Monteiro E. *et al.* Detecção de *bullying*: Como identificar automaticamente essa prática em redes sociais? Disponível em: https://www.researchgate.net/profile/Nadia-Felix-2/publication/325069746_Detecao_de_bullying_Como_identificar_automaticamente_essa_pratica_em_redes_sociais/links/5af48ffeaca2720af9c57bbd/Detecao-de-bullying-Como-identificar-automaticamente-essa-pratica-em-redes-sociais.pdf?origin=publication_detail&_tp=eyJjb250ZXh0Ijp7ImZpcnN0UGFnZSI6Il9kaXJlY3QiLCJwYWdlIjoicHVibGljYXRpb25Eb3dubG9hZCIsInByZXZpb3VzUGFnZSI6Il9kaXJlY3QifX0. Acesso em: 5 maio 2024.

SOUZA, Renato Rocha. Sobre a ética humana e a ética dos algoritmos. *In:* REIA, Jhessica *et al.* (org.). *Horizonte presente. Tecnologia e sociedade em debate*. Belo Horizonte: Casa do Direito – FGV, 2019, p. 583.

Informação bibliográfica deste texto, conforme a NBR 6023:2018 da Associação Brasileira de Normas Técnicas (ABNT):

ANDRADE, Gustavo Henrique Baptista; HOLANDA, Maria Rita. *Cyberbullying* e o espaço digital: entre a Ética e o Direito. *In*: EHRHARDT JÚNIOR, Marcos; CATALAN, Marcos (coord.). *Tecnologia, família e relações sucessórias*: tutela das pessoas e proteção patrimonial. Belo Horizonte: Fórum, 2024. p. 13-29. ISBN 978-65-5518-831-8.

(OVER)SHARENTING E PARENTALIDADE DIGITAL: O CONFLITO ENTRE A LIBERDADE DOS PAIS E O MELHOR INTERESSE DA CRIANÇA

SARAH FRANÇA MENDONÇA PLACIDO

MARCOS EHRHARDT JÚNIOR

1 Introdução

A partir do advento da Constituição Federal de 1988 e, por consequência, do fenômeno da constitucionalização dos direitos, inaugurou-se uma nova forma de pensar e vivenciar as relações familiares. Norteadas por um caráter afetivo, no lugar que outrora era ocupado pela visão patrimonialista de mundo, as relações familiares passaram a ter, como um fim em si mesmo, a realização pessoal de seus membros, dotados de igual importância e protagonismo, inclusive a criança e o adolescente.

Com a constitucionalização dos direitos e o estabelecido pelo Estatuto da Criança e do Adolescente na década de 1990, a tutela jurídica atribuída a estes indivíduos acentuou-se consideravelmente, notadamente por conferir ao público infante direitos de *status* fundamental e vinculante, diante do reconhecimento de sua condição de sujeito de direitos, dignos de um tratamento prioritário, tendo em vista a vulnerabilidade ínsita à condição etária e em razão de estarem em fase de desenvolvimento da personalidade.

Nesse cenário, a autoridade dos pais também mudou de figura. Renunciando a um arquétipo de dominação do adulto para com a criança, tão intenso a ponto de enxergá-la de forma objetificada e subjugada, as relações parentais passaram a ser vistas de forma funcionalizada. O poder parental, daí em diante, deve ser entendido como fator propiciador do exercício dos direitos fundamentais dos filhos menores.

A construção da noção de funcionalização da autoridade parental pode ser compreendida a partir do princípio do melhor interesse da criança, que, ao lado do princípio da dignidade da pessoa humana, passa a ser o vértice interpretativo de toda e qualquer relação que tenha, como um dos polos, a figura da criança ou do adolescente. Tal princípio, não obstante o seu caráter vago e "aberto", possui um núcleo conceitual imutável,[1] a saber, a absoluta prioridade da criança e do adolescente em face dos interesses dos adultos, haja vista estarem na condição de pessoas em desenvolvimento, cuja personalidade deve ser resguardada, assim como o exercício de seus direitos fundamentais.

Os filhos, na condição de crianças e sujeitos de direitos, têm um papel ativo em seu próprio processo educacional, de modo que se tornaram protagonistas de suas próprias histórias,[2] não podendo mais estar sujeitos a uma relação de dominação e assumir a posição de objetos dos desejos e interesses dos adultos. Ao contrário, está-se diante de uma correlação de pessoas de igual importância, com o diferencial de possuírem prioridade sempre que seus interesses vierem a colidir com os de seus pais na relação familiar, ou com qualquer outro adulto, de maneira geral.

O papel dos pais na criação e na educação dos filhos deve ter o condão de viabilizar às crianças a paulatina consecução de sua autonomia e autodeterminação, respeitando o processo de maturação da criança, considerando suas vicissitudes e peculiaridades durante o lapso temporal em que necessitarem da ingerência dos pais e/ou responsáveis legais em suas vidas. Neste toar, considera-se que o legítimo exercício da autoridade parental consiste em, primordialmente, exercer o múnus de ser o canal viabilizador do gozo dos direitos fundamentais

---

1 SOTTOMAYOR, Maria Clara. Quem são os verdadeiros pais? Adopção plena de menor e oposição dos pais biológicos. *Direito e Justiça: Revista da Faculdade de Direito da Universidade Católica Portuguesa*, vol. XVI, t. I, p. 197, 2002.

2 CIAN, Giorgio; OPPO, Giorgio; TRABUCCHI, Alberto. *Commentario al diritto italiano della famiglia*. Padova: Cedam, 1992, v. 4. p. 292.

dos filhos, tal como demanda o perfil funcional da autoridade parental instituído pós-Constituição de 1988.

Conquanto a sociedade já tenha atingido um estágio consciente no que tange ao reconhecimento das crianças como sujeitos de direitos, detentores de uma tutela jurídica especial em razão de sua vulnerabilidade, por vezes, ainda é possível perceber que as relações parentais são fortemente marcadas e compreendidas como relações de poder e superioridade dos pais para com seus filhos, razão pela qual não são raras as vezes que os progenitores ultrapassam os "limites" da relação parental, tais como a exibição em demasia da imagem dos filhos nas redes sociais, de forma a ignorar a individualidade e a necessidade de resguardo à vida privada da criança.

2 A parentalidade no século XXI: o mundo digital e o fenômeno do *sharenting*

Após o surgimento da Era Digital e da popularização das redes sociais, a concepção de mundo e a forma de relacionamento humano foram drasticamente modificadas. Hodiernamente, é remota a hipótese de nos depararmos com um indivíduo que não possua redes sociais ou, pelo menos, que não tenha tido, uma vez sequer, sua imagem compartilhada em veículo de mídia social. Em recente pesquisa[3] realizada pela *Comscore*, apontou-se que o Brasil é o terceiro país do mundo que mais consome conteúdo nas redes sociais, perdendo apenas para a Índia e a Indonésia. Segundo o estudo, 131,5 milhões de usuários conectados estão em território brasileiro e têm passado cada vez mais tempo nas plataformas digitais. Em dezembro de 2022, foram 356 bilhões de minutos, representando um aumento de 31% em relação a janeiro de 2020.

Com a avançada informatização da sociedade, o mundo virtual passou a "invadir" as casas e a rotina dos indivíduos, ocupando um espaço que antes era reservado às pessoas próximas ou, tão somente, aos próprios membros do núcleo familiar. O compartilhamento das vivências cotidianas passou a fazer parte da sistemática das redes. Alimentar os perfis nas mídias sociais é quase que uma regra para o

---

3 VELOSO, Ana Clara. *Brasil é terceiro país que mais consome rede social.* O Globo, 2023. Disponível em: https://oglobo.globo.com/economia/tecnologia/noticia/2023/03/brasil-e-o-terceiro-pais-que-mais-consome-redes-sociais.ghtml. Acesso em: 21 ago. 2023.

indivíduo garantir o seu lugar na sociedade, que, atualmente, parece estar atrelado à vida digital.

Com as crianças não é diferente. É cada vez mais recorrente a presença digital dos menores nas redes sociais. Muito embora alguns ainda não possuam discernimento para entender o que se passa, por vezes, seus responsáveis suprem este "déficit". É possível observar perfis de crianças nas redes sociais, criados e administrados por seus pais, até mesmo estabelecidos antes do seu nascimento, com fotos do ultrassom e informações sobre sua vida intrauterina. Após o nascimento, a rede social, de titularidade da criança, é transformada numa espécie de diário digital em que, dia após dia, veiculam-se imagens, vídeos e informações sobre sua rotina, muitas vezes sem que o conteúdo passe por qualquer filtro, como forma de cautela e resguardo da privacidade e segurança do menor.[4]

O fenômeno do compartilhamento da imagem dos filhos menores nas redes sociais passou a ser tão recorrente que recebeu uma nomenclatura própria: *sharenting*. O neologismo, oriundo da língua inglesa, advém da junção das palavras *share*, que significa compartilhar, e *parenting*, que se refere à parentalidade. Há, ainda, quem utilize a expressão *(over)sharenting* para designar este compartilhamento em uma modalidade exacerbada.[5] No presente estudo, optar-se-á por utilizar a expressão *(over)sharenting*, para não haver dúvidas de que o problema a ser enfrentado está, justamente, no compartilhamento exacerbado da imagem das crianças nas redes sociais.

Não é segredo para ninguém que as redes sociais podem servir como um portal para o surgimento de diversos problemas, dos aparentemente mais insignificantes até os mais graves. Se, para os adultos, o

---

4 A título exemplificativo, tem-se o perfil social @pequenalua, filha dos influenciadores digitais Viih Tube e Eliezer, que, desde nascitura, possui sua vida exposta nas redes sociais pelos pais. Estes administram sua conta própria no Instagram. Entre as diversas informações sobre a vida da bebê, de apenas quatro meses, logo na biografia é possível ter conhecimento do signo da criança, do peso e do comprimento com que nasceu.

5 Quando se enfrenta a temática a partir da perspectiva de um problema, opta-se, aqui, por utilizar a expressão "*(Over)sharenting*" como a maneira mais apropriada para designá-lo, eis que a supressão do prefixo pode conferir a ideia equivocada de que toda forma de compartilhamento seria prejudicial, quando, em verdade, entende-se que o problema está justamente no excesso. Para melhor compreensão, pertinente conferir: BROSCH, Anna. When the Child is Born into the Internet: Sharenting as a Growing Trend among Parents on Faceboook. *The New Educational Review*, 2016, p. 233. Disponível em: https://www.researchgate.net/publication/299601525_When_the_Child_is_Born_into_the_Internet_Sharenting_as_a_Growing_Trend_among_Parents_on_Facebook. Acesso em: 16 abr. 2024.

uso das redes deve ser feito com cautela, em virtude dos perigos que elas podem representar, para as crianças, os cuidados deverão ser redobrados, haja vista a vulnerabilidade intrínseca à sua própria essência. Estudiosos que pesquisam a relação entre crianças/adolescentes e mídias sociais[6] apontam uma estreita ligação entre o uso excessivo das mídias sociais e problemas psicológicos,[7] a exemplo dos transtornos de ansiedade. Consigna-se, ainda, que muitos sintomas associados ao mau uso das redes se assemelham aos sintomas da dependência química, como a abstinência e a irritabilidade, acarretando danos à saúde física e mental dos usuários.

É absolutamente corriqueira a existência de pais que publicam a foto de seus filhos no mundo digital. A título ilustrativo, no ano de 2018, a *Children's Commissioner*, órgão inglês responsável por promover e proteger os direitos das crianças, emitiu o relatório "*Who knows what about me?*",[8] tratando da coleta e do compartilhamento de dados de crianças e adolescentes. Constatou-se que os pais de crianças e adolescentes com idades entre zero e 13 anos compartilham, em média, 71 fotos e 29 vídeos dos filhos, por ano, na internet.

Tais números possibilitam a compreensão de por que o estudo do tema é imprescindível aos dias atuais. Percebe-se que os pais, com o crescente avanço das tecnologias da informação, sentem a necessidade de expor a imagem de seus filhos por meio das mídias sociais, substituindo a prática de registrar os momentos das crianças em fotos impressas, como era caraterístico do mundo analógico de alguns anos atrás.

Em razão da capacidade de proliferação e eternização do conteúdo gerado na internet, e da perda de controle deste, após o simples

---

6 SOUZA, Karlla; CUNHA, Mônica. Impactos das redes sociais digitais na saúde mental de adolescentes e jovens. *In*: *Anais do I Workshop sobre as Implicações da Computação na Sociedade*. SBC, 2020. p. 49-60. Disponível em: https://sol.sbc.org.br/index.php/wics/article/view/11036. Acesso em: 23 ago. 2023.

7 Acerca dos prejuízos ocasionados pelo uso excessivo das tecnologias por crianças e jovens, pertinente citar o Decreto Rio nº 53.918, de 1º de fevereiro de 2024, que proibiu a utilização de aparelhos telefônicos, pelos alunos, nas unidades escolares da rede pública municipal de ensino do Rio de Janeiro, tendo, como uma das justificativas, o nervosismo e a ansiedade que o uso excessivo de aparelhos telefônicos pode ocasionar, contribuindo, assim, para uma queda no desempenho escolar. A propósito, *vide*: Prefeito do Rio de Janeiro proíbe uso de celular em escolas municipais. *Migalhas*, 2024. Disponível em: https://www.migalhas.com.br/quentes/401322/prefeito-do-rio-de-janeiro-proibe-uso-de-celular-em-escolas-municipais. Acesso em: 16 abr. 2024.

8 CHILDREN'S COMISSIONER. Governo do Reino Unido. *Who knows what about me?* Nov. 2018. Disponível em: https://www.childrenscommissioner.gov.uk/wpcontent/uploads/2018/11/cco-who-knows-what-about-me.pdf. Acesso em: 23 ago. 2023.

"clique" da publicação, não se sabe a real dimensão do seu alcance, muito menos os impactos que poderão ser gerados aos respectivos titulares. Isto porque a própria forma de utilização das mídias sociais, como meio de propagação de conteúdos relacionados à vida pessoal, tornou tênue o liame entre o que é público e privado, de modo que a noção de privacidade e o desejo pelo seu resguardo parecem estar desaparecendo.

Sob essa ótica, exsurge o questionamento quanto à plausibilidade da exposição da vida privada das crianças nas redes sociais, levando-se em conta o princípio do melhor interesse da criança, bem como os riscos e as eventuais benesses aos quais os menores estarão submetidos. Diante da elevada contingência de crianças que têm suas vidas hiperexpostas na internet, não se pode fechar os olhos à necessidade de tutela jurídica visando à proteção e ao resguardo dos indivíduos que vivenciam esta realidade.

Se é certo que o conteúdo, uma vez postado nas redes sociais, dificilmente será eliminado do mundo digital, a decisão de compartilhamento de dados sobre a vida de uma criança fará com que o material a acompanhe até a sua fase adulta. Não há "*link* de arrependimento" a ser utilizado por um jovem que, por exemplo, vivenciou a realidade do *(over)sharenting*.

Enquanto os adultos têm a capacidade de escolher e definir seus próprios parâmetros ao compartilharem informações sobre si nas redes sociais, às crianças não é dado este direito. Ou seja, é improvável cogitar que os pais "voltem atrás" e cessem a exibição da imagem de seus filhos de forma definitiva nas redes sociais. Assim, torna-se imperioso pensar nos conflitos jurídicos que estão por vir, em especial quando fundados na exploração lucrativa da imagem do menor, como se verá mais adiante.

Considerando que o perfil funcional da autoridade parental demanda, por parte dos cuidadores, que o exercício deste poder-dever seja realizado com o fim de instrumentalização dos direitos fundamentais de suas crianças, torna-se pertinente questionar até que ponto a partilha de dados pessoais, imagens, vídeos e informações da vida privada da criança atende ao seu melhor interesse.

Nessa perspectiva, não se desconsideram as diversas formas e nuances da exposição da imagem do menor nas redes sociais, de sorte que pode ocorrer como uma maneira de compartilhar com as pessoas próximas o desenvolvimento, como demonstração de orgulho dos pais em relação a seus filhos ou, ainda, com o intuito de auferir lucro, consoante se constata nos perfis de influenciadores mirins.[9] Sejam eles influenciadores por si sós ou filhos de pessoas famosas, é necessário ter em mente que o fim desta exposição e a forma como é realizada indicarão se o ato estará, ou não, atendendo ao poder-dever de uma autoridade parental funcionalizada. Tal exame será realizado necessariamente a partir de uma detida análise do caso concreto.

3 *(Over)Sharenting*, disfuncionalização da autoridade parental e ameaça do direito à privacidade

Segundo pesquisas,[10] a superexposição infantil nas redes sociais pode ocasionar traumas psicológicos que poderão refletir na vida adulta do indivíduo precocemente exposto, podendo gerar, muitas vezes, graves distúrbios emocionais se levarmos em conta que o compartilhamento da imagem pessoal durante a infância tem a capacidade de gerar gatilhos que remetam a situações constrangedoras, em razão da busca pelos "*likes*", tais como vergonha, *bullying*, isolamento social, entre outras que repercutirão durante toda a sua trajetória de vida.

Ainda visitando a seara psicológica no que tange ao *sharenting*, é pertinente trazer à baila o entendimento das autoras Rocha e Souza,[11] que asseveram que os filhos são, muitas vezes, instrumentos de realização pessoal dos pais, enquanto pessoas, tendo em vista que, sob a visão de uma sociedade que prima pelo "ter" em vez do "ser", para

---

[9] Segundo Efing e Moreira, o termo "influenciador digital" foi criado para designar pessoas que possuem prestígio dentro das redes sociais, possuindo um grande número de seguidores que acompanham seu conteúdo publicado *on-line*. Estas pessoas se tornam verdadeiras celebridades no mundo digital, atingindo um grande alcance de engajamento com seu público (EFING, Antônio Carlos; MOREIRA, Angelina Colaci Tavares. Influenciadores mirins: reflexos da publicidade digital direcionada às crianças. *In*: *civilistica.com*, v. 10, n. 3, p. 1-18, 2021). Por seu turno, influenciadores mirins são crianças que detêm todos estes atributos, em decorrência de sua presença no mundo digital, por vezes, possibilitada pelo impulsionamento de seus pais.

[10] COUTINHO, A. de C. P. *A proteção da reserva da vida privada de menores enquanto dever parental, em especial na era digital*. 2019. 61 f. Dissertação (Mestrado em Ciências jurídico-políticas) – Faculdade de Direito, Universidade de Lisboa, Lisboa, 2019. p. 35. Disponível em: https://repositorio-aberto.up.pt/bitstream/10216/126141/2/384898.pdf. Acesso em: 24 jun. 2023.

[11] ROCHA, Camila Bernardino; SOUZA, Pricila Pesqueira de. *Uma visão psicanalítica sobre o excesso da exposição nas redes sociais*. Disponível em: https://www.psicologia.pt/artigos/ver_artigo.php?uma-visao-psicanalitica-sobre-o-excesso-de-exposicao-nas-redes-sociais&codigo=A1302&area=d9. Acesso em: 8 jul. 2023.

ser alguém, é preciso mostrar-se, dar show e exibir o que se tem, como um troféu.

Isso fica evidente ao se analisar a compreensão de Zygmunt Bauman[12] no que se refere à atual forma de relacionamento humano, mais precisamente às questões emocionais que envolvem a conexão entre pais e filhos. Segundo ele, assim como os objetos de consumo, que servem às necessidades, desejos e impulsos do consumidor, para os pais os filhos se tornam, acima de tudo, objetos do consumo emocional dos genitores, de modo que proporcionam alegrias de uma espécie que nenhum bem material, por mais engenhoso que seja, pode proporcionar. Assim se pode entender, de maneira mais clara, o porquê dos compartilhamentos exacerbados da imagem dos filhos na internet.

No mundo digitalizado em que vivemos, informações postadas nas redes sociais se difundem numa rapidez jamais vista, diante da possibilidade de compartilhamento por apenas um "toque" na tela do celular. Assim, não basta que os pais, tão somente, fiscalizem o conteúdo que os menores eventualmente consomem ou, até, publicam nas redes sociais. É imprescindível que haja a conscientização destes genitores acerca do material que pretendem divulgar sobre suas crianças nas redes. Não é exagerado dizer que, na maioria das vezes, a melhor alternativa é abdicar do compartilhamento da imagem de seus filhos, dada a alta capacidade de divulgação, bem como a irreversibilidade dos danos porventura ocasionados em razão disto.

De acordo com Steinberg,[13] a maioria dos pais que compartilham informações pessoais de seus filhos nas redes sociais não pretende ignorar o bem-estar destes, de forma que não o fazem porque se importam menos com o desenvolvimento das crianças, mas, simplesmente, por não considerarem a relevância da identidade digital dos menores. Todavia, a atitude de exibir reiteradamente a vida de seus filhos no meio digital acaba se tornando, de algum modo, lesiva a eles, já que a exposição dos dados e da imagem das crianças nas redes sociais pode ter impactos não só no âmbito da privacidade e da segurança, mas também na saúde dos menores em desenvolvimento.

Atentando-se ao fato de que o perfil funcional da autoridade dos pais consiste em agir conforme o melhor interesse de seus filhos

12 BAUMAN, Zygmunt. *Amor líquido:* sobre a fragilidade dos laços humanos. Trad. Carlos Alberto Medeiros, Rio de Janeiro: Jorge Zahar Ed., 2004. p. 28.

13 STEINBERG, Stacey B. Sharenting: Children's privacy in the age of social media. *Emory LJ*, v. 66, p. 839, 2016. Disponível em: https://scholarlycommons.law.emory.edu/elj/vol66/iss4/2/. Acesso em: 8 jul. 2023.

menores, de forma a possibilitar o exercício dos direitos aos quais fazem jus, não parece crível admitir ser plausível a exposição exagerada das crianças na internet ao bel-prazer dos genitores. Do contrário, estar-se-á legitimando a coisificação dos menores, uma vez que a divulgação de sua vida privada atende ao interesse dos adultos de serem vistos, notados e admirados em razão dos filhos que têm, em detrimento da subversão ao superior interesse destas crianças, diante do cerceamento irreparável ao seu direito à privacidade.

Pelas lições de Anna Brosch,[14] o problema não está na exposição, mas na superexposição. Ou seja, os riscos partem do *(over)sharenting*, de sorte que, segundo ela, é na exibição em demasia que podem surgir riscos e embaraços para a saúde e a segurança dos menores, que passam a se desenvolver com uma noção tão limitada de privacidade, a ponto de parecer-lhes normal que tudo seja aberto ao público. Para ela, isto corrobora a ideia de que a privacidade está desaparecendo.

Na perspectiva de os pais estarem vinculados ao melhor interesse de seus filhos, quando do exercício da autoridade parental, o compartilhamento da vida privada das crianças não parece ser compatível com o dever de uma criação respeitosa, com vistas ao desenvolvimento saudável da criança. Como asseverado por Perlingieri (2007, p. 258-259), é injustificável a hiperexposição infantil quando o menor não atingiu, nem mesmo, a capacidade de escolher a publicização de elementos da privacidade, cabendo aos pais, por conseguinte, o resguardo deste direito, sob pena de supressão, ante a perenização do conteúdo disposto na *rede*.

Esclareça-se que, no que tange ao consentimento do menor em exposição, deve-se sopesar a sua capacidade de discernimento e de escolha, pois a concordância de uma criança em tenra idade não representa uma aquiescência válida, visto que, para isto, é necessário que ela compreenda as nuances e consequências do compartilhamento da vida privada na rede social. Assim, a decisão dos pais de expor ou não a vida de seus filhos na internet deve ser pautada sempre pelo melhor interesse da criança.

Por ser uma realidade jamais observada antes, os estudos sobre o tema ainda são incipientes e há certa nebulosidade acerca do

---

[14] BROSCH, Anna. When the Child is Born into the Internet: Sharenting as a Growing Trend among Parents on Facebook. The New Educational Review, 2016, p. 227-233. Disponível em: https://www.researchgate.net/publication/299601525_When_the_Child_is_Born_into_the_Internet_Sharenting_as_a_Growing_Trend_among_Parents_on_Facebook. Acesso em: 8 jul. 2023.

tratamento jurídico adequado ao *(over)sharenting*, mormente porque as crianças que hoje vivem esta realidade ainda não possuem a capacidade de compreender o contexto a que estão submetidas, tampouco os prejuízos que podem vir a experimentar em razão da exposição exagerada de sua imagem. Entretanto, pode-se vislumbrar que, muito em breve, o Poder Judiciário se deparará com demandas, de autoria dos indivíduos expostos, pleiteando a reparação civil por eventuais danos ocasionados a partir do *(over)sharenting*. Desta feita, há de se estabelecer os contornos para a resolução das lides.

Como já mencionado, há inúmeras formas de exposição da imagem de crianças nas redes sociais, de modo que não se pode tratar o assunto de forma objetiva, dadas as peculiaridades que cada caso apresenta. Todavia, entende-se que, ao analisar uma suposta ocorrência de *(over)sharenting*, é necessário observar, em primeiro plano, o nível da exposição a que a criança se acha submetida. A título exemplificativo, pode-se perquirir se o perfil da rede social é aberto ao público ou restrito a pessoas próximas; vale verificar a frequência com que a imagem da criança é veiculada; se está havendo o compartilhamento de momentos íntimos ou, de certa forma, constrangedores, como, por exemplo, fotos ou vídeos mostrando a nudez da criança, as birras, os momentos de choro etc.

Na presente pesquisa, para fins de recorte, considerar-se-á como objeto de estudo o *(over)sharenting* verificado a partir de perfis digitais no *Instagram*, de titularidade da própria criança, mais especificamente, os casos de influenciadores mirins. Em situações desta natureza, entende-se que a exposição das crianças, não raro, é desmedida; basta ver que os perfis são abertos ao público, não havendo restrição alguma em seu alcance com vistas ao resguardo do menor.

Os conteúdos veiculados nos perfis de "*mini influencers*", muitas vezes, possibilitam que os seguidores conheçam a rotina das crianças, sua residência, seus costumes e preferências, justamente porque a intenção dos influenciadores digitais é garantir a proximidade com o seu público. No caso das crianças, o alcance parece ser maior quando se trata de filhos de influenciadores, visto que, por questões lógicas, estes acabam "herdando" muitos dos seguidores de seus pais.

A título exemplificativo, tem-se o já mencionado perfil digital da bebê Lua,[15] filha dos influenciadores Viih Tube e Eliezer. A pequena,

15 @pequenalua. Disponível em: https://www.instagram.com/pequenalua/.

de apenas quatro meses, possui, até o momento, 2,1 milhões de seguidores. Sua conta no *Instagram* foi criada desde os seus primeiros momentos ainda como nascitura, tanto o é que a primeira foto de seu perfil é a do teste de gravidez, seguindo para a foto da barriga da mãe, e daí para os vídeos do ultrassom, fotos e vídeos do chá revelação. Só a partir disto soube-se o sexo da bebê e o seu nome. Daí em diante, podem-se ver fotos do nascimento, dos "mesversários" e outros conteúdos do seu dia a dia.

Outro caso a ilustrar é o das filhas da influenciadora Virgínia e do cantor Zé Felipe. Maria Alice, com dois anos de idade, e Maria Flor, com dez meses de vida, são bebês que têm uma conta própria no *Instagram*,[16] com 7,7 milhões de seguidores, atentos à rotina e aos eventos que acontecem na vida das meninas. O perfil começou com as fotos do chá revelação da filha mais velha, Maria Alice, seguindo, basicamente, o mesmo padrão da bebê Lua: fotos do ultrassom, da barriga da mãe, ensaio de gravidez dos pais, fotos do nascimento, mesversários e, a partir daí, o dia a dia da menor.

Em seguida, com o nascimento da irmã mais nova, Maria Flor, repetiu-se quase a mesma sequência de eventos na mesma conta, que passou a ser de ambas. Além disso, a partir da fama das crianças, os pais lançaram uma marca de produtos de higiene pessoal do bebê[17] com o nome das pequenas.

Considerando que uma criança esteja submetida a todos ou alguns desses pontos que foram levantados, no estágio atual da compreensão da doutrina sobre o tema, seria possível investigar a ocorrência do exercício disfuncional da autoridade parental a partir da verificação do nível e intensidade da exposição da vida privada do menor.

No último caso apresentado, como bem pontuado por Rosa e Sanhudo,[18] a violação do direito à imagem de Maria Alice e Maria Flor não ocorre simplesmente na exibição da rotina ou de momentos marcantes em seu desenvolvimento, mas num contexto de exploração comercial de produtos a serem exibidos nas prateleiras do comércio digital.

---

[16] @mariasbaby. Disponível em: https://www.instagram.com/mariasbaby/.

[17] Disponível em: https://www.mariasbaby.com/.

[18] ROSA, Conrado Paulino da; SANHUDO, Victória Barboza. "*Babyveillance*" e "*oversharenting*" à luz da proteção dos direitos fundamentais da criança e do adolescente. Disponível em: https://seer.ufu.br/index.php/revistafadir/article/view/67775. Acesso em: 31 ago. 2023.

Sobre esse ponto, é pertinente enfatizar o posicionamento de Medon,[19] quando defende que a infância não deve ser entretenimento lucrativo para os pais. Ao contrário, deve ser um momento de cuidado, proteção, empoderamento e, acima de tudo, um gesto de amor. Sob esta ótica, sustenta que não é tolerável que os pais enriqueçam ao custo da exibição da imagem dos filhos, visto que, além do fato de que a exposição da imagem da criança com fins comerciais não é compatível com a função da autoridade parental, mostra-se ainda mais grave a desobediência ao artigo 1.689, inciso II, do Código Civil, que prevê como dever dos pais administrar, em usufruto necessário, a renda auferida pelos filhos menores até que estes possuam a plena capacidade para geri-la autonomamente.

Isso porque não se pode, simplesmente, reverter para si os valores advindos a partir da exposição da criança, ainda que inadequada, ou mesmo sem o reconhecimento jurídico de que se trata de uma situação de trabalho, sob pena de se admitir um enriquecimento ilícito por parte dos pais, responsáveis pela exposição do menor, notadamente porque, no mundo dos fatos, a privacidade da criança serviu como aporte à percepção da renda.

Desse modo, é ilegal e desarrazoado que um ou ambos os genitores subverta(m) a renda de seus filhos menores em detrimento de seus interesses pessoais e, muitas vezes, egoísticos. Sobretudo quando se está diante de um poder de disposição restrito, de modo a ser vedada a prática de quaisquer atos que possam acarretar a redução do patrimônio, por força do artigo 1.691 do diploma civil, com a ressalva daquelas situações em que se tenha a específica autorização judicial para tanto. De acordo com Gagliano e Pamplona Filho,[20] esta limitação na autonomia da vontade dos pais se justifica porque o Código busca preservar os interesses dos filhos menores, pois os bens são de sua titularidade, não dos pais.

Embora o tema ainda seja recente, há que se atentar à seriedade com a qual o ordenamento jurídico pátrio trata a vulnerabilidade dos menores, inclusive no que tange à sua vida patrimonial, em casos

---

[19] AFFONSO, Filipe José Medon. *(Over)sharenting*: a superexposição da imagem e dos dados da criança na internet e o papel da autoridade parental. *In*: TEIXEIRA, Ana Carolina Brochado; DADALTO, Luciana (coord.). *Autoridade Parental*: dilemas e desafios contemporâneos. Indaiatuba: Editora Foco, 2021.

[20] GAGLIANO, Pablo Stolze; PAMPLONA FILHO, Rodolfo. *Novo Curso de Direito Civil: direito de família*. 10. ed. São Paulo: Saraiva Educação, 2020. v. 6.

da exposição de sua imagem para fins comerciais, não se podendo admitir que situações de malversação de valores, por parte dos pais, passem despercebidas e sem consequências jurídicas, visto que a função da autoridade parental é incompatível com o ato de prejudicar, intencionalmente ou não, a vida da criança, em qualquer que seja a esfera.

A questão em análise versa sobre o abuso do poder parental. Com base nas disposições do ECA, em especial as atinentes ao artigo 98, inciso II, a autoridade judiciária, mediante requerimento de algum familiar ou do próprio Ministério Público,[21] poderá aplicar as medidas dispostas no artigo 129 do mencionado diploma de proteção à infância e à adolescência, visando ao resguardo do menor cujos direitos estão sendo violados.

A propósito, registre-se que, a depender da proporção que a ofensa aos direitos da criança atingiu, poderá ocorrer a suspensão ou a destituição do poder familiar, tal como dispõe o inciso X do já citado artigo 129, bem como os artigos 1.637 e 1.638, inciso II, ambos do Código Civil.

Para além das medidas assecuratórias dos direitos das crianças, discute-se também a possibilidade de responsabilização civil dos pais, em razão das consequências do *(over)sharenting*. O ordenamento jurídico brasileiro atribui ao indivíduo a possibilidade de defender valores essenciais da personalidade, tais como a imagem e a privacidade, ao tempo que exige dos demais a obediência a um dever jurídico correspondente: o de respeito aos direitos da personalidade de outrem.

Desta forma, entende-se que, em sendo as crianças e os adolescentes sujeitos de direito, sob proteção especial conferida pela ordem jurídica, eles têm direito a um tratamento ainda mais acentuado no que tange ao resguardo de seus direitos da personalidade, tais como o da privacidade, que, no caso do *(over)sharenting*, é o principal atingido. Neste contexto, é evidente que o menor, tendo passado por uma violação ao seu direito à privacidade, ou melhor, tendo sido suprimido da possibilidade de exercê-lo, tem o direito de pleitear a tutela jurídica cabível à sua situação.

---

[21] Art. 1.637 do CC: "Se o pai, ou a mãe, abusar de sua autoridade, faltando aos deveres a eles inerentes ou arruinando os bens dos filhos, cabe ao juiz, requerendo algum parente, ou o Ministério Público, adotar a medida que lhe pareça reclamada pela segurança do menor e seus haveres, até suspendendo o poder familiar, quando convenha".

Passado esse ponto, parte-se a outra questão pertinente ao estudo: a dicção do artigo 149, inciso II, alínea "a", do ECA, que estabelece a necessidade de autorização judicial para a divulgação da imagem de crianças em espetáculos públicos, o que abarca a exposição em rede televisiva e congêneres, não podendo haver a supressão deste alvará nem mesmo pela concordância de ambos os pais no que diz respeito à exibição da imagem dos filhos. Não obstante a possibilidade de os influenciadores mirins alcançarem a "fama" de forma similar ao que ocorria – antes – com as crianças que trabalhavam com a exposição de sua imagem em filmes ou novelas, por exemplo, ainda não há nenhum indicador que assegure a necessidade de aplicabilidade do dispositivo legal supracitado aos casos de *(over)sharenting* comercial, nem que reconheça a sua ocorrência como uma modalidade de trabalho.

A verdade é que, voltando-se à concepção do exercício da autoridade parental sob a ótica da constitucionalização de direitos, pode-se visualizar uma contradição nos casos de *(over)sharenting*. Isto porque os pais, em vez de exercerem o papel de protetores de seus filhos, acabam por intensificar sua vulnerabilidade, ao compartilharem, desenfreadamente, conteúdo sobre a vida pessoal das crianças nas redes sociais. Há um grande desafio no que concerne ao estabelecimento de limites ao poder parental, em meio às novas tecnologias, em especial diante de crianças ainda na primeira infância. Faz-se imprescindível estabelecer a tutela jurídica ao tema pesquisado. Na falta de legislação nova e específica, deve-se proceder à aplicação dos dispositivos já existentes, como o artigo 149, inciso II, do ECA, mediante interpretação analógica.

Embora se esteja diante de uma área cinzenta quanto ao reconhecimento expresso dessas questões expostas, não se pode negar a sua existência, razão pela qual se evidencia, mais ainda, a necessidade de estudo e implementação de tutela jurídica ao problema, ainda que por dispositivos legais preexistentes. É certo que incumbe aos genitores a obrigação de resguardar o bem-estar de seus filhos, tal como demanda o artigo 1.634 do CC, o que corrobora a afirmação de que o exercício da liberdade de expressão e da liberdade econômica dos pais, de criarem um perfil digital próprio para seus filhos menores, com intuito lucrativo, deve estar intimamente atrelado à observância aos direitos das crianças.

Imagine-se, por exemplo, que um jovem, alcançando maturidade suficiente para utilizar as redes digitais por conta própria, descubra que já existe um vasto arsenal de informações sobre sua vida pessoal, desde os seus primeiros anos de vida, e que não havia o interesse, de sua parte, em criar estas pegadas digitais.[22] Todavia, em razão da falta de discernimento, naquele dado momento, este não pôde sequer opinar ou, mesmo, ter conhecimento da divulgação de sua imagem nas redes sociais. Seria razoável entender tal exposição como legítima, por ter sido fruto da ação de seus pais enquanto eram detentores do poder parental?

Suponha-se que um mini-influenciador digital, colhendo as consequências negativas da exposição de sua imagem, passe a sofrer *bullying* ou *cyberbullying* em determinado momento de sua vida. Ou, ainda, que suas imagens tenham recebido um tratamento inadequado pelos internautas, como a criação de *memes* que lhe causem sentimentos negativos em torno de sua própria existência, ainda que este não tenha sido o intuito.[23]

Mais que buscar uma atribuição generalizada de culpa aos genitores pela publicação da imagem de seus filhos nas redes sociais, é preciso discutir o seu compartilhamento responsável, sob a ótica da funcionalização da autoridade parental, enquanto o poder-dever de exercer a sublime função de instrumentalização dos direitos fundamentais de suas crianças, observando-se a necessidade de propiciar, ao desenvolvimento destes seres humanos em formação, uma educação respeitosa, considerando suas necessidades e visando, sempre, à construção de sua autonomia e poder de autodeterminação.

---

22 Referem-se aos dados armazenados na internet, a partir da atividade do usuário. Com os avanços tecnológicos, pode-se afirmar que o grau de importância das pegadas digitais equivale à reputação de um indivíduo no mundo real.

23 A psicóloga Roberta Campos afirma que a exposição na internet pode desencadear diversos problemas emocionais e que ela própria já se deparou com situações em que a pessoa, por ter sido vítima de *meme*, desenvolveu ansiedade, ficando angustiada por um longo período. Mesmo após a exibição, o medo de aquilo vir à tona novamente acaba se tornando uma paranoia para a vítima. Para ler mais: CHAGAS, Thayná. Efeito meme: muito além da diversão na internet. *Webjornalismo.unicap*. Disponível em: https://webjornalismo.unicap.br/memes/impactos/. Acesso em: 27 ago. 2023. Sobre isso, ainda que não especificamente decorrente do *(over)sharenting* (afinal, a modalidade de exposição ainda é recente), pode-se citar como exemplo um fato que ganhou fama na internet no ano de 2015. Um meme, que ficou conhecido pela emblemática frase "Já acabou, Jéssica?", surgiu em uma escola mineira, na cidade de Alto Jequitibá. O vídeo viralizado nas redes mostra a menina Lara, à época com 12 anos de idade, caída ao chão, enquanto outra garota, Jéssica, desfere agressões contra ela. A vítima, ao conseguir se levantar, ainda desnorteada, faz a pergunta: já acabou, Jéssica? Em entrevista à BBC News Brasil, Lara afirma que, após a enorme repercussão do vídeo, ela se tornou alvo de *bullying* e, por esta razão, acabou abandonando a escola e se automutilando. A reação é explicada pela psiquiatra Jackeline Giusti, coordenadora do ambulatório de adolescentes do Instituto de Psiquiatria da USP, que afirma que o adolescente, por estar deprimido, muitas vezes não sabe lidar com aquele sentimento e acaba se machucando para aliviar a desesperança ou a ansiedade (LEMOS, Vinícius. "Já acabou, Jéssica": jovem abandonou estudo e caiu em depressão após virar meme. BBC News Brasil, 2021. Disponível em: https://www.bbc.com/portuguese/brasil-58351743. Acesso em: 27 ago. 2023).

4 Considerações finais

A partir do estudo do tema, verificou-se que, com o advento da Constituição de 1988 e sua força normativa irradiadora, houve uma mudança na concepção da criança e do adolescente no Direito brasileiro, de modo que, doravante, estes seres em desenvolvimento deixaram de ser vistos como objetos da manipulação dos adultos para serem compreendidos como sujeitos de direito, com a mesma importância que os demais membros do núcleo familiar do qual fazem parte, e na condição de protagonistas de seu próprio processo de desenvolvimento da personalidade. Tudo isto, com o diferencial de serem dignos de um tratamento jurídico prioritário, em razão da vulnerabilidade ínsita à sua condição de pessoas em fase de desenvolvimento da personalidade.

A mudança no cenário da tutela jurídica atribuída à criança e ao adolescente em tudo tem a ver com a evolução da concepção de autoridade parental que, por sua vez, deixou de ser um passe livre ao exercício arbitrário dos interesses dos adultos sobre a criança, para ganhar um papel funcionalizado, que vincula o exercício deste poder-dever ao superior interesse da criança. O desempenho do poder parental só será legítimo se for exercido com o fim de instrumentalização dos direitos fundamentais dos filhos menores, até que estes adquiram maturidade suficiente para exercê-los de forma autônoma, sem a necessidade da intermediação de seus responsáveis.

Ao longo deste artigo, discorreu-se sobre as possíveis consequências negativas a que os menores estarão submetidos com a superexposição precoce de sua imagem nas redes sociais. Não se limitam aos riscos à segurança, mas, também, podem comprometer o desenvolvimento saudável das crianças até a sua fase adulta, notadamente pela ansiedade e pelo estresse decorrentes da sistemática do mundo informacional.

Entende-se que a raiz da problemática está no limite do direito dos pais, quando do exercício da autoridade parental. Embora a nomenclatura denote uma lógica de poder, como bem pontua Medon,[24] a constitucionalização do direito atribuiu uma nova roupagem à função dos pais, que consiste em um perfil funcional, visto que o trabalho dos genitores deve ser voltado a buscar, tanto quanto possível, a efetividade

---

24 AFFONSO, Filipe José Medon. *(Over)sharenting*: a superexposição da imagem e dos dados da criança na internet e o papel da autoridade parental. *In*: TEIXEIRA, Ana Carolina Brochado; DADALTO, Luciana (coord.). Autoridade Parental: dilemas e desafios contemporâneos. Indaiatuba: Editora Foco, 2021.

dos direitos fundamentais da criança, respeitando sua autonomia e a condição de pessoa em desenvolvimento.

Independentemente da circunstância, a doutrina da proteção integral, em consonância com mandamentos constitucionais, demanda, segundo Brochado,[25] uma conjugação de direitos e deveres dos pais para com as crianças, levando em consideração a peculiar situação de pessoa em desenvolvimento, para que estes exerçam papel ativo em seu próprio processo educacional e não mais atuem como objetos das ações e direitos dos adultos. Neste toar, a autoridade parental está atrelada à noção de deveres fundamentais, de sorte que é múnus dos pais agir no interesse dos filhos. Ou seja, em benefício destes, e não o contrário.

Justamente por isso é que se considera desarrazoada a hiperexposição da imagem da criança nas redes sociais, ainda mais quando esta se consubstancia no intuito lucrativo, como ocorre nos casos envolvendo os influenciadores digitais mirins. Embora se reconheça a mudança na forma de relacionamento interpessoal, propiciada pelo advento da internet e pela popularização das redes sociais, não se pode simplesmente fechar os olhos à existência de direitos de personalidade, tal como o direito à privacidade, em especial em se tratando das crianças, que não têm a capacidade de decidir se desejam, ou não, se submeter a uma exposição exacerbada de sua vida, em troca de *likes* e de lucro que porventura venham a existir a partir disto. Diante desta incapacidade de autodeterminação, cabe aos pais o resguardo de sua imagem e privacidade, para possibilitar-lhes, no futuro, escolher se desejam publicizar, ou não, suas vidas.

O enfrentamento do tema não possui o condão de suprimir dos pais a autoridade parental que lhes cabe, em razão do compartilhamento da imagem de seus filhos, mas de alertar sobre a necessidade de considerar o melhor interesse da criança, antes da tomada de qualquer decisão sobre sua vida. É dever dos genitores salvaguardar os direitos de seus filhos menores. Na inobservância desta premissa, defende-se a imprescindibilidade da atuação jurídica para a preservação e a efetiva consecução dos direitos da criança e do adolescente.

---

25 TEIXEIRA, Ana Carolina Brochado. A disciplina jurídica da autoridade parental. *In*: *Anais do V Congresso Brasileiro de Direito de Família*. Família e Dignidade Humana. São Paulo: IOB – Thomson, 2006.

Referências

AFFONSO, Filipe José Medon. *(Over)sharenting*: a superexposição da imagem e dos dados da criança na internet e o papel da autoridade parental. *In*: TEXEIRA, Ana Carolina Brochado; DADALTO, Luciana (coord.). *Autoridade Parental: dilemas e desafios contemporâneos*. Indaiatuba: Editora Foco, 2021.

AFFONSO, Filipe José Medon. Influenciadores digitais e o direito à imagem de seus filhos: uma análise a partir do melhor interesse da criança. *Revista Eletrônica da PGE-RJ*, v. 2, p. 1-26, 2019. Disponível em: https://revistaeletronica.pge.rj.gov.br/index.php/pge/article/view/60. Acesso em: 15 jun. 2023.

BATISTA, Alexandra Maria Barradas; COSTA, Rosalina Pisco. Parentalidade Digital: Reflexões em torno da privacidade das crianças online. *In*: *Desenvolvimento e Sociedade*, n. 9, p. 7-18, 2021.

BAUMAN, Zygmunt. *Amor líquido:* sobre a fragilidade dos laços humanos. Trad. Carlos Alberto Medeiros. Rio de Janeiro: Jorge Zahar Ed., 2004.

BRASIL. [Constituição (1988)]. Constituição da República Federativa do Brasil de 1988. Brasília, DF: Presidência da República, [2020]. Disponível em: http://www.planalto.gov.br/ccivil_03/constituicao/constituicao.htm. Acesso em: 15 jun. 2023.

BRASIL. Lei nº 10.406, de 10 de janeiro de 2002. Institui o Código Civil. Brasília, DF: Presidência da República, [2019]. Disponível em: http://www.planalto.gov.br/ccivil_03/leis/2002/l10406.htm. Acesso em: 15 jun. 2023.

BRASIL. Lei nº 8.069, de 13 de julho de 1990. Dispõe sobre o Estatuto da Criança e do Adolescente e dá outras providências. Brasília, DF: Presidência da República, [2019]. Disponível em: http://www.planalto.gov.br/ccivil_03/leis/l8069.htm. Acesso em: 15 jun. 2023.

BROSCH, Anna. When the Child is Born into the Internet: Sharenting as a Growing Trend among Parents on Facebook. *The New Educational Review*, 2016, p. 227-233. Disponível em: https://www.researchgate.net/publication/299601525_When_the_Child_is_Born_into_the_Internet_Sharenting_as_a_Growing_Trend_among_Parents_on_Facebook. Acesso em: 8 jul. 2023.

CHAGAS, Thayná. Efeito meme: muito além da diversão na internet. *Webjornalismo.unicap*. Disponível em https://webjornalismo.unicap.br/memes/impactos/. Acesso em: 27 ago. 2023.

CHILDREN'S COMISSIONER. Governo do Reino Unido. *Who knows what about me?* Nov. 2018. Disponível em: https://www.childrenscommissioner.gov.uk/wpcontent/uploads/2018/11/cco-who-knows-what-about-me.pdf. Acesso em: 23 ago. 2023.

CIAN, Giorgio; OPPO, Giorgio; TRABUCCHI, Alberto. *Commentario al diritto italiano della famiglia*. Padova: Cedam, 1992, v. 4.

COUTINHO, A. de C. P. *A proteção da reserva da vida privada de menores enquanto dever parental, em especial na era digital*. 2019. 61 f. Dissertação (Mestrado em Ciências jurídicas–políticas) – Faculdade de Direito, Universidade de Lisboa, Lisboa, 2019. Disponível em: https://repositorio-aberto.up.pt/bitstream/10216/126141/2/384898.pdf. Acesso em: 24 jun. 2023.

DA ROSA, Conrado Paulino; SANHUDO, Victória Barboza. "Babyveillance" e "oversharenting" à luz da proteção dos direitos fundamentais da criança e do adolescente. Disponível em: https://seer.ufu.br/index.php/revistafadir/article/view/67775. Acesso em: 31 ago. 2023.

EFING, Antônio Carlos; MOREIRA, Angelina Colaci Tavares. Influenciadores mirins: reflexos da publicidade digital direcionada às crianças. *In*: *civilistica.com*, v. 10, n. 3, p. 1-18, 2021.

EHRHARDT JÚNIOR, Marcos Augusto de Albuquerque; MODESTO, J. A. Direito ao Esquecimento e Direito à Desindexação: uma pretensão válida? Comentários ao acórdão proferido pelo STJ no RESP n. 1.660.168 – RJ. *Revista do Programa de Pós-graduação em Direito da UFBA*, v. 30, p. 78-105, 2020.

FANTÁSTICO. Larissa Manoela no Fantástico: veja entrevista completa. g1, 2023. Disponível em: https://g1.globo.com/fantastico/noticia/2023/08/14/larissa-manoela-no-fantastico-veja-entrevista completa.ghtml. Acesso em: 27 ago. 2023.

FRANZONI, Larissa. *O abuso do direito e responsabilidades parentais: reflexões a partir do superior interesse da criança*. 2023. Tese de Doutorado.

GAGLIANO, Pablo Stolze; PAMPLONA FILHO, Rodolfo. *Novo Curso de Direito Civil: direito de família*. 10. ed. São Paulo: Saraiva Educação, 2020. v. 6.

LEMOS, Vinícius. 'Já acabou, Jéssica': jovem abandonou estudo e caiu em depressão após virar meme. *BBC News Brasil*, 2021. Disponível em: https://www.bbc.com/portuguese/brasil-58351743. Acesso em: 27 ago. 2023.

Migalhas. *Prefeito do Rio de Janeiro proíbe uso de celular em escolas municipais*. 2024. Disponível em: https://www.migalhas.com.br/quentes/401322/prefeito-do-rio-de-janeiro-proibe-uso-de-celular-em-escolas-municipais. Acesso em: 16 abr. 2024.

TRANJAN, Eliette. Usufruto e administração dos bens de filhos menores. *Migalhas*, 2020. Disponível em: https://www.migalhas.com.br/depeso/332007/usufruto-e-administracao-dos-bens-de-filhos-menores. Acesso em: 27 ago. 2023.

PERLINGIERI, Pietro. *Perfis do direito civil*. 3. ed. Rio de Janeiro: Renovar, 2007.

QUEM SOMOS. *Maria's Baby*, 2023. Disponível em: https://www.mariasbaby.com/pagina/quem-somos#:~:text=A%20Maria's%20Baby%20by%20Virg%C3%ADnia,Maria%20Alice%20e%20Maria%20Flor Acesso em: 29 jun. 2023.

ROCHA, Camila Bernardino; SOUZA, Pricila Pesqueira de. *Uma visão psicanalítica sobre o excesso da exposição nas redes sociais*. Disponível em: https://www.psicologia.pt/artigos/ver_artigo.php?uma-visao-psicanalitica-sobre-o-excesso-de-exposicao-nas-redes-sociais&codigo=A1302&area=d9. Acesso em: 8 jul. 2023.

SOTTOMAYOR, Maria Clara. Quem são os verdadeiros pais? Adopção plena de menor e oposição dos pais biológicos. *Direito e Justiça: Revista da Faculdade de Direito da Universidade Católica Portuguesa*, v. XVI, t. I, 2002.

SOUZA, Karlla; CUNHA, Mônica. Impactos das redes sociais digitais na saúde mental de adolescentes e jovens. *In*: *Anais do I Workshop sobre as Implicações da Computação na Sociedade*. SBC, 2020. p. 49-60. Disponível em: https://sol.sbc.org.br/index.php/wics/article/view/11036. Acesso em: 23 ago. 2023.

STEINBERG, Stacey B. Sharenting: Children's privacy in the age of social media. *Emory LJ*, v. 66, p. 839, 2016.

STEINBERG, Stacey B. Sharenting: Children's privacy in the age of social media. *Emory LJ*, v. 66, p. 839, 2016. Disponível em: https://scholarlycommons.law.emory.edu/elj/vol66/iss4/2/. Acesso em: 8 jul. 2023.

TEIXEIRA, Ana Carolina Brochado. A disciplina jurídica da autoridade parental. *In*: *Anais do V Congresso Brasileiro de Direito de Família.* Família e Dignidade Humana. São Paulo: IOB–Thomson. 2006. p. 103-123. Disponível em: https://ibdfam.org.br/_img/congressos/anais/5.pdf. Acesso em: 15 jun. 2023.

VELOSO, Ana Clara. *Brasil é terceiro país que mais consome rede social.* O Globo, 2023. Disponível em: https://oglobo.globo.com/economia/tecnologia/noticia/2023/03/brasil-e-o-terceiro-pais-que-mais-consome-redes-sociais.ghtml. Acesso em: 21 ago. 2023.

Informação bibliográfica deste texto, conforme a NBR 6023:2018 da Associação Brasileira de Normas Técnicas (ABNT):

PLACIDO, Sarah França Mendonça; EHRHARDT JÚNIOR, Marcos. *(Over) sharenting* e parentalidade digital: o conflito entre a liberdade dos pais e o melhor interesse da criança. *In*: EHRHARDT JÚNIOR, Marcos; CATALAN, Marcos (coord.). *Tecnologia, família e relações sucessórias*: tutela das pessoas e proteção patrimonial. Belo Horizonte: Fórum, 2024. p. 31-50. ISBN 978-65-5518-831-8.

INTERNET OF TOYS: A INTERAÇÃO DA CRIANÇA COM BRINQUEDOS CONECTADOS À INTERNET E OS DESAFIOS PARA A PROTEÇÃO DE DADOS PESSOAIS

EDUARDO HENRIQUE COSTA

SÉRGIO COUTINHO DOS SANTOS

1 Introdução

No admirável mundo novo da tecnologia, há muito se trata da Internet das Coisas (IoT), que corresponde à rede de objetos físicos incorporados a sensores, *software* e outras tecnologias com o objetivo de conectar e trocar dados com outros dispositivos e sistemas pela internet, segundo conceito fornecido pela desenvolvedora de *softwares* e *hardwares* Oracle.

A internet das coisas possibilita a conexão de objetos cotidianos, como por exemplos veículos, eletrodomésticos e até mesmo brinquedos à internet, através de dispositivos incorporados, promovendo a comunicação entre pessoas, processos e outras coisas. Nesse contexto, surgiram os brinquedos conectados à internet (*internet of toys*), inovando o mercado consumidor infantil, por meio de produtos capazes de interagir com as crianças de forma interativa (brinquedos que ouvem), em tempo real, notadamente por mecanismos de reconhecimento de voz e inteligência artificial.

O objetivo deste artigo é analisar, na esteira da Lei Geral de Proteção de Dados (LGPD), o tratamento conferido a tais brinquedos conectados, para verificar o nível de proteção e segurança de dados pessoais das crianças, na medida em que, mesmo antes da edição da LGPD no Brasil, diversos incidentes de segurança ocorreram em outros países que já dispunham de instrumentos normativos de proteção de dados, colocando em xeque a tutela da privacidade de crianças e de suas entidades familiares.

Em face da ausência de tratamento específico os brinquedos conectados à internet na LGPD, examina-se, à luz de outros diplomas legais aplicáveis ao comércio de brinquedos inteligentes para crianças, notadamente segundo as disposições do Estatuto da Criança e do Adolescente (ECA), do Código de Defesa do Consumidor (CDC) e da Lei do Marco Civil da Internet, se estes brinquedos estão de acordo com a proteção do princípio do melhor interesse da criança e como estes brinquedos podem ser adequados às normas de proteção ao consumidor e de dados pessoais.

2 Brinquedos conectados à internet (*internet of toys*): classificação e riscos embutidos

A geração de brinquedos em que consiste a *internet of toys* não se restringe aos gravadores dentro de bonecos com frases repetidas nem por controle remoto. Há, de fato, uma inteligência que, por programação e *machine learning*, acompanha as crianças em seu cotidiano adaptando comportamentos segundo a necessidade.

Byung-Chul Han nos alerta que desde a infância estamos cercados de coisas impregnadas por informações. A preocupação está presente em adultos, cujos *smartwatches* nos permitem não mais perceber por conta própria alterações nos nossos corpos esperando alarmes de aparelhos nos pulsos. Mas se nós, que não fomos nativos digitais e estamos tão dependentes de informações de coisas que nos dão respostas, imaginemos a gravidade desta questão em crianças que nascem já cercadas de objetos que acumulam informações sobre elas para interagir melhor antes mesmo que elas sejam capazes de fazer perguntas.

A facilidade com que nós podemos nos libertar de objetos por serem descartáveis é proporcional ao *backup* de dados em nuvens dos quais somos dependentes. Mesmo os veículos, que há gerações são símbolos de posse e *status* econômico, tornaram-se cada vez mais objetos que falam conosco, pois informam se usamos cinto de segurança, se a porta está travada, ações que não seriam difíceis para um motorista constatar sozinho. As coisas são, segundo Han, "*infômatos*, ou seja, *atores* do processamento de informações", centros "de distribuição de informações" que guardam crescente ilusão de espontaneidade por estarem em nossas rotinas.[1]

Os jovens – da adolescência até adultos jovens – dedicam-se cada vez mais a vídeos curtos de pessoas reagindo a outras pessoas agindo em outros vídeos. São, pois, afastados da necessidade de demonstrar emoções espontâneas próprias e estimulados a "reagir", portanto manifestar emoções de modo performático para que exista registro fotográfico ou audiovisual para ser compartilhado como objeto de recreação coletiva em redes nas quais as pessoas não precisarão responder, apenas igualmente reagir por gestos instantâneos clicando em sinais de que prestaram alguma atenção.

> As práticas que demandam dedicação de tempo prolongada estão desaparecendo hoje em dia. A verdade também demanda dedicação de tempo prolongada. Quando uma informação segue no encalço de outra, *não temos tempo para a verdade*. Em nossa cultura pós-factual de excitação, os afetos e as emoções dominam a comunicação.[2]

Podemos continuar regredindo para alcançar a infância, mote de nosso trabalho, partindo dos bebês. As crianças na primeira infância estão absorvendo percepções de mundo pelos sentidos em uma velocidade cognitiva que adultos jamais terão.

Ao citar o psicanalista Donald Winnicott, Han explica a relevância de objetos de transição nas vidas das crianças. São coisas que permitem à criança interagir com a realidade se sentindo segura. A ponte cognitiva é lúdica desde quando bebês, por meio de brinquedos, mas, antes mesmo deles, quando exercitam o tato e o paladar em um cobertor ou um travesseiro antes de dormir e entendem o sentido daquelas coisas e que deitar sozinhos pode não ser desesperador. Após isto, virá uma boneca ou um urso de pelúcia como companhia, permitindo lidar com a solidão, com o aprendizado do mundo sem adultos ao redor.

As informações importarão cada vez mais do que o objeto. Assim, a criança será útil para fornecer dados enquanto não desenvolve

---

1 HAN, Byung-Chul. *Não-coisas*: reviravoltas do mundo da vida. Petrópolis-RJ: Vozes, 2022, p. 15.

2 HAN, Byung-Chul. *Não-coisas*: reviravoltas do mundo da vida. Petrópolis-RJ: Vozes, 2022, p. 22.

habilidades por não haver sentimentos associados a coisas descartáveis. A nuvem de dados recuperará o amigo, substituído facilmente por outro brinquedo com a mesma memória digital, sem imaginação nem afeto serem necessários.

Livia Teixeira Leal reflete sobre a dificuldade para regulamentação sobre a Internet das Coisas, ao mesmo tempo em que é preciso dar atenção para o que é armazenado. A preservação da inviolabilidade da intimidade desde o art. 5º da Constituição Federal de 1988 torna-se um "ideal buscado", que, submetido à globalização das plataformas utilizadas, torna difíceis os limites de soberania para a tutela jurídica.[3]

À medida que estes objetos acompanham as crianças por onde andam e seus proprietários mirins conversam com eles, são acumuladas informações. Há geolocalização possível, mas também dados sobre hábitos alimentares, rotinas da família, preferências entre brincadeiras, marcas consumidas.

Estas preocupações não surgiram com a inteligência artificial nos brinquedos. Bill Nelson, em um parecer escrito para o governo dos Estados Unidos, alertava em 2016 para milhões de pais comprando brinquedos conectados para seus filhos nos feriados. Não havia qualquer atenção para quais informações estavam sendo coletadas nem para que empresas estavam sendo acumuladas, muito menos com que finalidade isto ocorreria.[4]

A ilusão de vigilância parental permitiu aos pais comprarem milhões de objetos lúdicos que monitoram por câmeras seus filhos, transmitem ou coletam áudios, enquanto trabalham longe de casa. Todavia, fazem isto sem saber que bancos de dados também estão aprendendo sobre a família e, principalmente, sobre aquelas crianças.

Partimos, pois, do conceito de Christiane Borges Santos para buscar a regulamentação jurídica brasileira da *internet of toys:*

> Na Internet of Toys, uma variedade de brinquedos é capaz de interagir com crianças de forma inteligente, não apenas por meio de repetição simples de palavras, frases ou músicas em uma gravação, e sim de forma interativa. Por exemplo, utilizando tecnologias de sensores, câmeras,

---

[3] LEAL, Livia Teixeira. *Internet of Toys*: os brinquedos conectados à internet e o direito da criança e do adolescente. *Revista Brasileira de Direito Civil – RBDCivil*, Belo Horizonte, vol. 12, p. 177, abr./jun. 2017.

[4] NELSON, Bill. *Children's connected toys*: data security and privacy concerns. USA: Committee on Commerce, Science, and Transportation. Office of Oversight and Investigations. December 14, 2016.

inteligência artificial e conectividade, é possível que estes brinquedos respondam ao que é falado pela criança, reproduzindo uma resposta individualizada e personalizada.[5]

Pode-se ter, assim, o reconhecimento de voz ou imagem nos brinquedos ou bonecos vinculados a *videogames*, consistindo ainda em aplicativos para brinquedos mecânicos e jogos de quebra-cabeça ou construção lúdica. Todavia, os brinquedos não costumam ser dispositivos *open source*, não sendo, portanto, abertos os sistemas para, de modo colaborativo, poder haver limitações por iniciativa dos consumidores ou, neste caso, dos pais dos consumidores.

3 A proteção de dados pessoais: do esquema geral da LGPD à proteção dos dados de crianças

O direito à privacidade sempre foi tratado de forma fragmentária em nosso país. Direito fundamental plasmado na Constituição Federal, recebeu tratamento pontual em diplomas normativos temáticos como o Código de Defesa do Consumidor (CDC), a Lei do Marco Civil da Internet, a lei de acesso à informação, a lei do cadastro positivo etc. Somente com a vigência da Lei Geral de Proteção de dados (LGPD), desde agosto de 2020, o Direito brasileiro passou a reger os dados pessoais de modo uniforme e específico.[6]

O modelo de proteção de dados pessoais parte de algumas premissas fáticas e jurídicas. Como alertam Gustavo Tepedino e Chiara de Teffé, o direito à privacidade na sociedade digital vem sendo paulatinamente considerado como o direito de a pessoa "manter controle sobre as próprias informações, passando a fazer referência à possibilidade de a pessoa natural conhecer, controlar, endereçar e, até mesmo, interromper o fluxo das informações a ela relacionadas".[7]

---

[5] SANTOS, Christiane Borges. *Internet of Toys*: despertar a criatividade ou o pesadelo de segurança da informação? *LatinoWare 2020 – XVII Congresso Latino-americano de Software Livre e Tecnologias Abertas*. Florianópolis, 2020, p. 1.

[6] DANTAS, Juliana Oliveira Jota; COSTA, Eduardo Henrique. A natureza jurídica do consentimento previsto na lei geral de proteção de dados: ensaio à luz da teoria do fato jurídico. *In*: EHRHARDT JUNIOR, Marcos; CATALAN, Marcos; MALHEIROS, Pablo (coord.). *Direito civil e tecnologia*. Belo Horizonte: Fórum, 2020, p. 70.

[7] TEPEDINO, Gustavo; TEFFÉ, Chiara Spadaccini de. Consentimento proteção de dados pessoais na LGPD. *In*: TEPEDINO, Gustavo; FRAZÃO, Ana; OLIVA, Milena Donato (coord.). *Lei geral de proteção de dados pessoais e suas repercussões no direito brasileiro*. São Paulo: Revista dos Tribunais, 2019, p. 291.

Nessa perspectiva, a LGPD estabelece o consentimento do titular de dados como elemento principal para o tratamento de qualquer espécie de dado pessoal, assim definido como "informação relacionada a pessoa natural identificada ou identificável" (art. 5º, LGPD). Malgrado a lei imponha exceções que dispensem o consentimento (vide art. 4º da lei), é a figura do consentimento o principal instrumento para a proteção de dados, que condiciona a sua coleta e o seu tráfego até o eventual término do seu tratamento.

O consentimento, exercido de forma consciente pelo titular de dados pessoais, resulta na autodeterminação informativa e no respeito efetivo ao direito à privacidade, dado que no cenário atual "a sequência quantitativamente mais relevante é 'pessoa-informação-circulação-controle'. E não apenas 'pessoa-informação-sigilo' em torno da qual foi construída a noção clássica de privacidade".[8] A proteção dos direitos da personalidade da pessoa advém firmemente da proteção de seus dados pessoais, como pondera Pierre Català:

> Mesmo que a pessoa em questão não seja a 'autora' da informação, no sentido de sua concepção, ela é a titular legítima de seus elementos. Seu vínculo com o indivíduo é por demais estreito para que pudesse ser de outra forma. Quando o objeto dos dados é um sujeito de direito, a informação é um atributo da personalidade.[9]

Em linhas gerais, a LGPD concebeu o exercício do direito de consentimento da seguinte forma: o consentimento deve ser prestado por escrito, em que deverá constar de cláusula destacada das demais cláusulas contratuais. Ou, mesmo, por outro meio inequívoco que ateste a manifestação de vontade do titular.

Por qualquer prisma, a manifestação de vontade deve ser expressa, livre e delimitada sobre quais dados serão coletados com as respectivas finalidades de tratamento, adotando-se o princípio da minimização. Isto é, da limitação da colheita de dados àquilo que for estritamente necessário pelo controlador.

A LGPD proíbe de forma peremptória o tratamento de dados pessoais mediante vício de consentimento. Com efeito, o vicio de consentimento pode se consubstanciar no tratamento de dados ante a ausência

8 RODOTÁ, Stefano. *A vida na sociedade de vigilância.* Rio de Janeiro: Renovar, 2008, p. 93.

9 CATALÀ, Pierre. Ebauche d'une théorie juridique de l'information. *Informatica e Diritto*, ano IX, p. 20, Jan./Apr. 1983. Disponível em: http://www.ittig.cnr.it/EditoriaServizi/AttivitaEditoriale/InformaticaEDiritto/1983_01_0. Acesso em: 20 abr. 2024.

de manifestação do titular de dados ou pela outorga de consentimento sem o devido esclarecimento de seu sentido e extensão. São, portanto, vedadas as autorizações genéricas para o tratamento de dados, o que enseja a nulidade de pleno direito da manifestação de vontade prestada. Ainda, a legislação estabelece a inversão legal do ônus da prova (*ope legis*) atribuindo ao controlador o dever de comprovar existência da manifestação de consentimento e a forma com que ela foi obtida.

Quando os dados pessoais têm como titulares crianças e adolescentes, a LGPD adota um sistema mais rígido, de acordo com o princípio constitucional do melhor interesse da criança, o qual foi textualmente descrito em seu art. 14, que trata da tutela dos dados do segmento infanto-juvenil. O objetivo do legislador é evitar que eles sejam "mapeados, tenham suas preferências e escolhas pregressas utilizadas e manipuladas, preservando, dessa forma, sua liberdade na construção da própria identidade e o livre desenvolvimento da personalidade".[10]

Ante essa relação simbiótica entre proteção de dados e dos direitos da personalidade, Bruno Bioni ressalta que a vulnerabilidade do tráfego de dados pessoais é uma condição geral da pessoa natural, que carece de proteção estatal independentemente de ela estar ou não em grupos sociais mais vulneráveis, como é o caso da criança:

> Nota-se que essa nova camada de vulnerabilidade não é alicerçada sobre o estado subjetivo ou mesmo a condição pessoal do consumidor, tal como ocorre com os consumidores crianças e adolescentes, idosos e pessoas portadoras de deficiência. Ela é, repita-se, fruto de um aspecto objetivo: a emergência de uma nova economia que vulnera o consumidor.[11]

Na medida em que a criança, como sujeito de direito em desenvolvimento, possui uma vulnerabilidade agravada, tratada amplamente pelo vocábulo hipervulnerabilidade, o controle regulatório estatal deverá ser mais enfático para cumprir com as diretrizes fixadas na Constituição e no ECA, sobretudo porque a coleta de dados, desde a mais tenra idade de uma pessoa, a sujeitará a um maior escrutínio na vida

---

10 TEIXEIRA, Ana Carolina Brochado; RETTORE, Ana Cristina de Carvalho. Autoridade parental e o tratamento de dados pessoais de crianças e adolescentes. *In*: TEPEDINO, Gustavo; FRAZÃO, Ana; OLIVA, Milena Donato (coord.). *Lei geral de proteção de dados pessoais e suas repercussões no direito brasileiro*. São Paulo: Revista dos Tribunais, 2019, p. 516.

11 BIONI, Bruno Ricardo. *Proteção de Dados Pessoais* – A Função e os Limites do Consentimento. São Paulo: Gen, 2018, E-book Kindle.

adulta, pela classificação de futuros adultos "pelas suas preferências e modo de vida, aprofundando uma postura discriminatória que dificulte ainda mais com uma igualdade de oportunidades segundo as competências, habilidades reais e condições pessoais".[12]

Nessa perspectiva, a LGPD condiciona o tratamento dos dados de crianças ao fornecimento do consentimento, específico e em forma destacada, por pelo menos um dos pais ou pelo responsável legal. Apesar de a criança ser absolutamente incapaz, nos termos do Código Civil, determina-se que as informações sobre o tratamento dos seus dados seja adequada e compreensível à capacidade de entendimento dela, em clara observância ao princípio da autonomia progressiva. De igual forma, a participação de crianças em jogos, aplicações de internet ou outras atividades não pode ser condicionada ao fornecimento de dados pessoais, exceto aqueles estritamente necessários à atividade do aplicativo ou plataforma.

A LGPD dispensa o consentimento parental apenas em casos de urgência, para proteção dos interesses da criança, na hipótese em que a coleta ocorrer para contatar os pais ou o responsável legal, utilizados uma única vez e sem armazenamento, ou para sua "proteção", sendo proibido o compartilhamento da informação com terceiros em qualquer caso.

Apesar dos esforços para assegurar a mais ampla e efetiva proteção possível de dados da criança, o art. 14 da LGPD se valeu de dois conceitos indeterminados que acentuam a vulnerabilidade daqueles a quem se destina proteger. Primeiro com a dispensa de consentimento na hipótese de "proteção" da criança (§3º) sem qualquer menção do que consistiria esse dever de cuidado, abrindo a possibilidade de uso indevido desses dados baseado em uma interpretação elástica do que seria a salvaguardar os interesses da criança. Isto pode gerar uma ingerência indevida tanto sobre a vida da criança quanto sobre a eficácia do controle parental.

Outra expressão juridicamente vaga, que desafia de forma prática a autoridade parental, está contida no §5º ao aludir que o controlador deve realizar "esforços razoáveis" para verificar que o consentimento foi de fato prestado pelo responsável pela criança. Não há parâmetros,

---

12 TEIXEIRA, Ana Carolina Brochado; RETTORE, Ana Cristina de Carvalho. Autoridade parental e o tratamento de dados pessoais de crianças e adolescentes. *In*: TEPEDINO, Gustavo; FRAZÃO, Ana; OLIVA, Milena Donato (coord.). *Lei geral de proteção de dados pessoais e suas repercussões no direito brasileiro*. São Paulo: Revista dos Tribunais, 2019, p.516.

normativos ou jurisprudenciais, que definam ou possam dimensionar essa obrigação, especialmente em um objeto de regulação tão recente no Brasil como é o campo da proteção de dados pessoais, possibilitando brechas para um controle menos esforçado por parte dos controladores de dados.

De toda forma, não restam dúvidas quanto à aplicabilidade do art. 14 da LGPD "nos casos de produtos e serviços direcionados ou diretamente ofertados a crianças e adolescentes",[13] o que abarca os brinquedos ligados à internet (*IoToys*) e os riscos de segurança digital na mineração de dados pessoais pelo uso de inteligência artificial. Como a proteção da infância é um dever concorrente entre família, Estado e sociedade, urge o desenvolvimento não apenas regulatório, mas de políticas que auxiliem os pais na administração das interações tecnológicas das crianças.

4 *Internet of toys*: a (im)possibilidade de proteção dos interesses da criança na perspectiva da LGPD e demais diplomas setoriais

Inúmeros são os brinquedos que se utilizam da mediação da internet na atualidade. O brinquedo Cognitoys Dino, comercializado no Brasil, utiliza a inteligência artificial Watson, desenvolvida pela IBM. Existe uma versão da famosa boneca Barbie (*hello barbie*) que funciona com a transmissão das interações das crianças na nuvem e retornando respostas verbais através de um alto-falante na boneca.

A fabricante dos brinquedos de pelúcia CloudPets respondeu a procedimento nos Estados Unidos movido pela Procuradoria-Geral da Califórnia sob a acusação de não proteger seus aparelhos contra a exploração remota através da API Web Bluetooth, em que seria possível que uma página da *web* se conectasse ao brinquedo via *bluetooth* no computador ou dispositivo portátil visualizando a página, sem qualquer autenticação, e começasse a controlar o *gadget* e gravação de seu microfone embutido.

Em 2017, quando sequer havia uma lei de proteção de dados no Brasil, um cyberataque na fabricante de brinquedos chinesa VTech

[13] TEPEDINO, Gustavo; TEFFÉ, Chiara Spadaccini de. Consentimento proteção de dados pessoais na LGPD. *In*: TEPEDINO, Gustavo; FRAZÃO, Ana; OLIVA, Milena Donato (coord.). *Lei geral de proteção de dados pessoais e suas repercussões no direito brasileiro*. São Paulo: Revista dos Tribunais, 2019, p. 291.

expôs os dados pessoais de mais de 6 milhões de crianças. Em alguns casos, houve vazamento de fotos das crianças e seus pais, todas registradas pelos produtos da VTech.

A boneca Cayla (*My Friend Cayla*) foi banida na Alemanha. E o *Bundesnetzagentur*, órgão de vigilância da privacidade, emitiu alerta pedindo aos pais que tivessem adquirido o brinquedo para destruírem a boneca. Ela detinha a capacidade de colecionar informações sobre seu proprietário, servindo como um possível instrumento de espionagem, que, por sua conexão via *bluetooth*, permite que qualquer pessoa escute e grave a conversa que mantenha com a boneca, ainda que remotamente.

Essa mesma boneca foi objeto de escrutínio nos Estados Unidos pela *Federal Trade Commission*, cuja missão é a proteção do mercado consumidor de práticas comerciais enganosas ou métodos desleais de concorrência, levando os fabricantes (*Genesis Toys*) a responderem por falha nas práticas de segurança razoáveis para prevenir o uso de conexões por *bluetooth* não autorizadas.

Os casos citados ilustram a vulnerabilidade das crianças na *web* e a dificuldade de proteção dos seus dados, e mesmo de sua entidade familiar, em um cenário em que brinquedos dotados de inteligência artificial conseguem acessar as informações que quiser e utilizá-las de modo ilícito, fora do escopo do consentimento prestado para o seu uso, às vezes sem sequer observar a regra de consentimento.

Afora os desafios já debatidos para a proteção da criança no âmbito da LGPD, não se verifica com clareza na legislação brasileira a existência de normatização específica para os brinquedos ligados à internet.

Isto não significa a inexistência ou insuficiência de meios para proteger a criança e, ao mesmo tempo, sancionar fornecedores que descumpram com os padrões de fornecimento de bens de consumo, ou de terceiros que obtenham esses dados de forma escusa. Mas é preciso discutir se os brinquedos conectados à internet estão de acordo com a legislação brasileira, posto que a LGPD não avocou para si o papel de sistematizar todas as nuances decorrentes da proteção de dados devendo haver especial cuidado de compatibilização entre as suas disposições e aquelas anteriormente previstas no CDC, Lei do Marco Civil da Internet, dentre outras, preservando sua fragmentação temática.[14]

---

[14] SOUZA, Eduardo Nunes de; SILVA, Rodrigo da Guia. Direitos do titular de dados pessoais na Lei 13.709/2018: uma abordagem sistemática. *In*: TEPEDINO, Gustavo; FRAZÃO, Ana; OLIVA, Milena Donato (coord.). *Lei geral de proteção de dados pessoais e suas repercussões no direito brasileiro*. São Paulo: Revista dos Tribunais, 2019, p. 281.

Com efeito, parte-se da premissa de que a proteção de dados da criança engendrada pela LGPD deve ser interpretada em diálogo de fontes com outros diplomas normativos a fim de se extrair a máxima efetividade na aplicação desses direitos da criança.

Nesse sentido, reside a abalizada crítica ao desenho regulatório da LGPD em que "a tutela jurídica deve ir muito além do raciocínio bifásico centrado na escolha do indivíduo em consentir ou não com o tratamento dos seus dados pessoais".[15] A vulnerabilidade do titular de dados pessoais não pode ser superada apenas com base em sua simples manifestação de consentimento. No caso dos brinquedos conectados, a incidência das normas do CDC, ECA e do Marco Civil da internet permite a construção sistemática de um cenário de proteção eficaz.

O Estatuto da Criança e do Adolescente prescreve que o direito à liberdade da criança abrange o direito de brincar, praticar esportes e divertir-se (art. 16, IV). É desnecessário acrescentar que essas práticas devem ocorrer de forma sadia e sem a violação de quaisquer direitos, mas o estatuto temático foi enfático ao determinar como uma obrigação social, isto é, dever de todos, "prevenir a ocorrência de ameaça ou violação dos direitos da criança e do adolescente" (art. 70 do ECA).

Na perspectiva do cabedal normativo de proteção do consumidor, exige-se que esses brinquedos observem o dever de transparência, que enuncia o princípio da informação, previsto no art. 6º, III, do CDC, com todas as possíveis repercussões sobre a finalidade e os riscos na utilização de brinquedos conectados à internet como bem de consumo. O CDC acaba por justificar o controle de informações, segurança dos brinquedos, práticas abusivas, responsabilidade civil e atuação administrativa com a apreensão de produtos para coibir ilicitudes no uso de dados pessoais, ampliando o leque de opções sancionatórias da LGPD.

Um dos maiores desafios quando se analisa o consentimento parental para uso de dados das crianças é a certificação de que de fato há o efetivo consentimento dos genitores ou responsáveis legais. Com base no CDC, além de um extenso e genérico termo de uso, geralmente disponível apenas em meio virtual, para utilização de qualquer forma de mediação eletrônica para uso de um brinquedo, tanto a legislação quanto os órgãos de defesa do consumidor detentores de poder regulamentar podem impor que as informações sobre o uso de dados pessoais para fruição do brinquedo sejam fornecidas nas caixas ou nos manuais

---

15 BIONI, Bruno Ricardo. *Proteção de Dados Pessoais* – a função e os limites do consentimento. São Paulo: Gen, 2018, *e-book* Kindle.

de uso, conferindo maior simplificação no acesso à informação sobre a natureza e os riscos de fruição dos brinquedos conectados à internet.

A circulação de brinquedos conectados à internet em desconformidade com o modelo de proteção de dados de crianças e adolescentes estabelecido na LGPD sujeita solidariamente toda a cadeia fornecedora às sanções contidas nos arts. 8º e 10 do CDC, além das normas de responsabilidade civil (arts. 12 e 14), que punem os fornecedores por bens de consumo hígidos tecnicamente, mas eivados de defeito de informação, na medida em que o estatuto impõe a responsabilidade "por informações insuficientes ou inadequadas sobre sua fruição e riscos".

O art. 10 proíbe o fornecimento de produto no mercado de consumo que o fornecedor sabe ou deveria saber apresentar alto grau de nocividade à saúde ou segurança dos consumidores. Por sua vez, o art. 8º preconiza que os produtos colocados no mercado não acarretarão riscos à saúde ou à segurança dos consumidores para além do que seria normal e previsível, considerando a sua natureza e a forma de fruição. Não se admite assim o fornecimento de bens de consumo que tenham o potencial de causar danos aos consumidores, seja sob a forma de dolo (direto ou de dolo eventual) ou de culpa, dado o modelo de responsabilidade objetiva, consagrado na teoria do risco da atividade.

Como a LGPD nulifica o uso de dados sem a manifestação de consentimento de algum dos responsáveis legais pela criança a manifestação de vontade, a coleta escamoteada de dados dos consumidores, especialmente de um grupo vulnerável, além de ferir o direito de informação, constitui prática abusiva na fase pós-contratual. Isto porque, se em um contexto corriqueiro, o caráter abusivo decorre de ofertas ou publicidades que prometeram benefícios que posteriormente não são honrados.[16] No caso dos brinquedos eletrônicos a abusividade se dá às avessas: Não se explica ou se promete inadequadamente informar de forma eficaz sobre o uso (preditivo) dos dados pessoais que serão disponibilizados e aplicados, em clara violação ao direito à privacidade, da criança e de toda a entidade familiar na condição de destinatários finais de um bem de consumo.

A violação das normas regentes da LGPD e do CDC autoriza a atuação administrativa dos órgãos estatais de proteção ao consumidor. Como pondera Marcelo Abelha Rodrigues:

---

16 MORAES, Paulo Valério Dal Pal. *Código de Defesa do Consumidor* – o princípio da vulnerabilidade no contrato na publicidade nas demais práticas comerciais. 3. ed. Porto Alegre: Livraria do Advogado, 2009, p. 321.

> Um mero risco apresentado por uma informação contrária ao que vem estabelecido neste inciso (e também nos referentes às práticas comerciais) já enseja a tutela administrativa, também sem prejuízo das demais.[17]

Logo, a autoridade competente poderá até aplicar a sanção administrativa de apreensão de produtos que infrinjam às normas de consumo (art. 58 do CDC c/c art. 12 do Decreto nº 8.121/97). A (im) prescindibilidade desta medida será aferida concretamente pela autoridade diante não apenas da constatação de violação de direitos, mas do potencial risco de dano com a circulação de brinquedo em desacordo com as normas de proteção de dados, como ocorreu na Alemanha no caso da boneca Cayla.

Por fim, a Lei do Marco Civil da Internet tem aplicabilidade expressa para assegurar ao usuário a inviolabilidade de sua intimidade e vida privada e a indenização pelo dano (material ou moral) decorrente de sua violação, além do sigilo do fluxo das comunicações privadas armazenadas, salvo por ordem judicial, bem como o direito ao não fornecimento dos dados pessoais a terceiros.[18]

Diante de uma codificação tão recente, os desafios para a adequação dos fabricantes de brinquedos às regras de consentimento para a coleta de dados pessoais de crianças são proporcionais às formas de tecnologia que cotidianamente são introduzidas no mercado consumidor. Os brinquedos conectados à internet (*Internet of toys*) podem ser compatibilizados com a proteção dos interesses da criança em um adensamento de normas que, partindo da LGPD e perpassando os diplomas setoriais mencionados neste tópico, consegue proteger os interesses infantis, seja a partir da adequação de tais brinquedos à legislação mencionada ou mesmo por meio de técnicas de tutela inibitória ou de remoção do ilícito que permitam consagrar o princípio do melhor interesse da criança.

5 Considerações finais

A interação das pessoas com a tecnologia tem se tornado cada vez mais relevante e ocupado um papel central na vida humana, impactando

---

17 RODRIGUES, Marcelo Abelha. *Sanções administrativas no código de defesa do consumidor*. Salvador: Juspodivm, 2009, p. 46.

18 LEAL, Livia Teixeira. *Internet of toys*: os brinquedos conectados à internet e o direito da criança e do adolescente. *Revista Brasileira de Direito Civil – RBDCivil*, Belo Horizonte, vol. 12, p. 175-187, abr./jun. 2017.

não apenas os adultos, mas sobretudo as crianças que nascem sob o pálio desta era. Nesse sentido, a proteção de dados pessoais exsurge como uma forma de proteção dos direitos da personalidade das pessoas na sociedade digital.

A Lei Geral de Proteção de Dados (LGPD) busca tutelar de forma ampla os dados pessoais, com singular preocupação para os dados de crianças e adolescentes, embora o faça em um único dispositivo disciplinando o formato de proteção no tratamento de dados de crianças e adolescentes. Todavia, o diploma normativo não dispensa um tratamento específico aos brinquedos conectados à internet e as exigências para sua adequação aos fins de proteção da criança.

Entender aplicação do consentimento para o tratamento de dados diante da multiplicidade de formas em que os dados pessoais podem ser colhidos é um desafio proporcional à compreensão das formas de desenvolvimento tecnológico e de captação desses dados. Malgrado a LGPD não confira um tratamento minucioso para os brinquedos conectados à internet, uma interpretação ampla dos diversos diplomas legais setoriais envolvidos permite construir uma direção para o adequado controle desses brinquedos.

Não há óbice à existência de brinquedos conectados à internet, que respeitem o direito de informação, nos moldes do CDC, possibilitando aos pais ou responsáveis legais da criança a manifestação de um consentimento inequívoco, que prestigie a boa-fé objetiva, a proteção de dados e a autoridade parental na perspectiva nos consumidores titulares de dados, bem como a livre-iniciativa e o direito de desenvolvimento tecnológico por parte dos fornecedores de brinquedos conectados à internet.

Referências

BIONI, Bruno Ricardo. *Proteção de Dados Pessoais* – a função e os limites do consentimento. São Paulo: Gen, 2018.

CATALÀ, Pierre. Ebauche d'une théorie juridique de l'information. *Informatica e Diritto*, ano IX, p. 20, Jan./Apr. 1983. Disponível em: http://www.ittig.cnr.it/EditoriaServizi/AttivitaEditoriale/InformaticaEDiritto/1983_01_0. Acesso em: 20 abr. 2024.

DANTAS, Juliana Oliveira Jota; COSTA, Eduardo Henrique. A natureza jurídica do consentimento previsto na lei geral de proteção de dados: ensaio à luz da teoria do fato jurídico. *In*: EHRHARDT JUNIOR, Marcos; CATALAN, Marcos; MALHEIROS, Pablo (coord.). *Direito civil e tecnologia*. Belo Horizonte: Fórum, 2020, p. 69-89.

HAN, Byung-Chul. *Não-coisas:* reviravoltas do mundo da vida. Petrópolis-RJ: Vozes, 2022.

LEAL, Livia Teixeira. *Internet of toys*: os brinquedos conectados à internet e o direito da criança e do adolescente. *Revista Brasileira de Direito Civil – RBDCivil*, Belo Horizonte, vol. 12, p. 175-187, abr./jun. 2017.

MORAES, Paulo Valério Dal Pai. *Código de defesa do consumidor*: o princípio da vulnerabilidade no contrato, na publicidade, nas demais práticas comerciais: interpretação sistemática. 3. ed. Porto Alegre: Livraria do Advogado, 2009.

NELSON, Bill. Children's connected toys: data security and privacy concerns. USA: Committee on Commerce, Science, and Transportation. Office of Oversight and Investigations. December 14, 2016.

RODOTÀ, Stefano. *A vida na sociedade da vigilância*: a privacidade hoje. Rio de Janeiro: Renovar, 2008.

RODRIGUES, Marcelo Abelha. *Sanções administrativas no Código de Defesa do Consumidor*. Salvador: Juspodivm, 2009.

SANTOS, Christiane Borges. *Internet of Toys*: despertar a criatividade ou o pesadelo de segurança da informação? LatinoWare 2020 – XVII Congresso Latino-americano de Software Livre e Tecnologias Abertas. Florianópolis, 2020.

SOUZA, Eduardo Nunes de; SILVA, Rodrigo da Guia. Direitos do titular de dados pessoais na Lei 13.709/2018: uma abordagem sistemática. *In*: TEPEDINO, Gustavo; FRAZÃO, Ana; OLIVA, Milena Donato (coord.). *Lei Geral de Proteção de Dados Pessoais e suas repercussões no direito brasileiro*. São Paulo: Revista dos Tribunais, 2019, p. 243-281.

TEIXEIRA, Ana Carolina Brochado; RETTORE, Ana Cristina de Carvalho. Autoridade parental e o tratamento de dados pessoais de crianças e adolescentes. *In*: TEPEDINO, Gustavo; FRAZÃO, Ana; OLIVA, Milena Donato (coord.). *Lei geral de proteção de dados pessoais e suas repercussões no direito brasileiro*. São Paulo: Revista dos Tribunais, 2019, p. 287-320.

TEPEDINO, Gustavo; TEFFÉ, Chiara Spadaccini de. Consentimento proteção de dados pessoais na LGPD. *In*: TEPEDINO, Gustavo; FRAZÃO, Ana; OLIVA, Milena Donato (coord.). *Lei geral de proteção de dados pessoais e suas repercussões no Direito brasileiro*. São Paulo: Revista dos Tribunais, 2019, p. 287-320.

Informação bibliográfica deste texto, conforme a NBR 6023:2018 da Associação Brasileira de Normas Técnicas (ABNT):

COSTA, Eduardo Henrique; SANTOS, Sérgio Coutinho dos. *Internet of toys*: a interação da criança com brinquedos conectados à internet e os desafios para a proteção de dados pessoais. *In*: EHRHARDT JÚNIOR, Marcos; CATALAN, Marcos (coord.). *Tecnologia, família e relações sucessórias*: tutela das pessoas e proteção patrimonial. Belo Horizonte: Fórum, 2024. p. 51-65. 978-65-5518-831-8.

LUGAR DE CRIANÇA É NAS REDES SOCIAIS? REFLEXÕES SOBRE O IMPACTO DAS NOVAS TECNOLOGIAS NO MUNDO INFANTIL

CAMILA SAMPAIO GALVÃO

1 Considerações iniciais

A reflexão central proposta neste trabalho advém do novel panorama social desenrolado a partir da evolução tecnológica, sobretudo após o surgimento da internet. Por séculos a sociedade se organizou através de relacionamentos presenciais. Nas comunidades os círculos sociais eram formados pelas pessoas geograficamente próximas, em razão dos limites práticos.

Com o surgimento da internet e das infinitas possibilidades de comunicação que vieram com ela, os relacionamentos passaram a ser quase tão virtuais quanto presenciais, alterando-se a forma de se relacionar dos indivíduos, que, para suprirem seus anseios por interação social, hoje passam expressivo tempo *on-line*, trocando *likes* e comentários com seus amigos virtuais.

O cenário não poupa as crianças e os adolescentes. As brincadeiras de rua deram lugar às *trends* e ao consumo de conteúdos digitais, aos vídeos e jogos *on-line*. Desde muito cedo as crianças passam a ter seu entretenimento centralizado nas telas dos *gadgets*, implicando as mais diversas consequências sociais e psicológicas, além dos efeitos disso sobre o desenvolvimento infantil.

Por vezes os pais utilizam as "telas" como forma de entreter a criança para que possam trabalhar, descansar e cumprir suas atividades cotidianas, enquanto mantêm seus filhos seguros. "O fato de os filhos estarem em casa – mas expostos ao ambiente virtual – transmite aos pais uma falsa sensação de segurança, pois a exposição à Rede acaba gerando riscos invisíveis."[1]

Numa conjuntura social de violência como a que se vê hoje no Brasil, os pais acreditam que seus filhos estarão mais seguros dentro de suas casas, se divertindo com um *smartphone* na mão, do que brincando numa praça, sujeitos às intempéries do "mundo lá fora". Essa sensação tem sua parcela de coerência quando se considera apenas a violência imediata: o sequestro, assalto, agressão física, além de acidentes corriqueiros.

Não obstante, a internet traz consigo um leque de perigos despercebidos que põem em risco a saúde, o desenvolvimento e a própria segurança das crianças, como será adiante discutido. Estes, em razão justamente do caráter oculto, impalpável, podem ser mais perigosos.

A internet sem a menor dúvida representa uma evolução tecnológica que potencializou todo o desenvolvimento tecnológico, incluindo as redes sociais, que são

> sítios de internet que permitem ao usuário criar e exibir um perfil, relatando suas experiências pessoais, publicando suas opiniões, postando vídeos e fotografias, enfim, conversar e interagir com familiares, amigos, colegas de trabalho, da comunidade ou mesmo com desconhecidos. Permite-se com isso a criação de um perfil público (ou semipúblico), a partir do qual haverá compartilhamento e publicações de conteúdos variados.[2]

As "redes" notadamente revolucionaram a forma de se relacionar das pessoas. É difícil imaginar as relações humanas voltando ao *status quo* vigente antes do surgimento das redes sociais, tendo elas, inclusive, ajudado a difundir a internet,[3] fazendo-a cair nas graças da

---

1 TEIXEIRA, Ana Carolina Brochado; NERY, Maria Carla Moutinho. Vulnerabilidade digital de crianças e adolescentes: a importância da autoridade parental para uma educação nas redes. *In*: EHRHARDT JR., Marcos; LOBO, Fabiola (org.). *Vulnerabilidade e sua compreensão no direito brasileiro.* 1. ed. Indaiatuba: Foco, 2021, v. 1, p. 133-147, p. 139.

2 ZAMPIER, Bruno. *Bens Digitais*: cybercultura, redes sociais, e-mails, músicas, livros, milhas aéreas, moedas virtuais. Editora Foco, 2021, p. 35/36.

3 ZAMPIER, Bruno. *Bens Digitais*: cybercultura, redes sociais, e-mails, músicas, livros, milhas aéreas, moedas virtuais. Editora Foco, 2021, p. 35.

população. "É, portanto, sem dúvida, uma das ferramentas virtuais que mais têm transformado a sociedade da informação na última década".[4]

Não obstante, desde seu surgimento, as redes são responsáveis por coletar dados de seus usuários, além de terem algoritmos próprios, cuja programação não é acessível ao público, de forma que não é possível realizar um controle social. Já se sabe que os algoritmos e a própria programação das redes sociais têm o condão de influenciar o comportamento humano.

> Esta é a força motriz por trás da "economia da atenção" da tecnologia: aquele aplicativo gratuito, ou aquela rede social, ou aquele mecanismo de pesquisa que parece ter sido criado para ajudar você, na verdade se destina a apreender seus dados, que podem então ser agrupados e vendidos para alguém. (...) E o custo humano é enorme. Os aparelhos de seus filhos estão roubando o tempo deles, devorando-lhes aos poucos os anos de vida. Cada hora diante de uma tela equivale ao tempo que poderiam estar correndo e interagindo com outras crianças de sua idade ou observando e aprendendo com o que existe ao redor; interações com o mundo real são essenciais para o saudável desenvolvimento físico e social.[5]

As crianças, por sua vez, fazem jus a cuidado e proteção especiais, em razão de sua vulnerabilidade[6] enquanto seres em desenvolvimento. É imprescindível que se preserve cada fase da vida de um indivíduo, respeitando o grau de maturidade e discernimento que esses seres vulneráveis[7] apresentam no momento da análise, sobretudo por serem destinatários da proteção integral e especial conferida pela Constituição Federal.

Considerando, assim, que os pequenos já são presença constante nas redes sociais, seja com perfis próprios ou protagonizando cenas do cotidiano nos perfis de seus pais, levanta-se a reflexão de se o ambiente

---

4 ZAMPIER, Bruno. *Bens Digitais*: cybercultura, redes sociais, e-mails, músicas, livros, milhas aéreas, moedas virtuais. Editora Foco, 2021, p. 35.

5 KANG, Shimi. *Tecnologia na Infância:* Criando hábitos saudáveis para crianças em um mundo digital. Editora Melhoramentos, 2021, p. 22.

6 VERONESE, Josiane Rose Petry. *Convenção sobre os direitos da criança*: 30 anos. Salvador: Juspodivm, 2019, p. 13.

7 TEIXEIRA, Ana Carolina Brochado; MULTEDO, Renata Vilela. Autoridade parental: os deveres dos pais frente aos desafios do ambiente digital. *In:* TEIXEIRA, Ana Carolina Brochado; FALEIROS JÚNIOR, José Luiz de Moura; DENSA, Roberta (coord.). *Infância, adolescência e tecnologia*: o Estatuto da Criança e do Adolescente na Sociedade de Informação. Indaiatuba: Foco, 2022, p. 27-46, p. 32.

inóspito e ainda pouco regulamentando das redes sociais é apropriado para o mundo infantil.

> Crescemos como seres humanos quando nos unimos em torno da defesa dos direitos das crianças. Crescemos também em humanidade ao nos unirmos em torno dessa causa, como se fosse possível uma grande ciranda – uma ciranda humanitária –, em que adultos e crianças dessem as mãos e compusessem a mais amorosa roda: o encontro essencial com a vida![8]

2 Pais, filhos e redes sociais

O atual contexto social, perpassado pela revolução digital ora comentada, impõe "uma releitura ampliativa das funções da autoridade parental",[9] sobretudo no que concerne às crianças e adolescentes e aos efeitos dessa transformação digital para os seres em desenvolvimento.

Os pais contemporâneos precisam lidar com a internet em seus aspectos positivos e negativos, discernindo os momentos nos quais se afigura como importante aliada da comunicação e da educação infantil dos casos em que representa um risco exacerbado, assumindo posição de vilã.

Não podem privar completamente seus filhos dos benefícios da tecnologia, sob pena de torná-los excluídos digitais. Não obstante, não podem abandoná-los à própria sorte para surfar na internet, deixando a criança em situação de vulnerabilidade digital,[10] o que pode ser depreendido como abandono digital.

Ao gerir a educação dos filhos, os pais exercem a autoridade parental, consubstanciada no "exercício dos direitos e deveres dos pais em relação aos filhos, no interesse destes".[11] Em razão das transformações

---

8 VERONESE, Josiane Rose Petry. *Convenção sobre os direitos da criança*: 30 anos. Salvador, Juspodivm, 2019, p. 11.

9 TEIXEIRA, Ana Carolina Brochado; MULTEDO, Renata Vilela. Autoridade parental: os deveres dos pais frente aos desafios do ambiente digital. *In:* TEIXEIRA, Ana Carolina Brochado; FALEIROS JÚNIOR, José Luiz de Moura; DENSA, Roberta (coord.). *Infância, adolescência e tecnologia*: o Estatuto da Criança e do Adolescente na Sociedade de Informação. Indaiatuba: Foco, 2022, p. 27-46, p. 29.

10 TEIXEIRA, Ana Carolina Brochado; MULTEDO, Renata Vilela. Autoridade parental: os deveres dos pais frente aos desafios do ambiente digital. *In:* TEIXEIRA, Ana Carolina Brochado; FALEIROS JÚNIOR, José Luiz de Moura; DENSA, Roberta (coord.). *Infância, adolescência e tecnologia*: o Estatuto da Criança e do Adolescente na Sociedade de Informação. Indaiatuba: Foco, 2022, p. 27-46, p. 31.

11 LÔBO, Paulo. *Direito civil* – volume 5: famílias. São Paulo: Saraiva Educação, 2023, p. 322.

já delineadas, a autoridade parental da forma como modernamente compreendida, sobretudo no ambiente virtual, não pode olvidar as funções de orientação e supervisão dos filhos, de forma a garantir sua segurança virtual.[12]

> Entende-se que, no ambiente digital, é muito importante um papel ativo dos pais, para que os filhos possam compreender a importância da segurança nas Redes para que, a depender da fase de desenvolvimento, possam trafegar com seus próprios *clicks*, independentemente de seus pais.[13]

É importante que os pais conheçam as ameaças do mundo digital para que saibam a melhor forma de agir em relação a seus filhos. As preocupações em torno das crianças e redes sociais passam pela exposição da criança a pedófilos, ao *grooming*, mineração de dados, acesso desenfreado à publicidade, reconhecimento facial,[14] sequestro digital, acesso a conteúdo impróprio, adultização ou hipersexualização, problemas de saúde mental, distúrbios do desenvolvimento, entre muitos outros, oportunamente discutidos.

Dito isto, a controvérsia sobre as crianças nas redes sociais pode ser analisada por duas perspectivas principais. A primeira diz respeito à exposição dos dados dessas crianças nas redes sociais, alinhando-se à temática da superexposição infantojuvenil – que doravante se denominará apenas de *sharenting*. A segunda consiste no perigo que advém do acesso às redes sociais pelas crianças.

Neste trabalho, pretende-se levantar a reflexão sobre ambos os prismas sem, contudo, esgotá-los.

---

[12] TEIXEIRA, Ana Carolina Brochado; AFFONSO, Filipe José Medon. A hipersexualização infantojuvenil na internet e o papel dos pais: liberdade de expressão, autoridade parental e melhor interesse da criança. *In:* EHRHARDT JÚNIOR, Marcos Augusto; LOBO, Fabíola Albuquerque; ANDRADE, Gustavo (coord.). *Liberdade de expressão e relações privadas.* Belo Horizonte: Fórum, 2021, 345-362, p. 353.

[13] TEIXEIRA, Ana Carolina Brochado; MULTEDO, Renata Vilela. Autoridade parental: os deveres dos pais frente aos desafios do ambiente digital. *In:* TEIXEIRA, Ana Carolina Brochado; FALEIROS JÚNIOR, José Luiz de Moura; DENSA, Roberta (coord.). *Infância, adolescência e tecnologia*: o Estatuto da Criança e do Adolescente na Sociedade de Informação. Indaiatuba: Foco, 2022, p. 27-46, p. 29/30.

[14] BLUM-ROSS, Alicia; LIVINGSTONE, Sonia. Sharenting: parent blogging and the boundaries of the digital self. *Taylor & Francis,* 2017, disponível em: https://eprints.lse.ac.uk/67380/1/Blum-Ross_Sharenting_revised_2nd%20version_2017.pdf acesso em: 10. jan. 24.

3 *Sharenting*: parentalidade compartilhada

Basta abrir uma rede social – sobretudo o Instagram – para perceber uma tendência à publicização da parentalidade. Dentre postagens sobre o cotidiano, o restaurante frequentado, o encontro com amigos, estão os *posts* comemorando os marcos do desenvolvimento dos filhos.

Um pai orgulhoso publica o sorriso da filha que perdeu o primeiro dente de leite. Uma mãe preocupada posta vídeo do filho autista em meio a uma crise, no intuito de conscientizar seus seguidores sobre a criação de uma criança neuroatípica. A tia publica um dia divertido com os sobrinhos – em trajes de banho ou seminus – na piscina. Uma mãe apaixonada compartilha o vídeo do marido trocando a frauda da filha durante a madrugada.

Esse tipo de conteúdo é facilmente encontrado nas redes sociais, quaisquer que sejam os perfis seguidos. Essas publicações povoam os perfis de pessoas comuns, passando por influenciadores e os influenciadores mirins.

Com essa parentalidade compartilhada, os filhos acabam sendo expostos por seus pais na internet. Daí surgiu o debate sobre o fenômeno denominado *sharenting,* que consiste na publicização de informações detalhadas pelos pais sobre seus filhos, através das redes sociais.[15]

A problemática acerca do *sharenting* é pauta que deve permear o debate público, uma vez que a Constituição Federal impôs à família, à sociedade e ao Estado o dever de

> assegurar à criança, ao adolescente e ao jovem, com absoluta prioridade, o direito à vida, à saúde, à alimentação, à educação, ao lazer, à profissionalização, à cultura, à dignidade, ao respeito, à liberdade e à convivência familiar e comunitária, além de colocá-los a salvo de toda forma de negligência, discriminação, exploração, violência, crueldade e opressão.[16]

O fenômeno é sistematizado pela doutrina estrangeira em quatro elementos: a quantidade, a frequência, o tipo de conteúdo publicado e o público ao qual se destina.[17] O *sharenting* levanta interessante de-

---

15 BROSCH, Anna. Sharenting: Why Do Parents Violate Their Children's Privacy? *The New Educational Review*, Toruń, v. 54, p. 75-85, 2018, p. 80.

16 BRASIL, Constituição (1988). *Constituição da República Federativa do Brasil*. Em: PRESIDÊNCIA DA REPÚBLICA. Art. 227. Disponível em: http://www.planalto.gov.br/ccivil_03/constituicao/constituicaocompilado.htm. Acesso em: 10 maio 2023.

17 BROSCH, Anna. Sharenting: Why Do Parents Violate Their Children's Privacy? *The New Educational Review*, Toruń, v. 54, p. 75-85, 2018, p. 81/82.

bate sobre a violação pelos pais do direito de privacidade dos filhos,[18] sobre a "ingerência que a manifestação dos pais, titulares da autoridade parental, importa para a privacidade (e as liberdades, que nucleiam o melhor interesse) dos filhos".[19]

Através do *sharenting*, os pais fornecem dados importantes de seus filhos, como fotos, vídeos e informações pessoais. A inocência de quem faz a publicação contrasta com as intenções de uma porção de usuários das redes sociais, que por vezes não são das melhores. Essa reflexão é importante, porque os pais não praticam o *sharenting* com o intuito de prejudicar seus filhos.

Esse compartilhamento de dados permite, por exemplo, que sejam alimentados bancos de dados de inteligência artificial, permitindo a criação de conteúdo com informações da criança, podendo-se passar por aquele indivíduo; permite a utilização da imagem da criança para a criação dos "memes", que podem viralizar e ser fonte de um constrangimento enorme, e, ainda, pode ensejar a prática do *cyberbulling* ou mesmo o respingo desse compartilhamento no mundo real, com a prática de *bullying* por atores do mundo real, munidos de dados captados das redes sociais.

A reflexão é de particular importância no contexto brasileiro. O Brasil é o terceiro país do mundo que mais consome redes sociais,[20] e, numa rápida pesquisa nesses aplicativos, logo se encontram inúmeros rostos infantis, adornando os perfis de seus pais ou cultivando seus próprios perfis.

Dois exemplos interessantes no Instagram ajudam a ilustrar a discussão. São os casos da Lua (@pequenalua – 2,8 milhões de seguidores), filha de Viih Tube (@viihtube – 33,1 milhões de seguidores) e Eliezer (@eliezer – 4,4 milhões de seguidores), e as Marias (@mariasbaby – 7,5 milhões de seguidores), filhas da influencer Virginia (@virginia – 46,7 milhões de seguidores) e do cantor Zé Felipe (@zefelipecantor – 26,7 milhões de seguidores).

---

18 BLUM-ROSS, Alicia; LIVINGSTONE, Sonia. Sharenting: parent blogging and the boundaries of the digital self. *Taylor & Francis*, 2017, disponível em: https://eprints.lse.ac.uk/67380/1/Blum-Ross_Sharenting_revised_2nd%20version_2017.pdf, acesso em: 10 jan. 2024.

19 RAMOS, André Luiz Arnt. *Sharenting:* notas sobre liberdade de expressão, autoridade parenta, privacidade e melhor interesse de crianças e adolescentes. *In*: EHRHARDT; ALBUQUERQUE LOBO; ANDRADE (org.). *Liberdade de expressão e relações privadas*. 1. ed. Belo Horizonte: Fórum, 2021, v. 1, p. 336-379, p. 369.

20 Disponível em: https://forbes.com.br/forbes-tech/2023/03/brasil-e-o-terceiro-pais-que-mais-consome-redes-sociais-em-todo-o-mundo/ acesso em: 3 maio 2024.

Os dois casos se assemelham pelo sucesso absoluto das crianças antes mesmo de seu nascimento. Nisso, Maria Alice foi uma das precursoras. Ainda quando Virginia estava grávida, a menina já tinha um perfil no Instagram, com milhões de seguidores. Depois que nasceu, o sucesso continuou e hoje a criança divide a conta com Maria Flor, sua irmã, no perfil @mariasbaby.

Para além do Instagram, as irmãs já têm marca de produtos infantis e diversos trabalhos publicitários. Recentemente, a influenciadora anunciou que está esperando mais um filho, José Leonardo, que também já tem uma conta na rede social antes mesmo de nascer (@ zeleonardo – 917 mil seguidores).

Da mesma forma que no caso de Maria Alice, Lua ganhou um perfil no *Instagram* ainda na gestação. Em 20 de setembro de 2022, Viih Tube anunciou para seus seguidores que estava grávida.[21] Nesse mesmo dia, o Instagram do feto recém-descoberto fez sua primeira publicação, contendo um teste de gravidez positivo e um álbum de fotos.[22] No dia seguinte, foi publicado um vídeo de um exame de ultrassom, mostrando os batimentos cardíacos da criança.[23]

Desde o anúncio da gravidez, o bebê do casal Eliezer e Viih Tube passou a ser a obsessão da internet, sendo apelidado de "Bbbaby", em referência ao *reality* do qual os pais fizeram parte, sendo esse o nome do perfil no Instagram até o anúncio do gênero e do nome. Após o nascimento, a biografia de seu perfil dá o tom: "Nasci uma ariana com ascendente em touro, de 3,555 kg, com 49 cm, e de boa com a vida, acredita?"[24]

A criança participou explicitamente de sua primeira campanha publicitária antes do primeiro mês de vida. Em publicação de 30 de abril de 2023, na página da mãe, foi compartilhado um vídeo em que a mãe mostra a rotina de cuidados da bebê, utilizando a linha "Natura Mamãe e Bebê".[25]

---

21 Disponível em: https://www.instagram.com/p/Ciu1TkTu94_/?utm_source=ig_web_copy_link acesso em: 12 dez. 2023.

22 Disponível em: https://www.instagram.com/p/CivMgavp1cC/?utm_source=ig_web_copy_link&igsh=MzRlODBiNWFlZA==, acesso em: 12 dez. 2023.

23 Disponível em: https://www.instagram.com/reel/Cixjb5wvE_p/?utm_source=ig_web_copy_link&igsh=MzRlODBiNWFlZA==, acesso em: 12 dez. 2023.

24 Disponível em: https://www.instagram.com/pequenalua/, acesso em: 1 mar. 2024.

25 Disponível em: https://www.instagram.com/reel/CrqgmrwvPjJ/?utm_source=ig_web_copy_link&igsh=MzRlODBiNWFlZA== , acesso em: 12 dez. 2023.

Desde então, o cotidiano da criança é muito exposto no seu perfil e no de seus pais.

Já fora mencionado anteriormente que a internet é um ambiente impiedoso. Lua, antes de completar seis meses de idade, foi um exemplo vivo disso ao ser vítima de gordofobia.

Internautas passaram a comentar a aparência física da criança, argumentando que ela estaria "muito gorda", acima do peso, e que isso não seria saudável. A questão tomou proporções enormes, de maneira que em qualquer publicação na página da criança era possível encontrar comentários fazendo menção ao peso da criança em tom ofensivo.

Tanto o pai quanto a mãe fizeram publicações em seus perfis pessoais rebatendo as críticas, afirmando que a filha estava com o peso dentro da normalidade e do desenvolvimento esperado para a idade.[26]

A repercussão da pretensa obesidade de Lua na internet é enorme, rendendo inclusive publicações de terceiros alheios à família, analisando a situação, a exemplo de site que consultou uma nutricionista para analisar a saúde da criança.[27]

Os dois casos retratam pais e mães que são famosos e que compartilham intensamente seu dia a dia na internet, sendo difícil separar a identidade destes, como pais, da imagem de seus filhos.

O caso de Lua, por sua vez, denota com triste clareza o perigo de expor uma criança ao ambiente das redes sociais. Estes pais escolhem tornar público aspectos íntimos da vida de seus filhos, apesar de serem justamente os responsáveis por proteger sua privacidade.[28]

4 Privacidade e proteção de dados

A privacidade é uma noção maleável, que se transforma diante dos contextos temporal e geográfico, sofrendo interferência, por exemplo, da cultura que se está analisando,[29] o que significa que o mundo

---

[26] Disponível em: https://istoe.com.br/viih-tube-se-irrita-com-comentarios-sobre-peso-da-filha-completamente-saudavel/, acesso em: 12 dez. 2023.

[27] Disponível em: https://www.ofuxico.com.br/saude/afinal-filha-de-viih-tube-esta-acima-do-peso-nutricionista-responde/ acesso em: 12 dez. 2023.

[28] BLUM-ROSS, Alicia; LIVINGSTONE, Sonia. Sharenting: parent blogging and the boundaries of the digital self. *Taylor & Francis*, 2017, disponível em: https://eprints.lse.ac.uk/67380/1/Blum-Ross_Sharenting_revised_2nd%20version_2017.pdf, acesso em: 10 jan. 24.

[29] PEIXOTO, Erick Lucena Santos; EHRHARDT JÚNIOR, Marcos. Os desafios da compreensão do direito à privacidade no sistema jurídico brasileiro em face das novas tecnologias. *Privacidade e sua compreensão no direito brasileiro*. Belo Horizonte: Fórum, 2019.

digital no qual a sociedade está inserida atualmente está construindo noções próprias de privacidade e de seus limites. Ela se revela "como um motor de desenvolvimento e como instrumento de proteção de um eu (*self*) construído socialmente".[30]

Isso é muito angustiante, entretanto, quando se traz a análise para o mundo infantil, conforme proposto neste trabalho. As crianças acabam por sofrer essa transformação de forma passiva, em razão da ausência de discernimento proveniente de seu estágio de desenvolvimento, ficando, por vezes, reféns da alteração do conceito de privacidade que está atingindo seus pais.

> As crianças têm interesse na privacidade. No entanto, os direitos dos pais de controlar a educação dos seus filhos e os direitos dos pais à liberdade de expressão podem superar este interesse. Quando os pais partilham informações sobre os seus filhos online, fazem-no sem o consentimento dos filhos. Esses pais atuam tanto como guardiões das informações pessoais de seus filhos quanto como narradores das histórias pessoais de seus filhos. Este duplo papel dos pais na identidade online dos seus filhos dá pouca proteção às crianças à medida que a sua identidade online evolui. Existe um conflito de interesses como os filhos poderão um dia ressentir-se das revelações feitas anos antes pelos seus pais. [31]

Diante da plasticidade mencionada do conceito de privacidade, as crianças acabam por ter essa noção moldada pelo hipercompartilhamento de seus pais.

> Devido ao compartilhamento pelos próprios pais, crianças crescem com um conceito de privacidade totalmente diferente, tornando-se normal para elas que tudo seja de domínio público. Essa superexposição nas

30 RAMOS, André Luiz Arnt. *Sharenting:* notas sobre liberdade de expressão, autoridade parenta, privacidade e melhor interesse de crianças e adolescentes. *In*: EHRHARDT JÚNIOR, Marcos Augusto; LOBO, Fabíola Albuquerque; ANDRADE, Gustavo (coord.). *Liberdade de expressão e relações privadas*. 1. ed. Belo Horizonte: Fórum, 2021, v. 1, p. 336-379, 366.

31 STEINBERG, Stacey. Sharenting: Children's Privacy in the Age of Social Media, *Emory Law Journal*, Atlanta, v. 66, n. 839, p. 840-884, 2017. Disponível em: https://scholarship.law.ufl.edu/cgi/viewcontent.cgi?article=1796&context=facultypub. Acesso em: 10 dez. 2022, p. 839, em tradução livre. No original: *"Children have an interest in privacy. Yet parents' rights to control the upbringing of their children and parents' rights to free speech may trump this interest. When parents share information about their children online, they do so without their children's consent. These parents act as both gatekeepers of their children's personal information and as narrators of their children's personal stories. This dual role of parents in their children's online identity gives children little protection as their online identity evolves. A conflict of interests exists as children might one day resent the disclosures made years earlier by their parents"*.

redes sociais passa a ser naturalizada e assim o conceito de privacidade vai desaparecendo rapidamente, o que pode não ser saudável para o seu crescimento biopsíquico.[32]

Além de tudo isso, a conduta paterna debatida cria um rastro das crianças no ambiente virtual, que as acompanhará à idade adulta.[33] Os filhos, portanto, lidarão com as decisões tomadas por seus pais no passado em relação à sua privacidade e aos seus dados pessoais.

Outra questão relevante diz respeito aos dados pessoais, que são valiosas informações dos indivíduos. "Pode-se dizer que a proteção de dados, mais que um direito, representa um dever estatal, para garantia, como bem observa a lei, do livre desenvolvimento das pessoas."[34]

A imagem, por sua vez, é, juntamente com a privacidade, dos atributos mais em risco através da exposição infantil na internet. "Portanto, o tratamento conferido à imagem na internet deve ter como premissa a qualificação jurídica da imagem como dado pessoal, cuja proteção é a de direito fundamental."[35]

Importante ponto na proteção aos dados surgiu com a Lei Geral de Proteção de dados, que inaugura no Brasil a proteção dos dados dos cidadãos usuários da tecnologia, reconhecendo a necessidade de proteger os usuários dos constantes vazamentos acidentais, ou mesmo das vendas de dados captados por empresas como as redes sociais.[36]

---

32 TEIXEIRA, Ana Carolina Brochado; MULTEDO, Renata Vilela. Autoridade parental: os deveres dos pais frente aos desafios do ambiente digital. *In:* TEIXEIRA, Ana Carolina Brochado; FALEIROS JÚNIOR, José Luiz de Moura; DENSA, Roberta (coord.). *Infância, adolescência e tecnologia*: o Estatuto da Criança e do Adolescente na Sociedade de Informação. Indaiatuba: Foco, 2022, p. 27-46, p. 34.

33 TEIXEIRA, Ana Carolina Brochado; AFFONSO, Filipe José Medon. A hipersexualização infantojuvenil na internet e o papel dos pais: liberdade de expressão, autoridade parental e melhor interesse da criança. *In:* EHRHARDT JÚNIOR, Marcos Augusto; LOBO, Fabíola Albuquerque; ANDRADE, Gustavo (coord.). *Liberdade de expressão e relações privadas.* Belo Horizonte: Fórum, 2021, 345-362, p. 350.

34 BRASILEIRO, Luciana; HOLANDA, Maria Rita. A proteção de dados pessoais na infância e o dever parental de preservação da privacidade. *In*: EHRHARDT JÚNIOR, Marcos; LOBO, Fabíola Albuquerque (coord.). *Privacidade e sua compreensão no direito brasileiro.* Belo Horizonte: Fórum, 2019, p. 269-279, p. 269/270.

35 TEIXEIRA, Ana Carolina Brochado; MULTEDO, Renata Vilela. Autoridade parental: os deveres dos pais frente aos desafios do ambiente digital. *In:* TEIXEIRA, Ana Carolina Brochado; FALEIROS JÚNIOR, José Luiz de Moura; DENSA, Roberta (coord.). *Infância, adolescência e tecnologia*: o Estatuto da Criança e do Adolescente na Sociedade de Informação. Indaiatuba: Foco, 2022, p. 27-46, p. 33.

36 BRASILEIRO, Luciana; HOLANDA, Maria Rita. A proteção de dados pessoais na infância e o dever parental de preservação da privacidade. *In*: EHRHARDT JÚNIOR, Marcos; LOBO, Fabíola Albuquerque (coord.). *Privacidade e sua compreensão no direito brasileiro.* Belo Horizonte: Fórum, 2019, p. 269-279, p. 269.

Em consonância com o vasto plexo normativo já mencionado, a Lei Geral de Proteção de Dados buscou conferir segurança ao tratamento de dados das crianças e adolescentes que "deverá ser realizado em seu melhor interesse".[37]

5 Perigo digital, consequências reais

Outra perspectiva de igual importância vem dos perigos inerentes à presença infantil *on-line*. Na distinção outrora feita, aqui se está a tratar da criança como usuária das redes sociais.

Analisando rapidamente perfis de crianças ou voltados para o público infantil, percebe-se um ambiente adultizado. O conteúdo ali publicado tende a ser replicado pelos miniusuários, na ânsia de pertencer àquela comunidade.

As redes sociais funcionam de acordo com diversas métricas próprias, que medem quanto um determinado perfil é relevante – o engajamento. Quanto maior o engajamento de um perfil, mais o algoritmo irá recomendar o perfil para outros usuários, de forma que o sistema se retroalimenta.

Esses algoritmos não são passíveis de controle social, pois são privados, e são programados para fazer com que o usuário adote certo tipo de comportamento, por exemplo: passe mais tempo *on-line* no aplicativo, compre determinado produto, siga determinada tendência.

Essa programação tem o condão de moldar o comportamento dos usuários. Já se percebe, assim, que as redes sociais têm um *modus operandi* próprio, voltado para manter o público o máximo possível engajado no aplicativo.

> Sem lermos as letras miudinhas, não imaginávamos que a maioria delas estava coletando nossos dados e seguindo-nos por toda a internet. Hoje temos ciência de que a tecnologia manipula nossas decisões, determinando como nos comportamos e como nos sentimos. Sabemos também que os cientistas estão registrando mensuráveis alterações nos cérebros dos bebês expostos a telas por tempo demais.[38]

---

[37] LGPD, Art. 14.

[38] KANG, Shimi. *Tecnologia na Infância:* Criando hábitos saudáveis para crianças em um mundo digital. Editora Melhoramentos, 2021, p. 18.

Neste ponto, a psiquiatra Shimi Kang relata sua preocupante experiência em consultório:

> Em consultas, os pais relatam que os filhos perderam o interesse pela escola, pelos esportes e pelas famílias, para se dedicarem ao videogame. Tratei de muitos adolescentes que reagiram com ameaças de violência, fuga de casa, mutilação e suicídio aos limites impostos pelos pais quanto ao uso das redes sociais. Uma vez fui chamada para atender um garoto que trancou a mãe por três dias em um porão a fim de jogar um novo videogame sem limitações.[39]

Assim, existe o impacto bioquímico no cérebro das crianças gerado pelas redes sociais. *Smartphones*, jogos *on-line* e mídias sociais estão literalmente mudando a mente das crianças por meio da liberação de determinadas substâncias neuroquímicas.[40] Essas questões são perceptíveis por qualquer um que observe as crianças ao seu redor, transbordando dos consultórios psiquiátricos ou mesmo do ambiente acadêmico, sendo perceptível no cotidiano.

Portanto, a preocupação passa a ter um sentido muito palpável, ao ser evidenciado que o tempo excessivo de exposição às telas por parte de crianças pode gerar consequências reais, tanto psicológicas como físicas:

> Liberação de quantidades prejudiciais de cortisol, desencadeando reação de estresse.
>
> Desejo por quantidades perigosas de dopamina, o que pode levar ao vício.
>
> Redução na liberação natural de oxitocina, serotonina e endorfinas, que são a chave para a saúde, a felicidade e o sucesso a longo prazo.[41]

Não bastassem essas questões físicas e mentais, a cultura das redes sociais, sobretudo do Instagram e do Tiktok, evidencia uma tendência à já citada adultização de crianças, que performam danças de cunho sensual, usam maquiagem forte e roupas justas e provocantes.

---

[39] KANG, Shimi. *Tecnologia na Infância:* Criando hábitos saudáveis para crianças em um mundo digital. Editora Melhoramentos, 2021, p. 42.

[40] KANG, Shimi. *Tecnologia na Infância:* Criando hábitos saudáveis para crianças em um mundo digital. Editora Melhoramentos, 2021, p. 25.

[41] KANG, Shimi. *Tecnologia na Infância:* Criando hábitos saudáveis para crianças em um mundo digital. Editora Melhoramentos, 2021, p. 25/26.

As crianças ficam expostas a consumir esse conteúdo e, naturalmente, ao desejo de reproduzir o comportamento.

> é mais provável que a criança seja vista com um celular na mão, enquanto imita alguma dança no TikTok: a amarelinha não é mais a brincadeira clássica. Todavia, o que parece mais assustador diz respeito às tranças: hoje é cada vez mais comum que as meninas coloquem maquiagens pesadas, subam no salto e façam poses provocantes. São esses sinais de uma hipersexualização precoce do corpo infantil, que, como se verá, passam pela condução responsável da autoridade parental e não podem ser negligenciados pelo direito, especialmente pelo Ministério Público, pelos conselhos tutelares e por toda sociedade.[42]

Por essas razões, o papel parental na vida digital de seus filhos é primordial e pode representar a diferença entre um ser que crescerá para se tornar um adulto ajustado ou alguém com diversos problemas. É por esse motivo que se evidencia a imprescindibilidade de que os pais assumam uma postura ativa no sentido de educar digitalmente seus filhos, escolhendo cuidadosamente os conteúdos que consideram adequados para consumo,[43] limitando o tempo de utilização da tecnologia, limitando o tipo de publicação que fazem e, no geral, conscientizando a criança acerca dos que são ou não adequados na internet e promovendo um debate saudável sobre a vida digital.

Considerações finais

A reflexão proposta é: as redes sociais são local apropriado para as crianças? De plano, é seguro dizer que, sem supervisão, não. Sem o acompanhamento e a educação digital adequados, as crianças não devem frequentar esse ambiente digital.

Não obstante, mesmo nos casos em que os pais estão atentos e supervisionando seus filhos, ainda remanescem sérios riscos ao serem

---

42 TEIXEIRA, Ana Carolina Brochado; AFFONSO, Filipe José Medon. A hipersexualização infantojuvenil na internet e o papel dos pais: liberdade de expressão, autoridade parental e melhor interesse da criança. *In:* EHRHARDT JÚNIOR, Marcos Augusto; LOBO, Fabíola Albuquerque e ANDRADE, Gustavo (coord.). *Liberdade de expressão e relações privadas*. Belo Horizonte: Fórum, 2021, 345-362, p. 345.

43 TEIXEIRA, Ana Carolina Brochado; MULTEDO, Renata Vilela. Autoridade parental: os deveres dos pais frente aos desafios do ambiente digital. *In:* TEIXEIRA, Ana Carolina Brochado; FALEIROS JÚNIOR, José Luiz de Moura; DENSA, Roberta (coord.). *Infância, adolescência e tecnologia*: o Estatuto da Criança do Adolescente na Sociedade de Informação. Indaiatuba: Foco, 2022, p. 27-46, p. 31.

expostos nas redes sociais e ao consumirem o conteúdo ali disponível, sendo a supervisão uma forma de mitigar tais riscos.

O caminho, a princípio, parece ser o de promover um trabalho parental sério para minimizar os riscos que as redes sociais trazem às crianças – não se excluindo os adolescentes – sem a ilusão de que as crianças estarão seguras na internet. Essa parece ser a solução para os pais que permitem que seus filhos acessem as redes sociais.

A psiquiatra Simi Kang recomenda – como estratégia para evitar danos – que os pais não deem aos filhos um celular ou *tablet* pessoal.[44] Orienta, ainda, que os pais ajam de forma a afastar seus filhos "de qualquer tecnologia que proporcione excesso dopamina ou sensações intensas de prazer".[45]

Os pais devem, assim, garantir que cada fase da vida e do desenvolvimento de seus filhos seja vivida de acordo com o que for adequado em razão do discernimento da criança. Em relação às redes sociais, argumenta-se que o ambiente é majoritariamente adulto, parecendo beneficiar a criança de uma introdução tardia – condizente com seu melhor interesse – nesse mundo digital.

Referências

BLUM-ROSS, Alicia; LIVINGSTONE, Sonia. Sharenting: parent blogging and the boundaries of the digital self. *Taylor & Francis*, 2017, disponível em: https://eprints.lse.ac.uk/67380/1/Blum-Ross_Sharenting_revised_2nd%20version_2017.pdf, acesso em: 10 jan. 2024.

BRASIL, Constituição (1988). *Constituição da República Federativa do Brasil*. Em: PRESIDÊNCIA DA REPÚBLICA. Art. 227. Disponível em: http://www.planalto.gov.br/ccivil_03/constituicao/constituicaocompilado.htm. Acesso em: 10 maio 2023.

BRASILEIRO, Luciana; HOLANDA, Maria Rita. A proteção de dados pessoais na infância e o dever parental de preservação da privacidade. *In*: EHRHARDT JÚNIOR, Marcos; LOBO, Fabíola Albuquerque (coord.). *Privacidade e sua compreensão no direito brasileiro*. Belo Horizonte: Fórum, 2019, p. 269-279.

BROSCH, Anna. Sharenting: Why Do Parents Violate Their Children's Privacy? *The New Educational Review*, Toruń, v. 54, p. 75-85, 2018.

KANG, Shimi. *Tecnologia na Infância:* Criando hábitos saudáveis para crianças em um mundo digital. Editora Melhoramentos, 2021.

44 KANG, Shimi. *Tecnologia na Infância:* Criando hábitos saudáveis para crianças em um mundo digital. Editora Melhoramentos, 2021, p. 89.

45 KANG, Shimi. *Tecnologia na Infância:* Criando hábitos saudáveis para crianças em um mundo digital. Editora Melhoramentos, 2021, p. 89.

LÔBO, Paulo. *Direito civil* – volume 5: famílias. São Paulo: Saraiva Educação, 2023.

PEIXOTO, Erick Lucena Santos; EHRHARDT JÚNIOR, Marcos. Os desafios da compreensão do direito à privacidade no sistema jurídico brasileiro em face das novas tecnologias. *Privacidade e sua compreensão no direito brasileiro.* Belo Horizonte: Fórum, 2019.

RAMOS, André Luiz Arnt. *Sharenting:* notas sobre liberdade de expressão, autoridade parenta, privacidade e melhor interesse de crianças e adolescentes. *In*: EHRHARDT JÚNIOR, Marcos Augusto; LOBO, Fabíola Albuquerque; ANDRADE, Gustavo (coord.). *Liberdade de expressão e relações privadas*. 1. ed. Belo Horizonte: Fórum, 2021, v. 1, p. 336-379.

STEINBERG, Stacey. Sharenting: Children's Privacy in the Age of Social Media, *Emory Law Journal*, Atlanta, v. 66, n. 839, p. 840-884, 2017.

TEIXEIRA, Ana Carolina Brochado; AFFONSO, Filipe José Medon. A hipersexualização infantojuvenil na internet e o papel dos pais: liberdade de expressão, autoridade parental e melhor interesse da criança. *In:* EHRHARDT JÚNIOR, Marcos Augusto; LOBO, Fabíola Albuquerque; ANDRADE, Gustavo (coord.). *Liberdade de expressão e relações privadas*. Belo Horizonte: Fórum, 2021, 345-362.

TEIXEIRA, Ana Carolina Brochado; MULTEDO, Renata Vilela. Autoridade parental: os deveres dos pais frente aos desafios do ambiente digital. *In:* TEIXEIRA, Ana Carolina Brochado; FALEIROS JÚNIOR, José Luiz de Moura; DENSA, Roberta; (Coord.). *Infância, adolescência e tecnologia*: o Estatuto da Criança e do Adolescente na Sociedade de Informação. Indaiatuba: Foco, 2022, p. 27-46, p. 29.

TEIXEIRA, Ana Carolina Brochado; NERY, Maria Carla Moutinho. Vulnerabilidade digital de crianças e adolescentes: a importância da autoridade parental para uma educação nas redes. *In*: EHRHARDT JR., Marcos; LOBO, Fabiola (org.). *Vulnerabilidade e sua compreensão no direito brasileiro.* 1. ed. Indaiatuba: Foco, 2021, v. 1, p. 133-147.

VERONESE, Josiane Rose Petry. *Convenção sobre os direitos da criança*: 30 anos. Salvador: Juspodivm, 2019.

ZAMPIER, Bruno. *Bens Digitais*: cybercultura, redes sociais, e-mails, músicas, livros, milhas aéreas, moedas virtuais. Indaiatuba: Foco, 2021.

Informação bibliográfica deste texto, conforme a NBR 6023:2018 da Associação Brasileira de Normas Técnicas (ABNT):

GALVÃO, Camila Sampaio. Lugar de criança é nas redes sociais? Reflexões sobre o impacto das novas tecnologias no mundo infantil. *In*: EHRHARDT JÚNIOR, Marcos; CATALAN, Marcos (coord.). *Tecnologia, família e relações sucessórias*: tutela das pessoas e proteção patrimonial. Belo Horizonte: Fórum, 2024. p. 67-82. ISBN 978-65-5518-831-8.

ABDUZIDA DO PAÍS DAS MARAVILHAS: REFLEXÕES ACERCA DA NECESSÁRIA PROTEÇÃO DA INFÂNCIA FRENTE À MANIPULAÇÃO DO LÚDICO PELO MERCADO[1]

MARCOS CATALAN

GABRIELA BALBINOT

Em queda livre pela toca do coelho: concisas notas a título de introito

A criança, em tenra idade, é incapaz de distinguir, diferenciar ou seccionar, o fenomênico do lúdico.[2] Enquanto ser em inconteste desenvolvimento, não detém o instrumental necessário que lhe permita separar as fantasias que vive daquilo que se convencionou denominar realidade; situação peculiar que, sem nenhum estranhamento, lhe permite crer que coelhos possam falar, tal qual ilustra conhecida passagem literária:

---

1 Este artigo foi escrito entremeio às sístoles e diástoles que impulsionam os projetos de investigação científica *Virada de Copérnico*, sediado na Faculdade de Direito da Universidade Federal do Paraná e *Proteção do consumidor à deriva: uma tentativa de aferição do estado da arte, na tutela jusconsumerista, no âmbito do Superior Tribunal de Justiça*, financiado pelo CNPq (407142/2018-5).

2 BARBER, Benjamin. *Consumido:* como o mercado corrompe crianças, infantiliza adultos e engole cidadãos. Trad. Bruno Casotti. Rio de Janeiro: Record, 2009. p. 45.

> [Alice], meditava com seus botões – tanto quanto podia, porque o calor aquele dia era tal que ela se sentia sonolenta e entorpecida – se o prazer de fazer uma guirlanda de margaridas valeria o esforço de levantar-se e colher as margaridas, quando de repente um coelho branco com olhos rosados passou correndo perto dela.
>
> Não havia nada de tão notável nisso; nem Alice achou tão estranho ouvir o coelho murmurar para si mesmo, "Ai, meu Deus! Ai, meu Deus! Estou muito atrasado!".[3]

Referida percepção é usada ao longo deste artigo como atrator de reflexões que a partir de aspectos lapidados hermenêutica e dogmaticamente à necessária proteção da criança abraçam o dado empírico colhido em entrevistas com professoras[4] de seres em tenra idade para explicitar, sob olhar crítico, alguns dos impactos deletérios causados aos pequeninos que têm contato com a publicidade que lhes é dirigida às bicas, conclusão aqui antecipada na tentativa de coser outro arremate: a resposta constitucionalmente adequada para todos os casos em que o *mercado*[5] se comunica com os pequeninos não pode ser outra que não a sua *ilicitude*.

O estudo em pauta recorre à imaginação jus-sociológica[6] na tentativa de comprovar a hipótese que, como antecipado, identifica na publicidade dirigida às crianças conduta contrária ao Direito. Ele foi gestado no imprescindível diálogo entre o Direito e a sociedade, buscando trabalhar com dados empíricos e normativos em um contexto marcado por inconteste complexidade. A discussão não é nova, o que pode ser identificado, aliás, bastante facilmente, no mapeamento das fontes usadas nesta pesquisa. Mas, sem dúvida alguma, segue sendo

---

3 CARROLL, Lewis. *Alice no país das maravilhas.* Trad. Isabel de Lorenzo. 2. ed. São Paulo: [s. ed.], 2000. p. 19.

4 Usa-se o signo *professoras* porque todas as participantes da pesquisa são do sexo feminino.

5 TRINDADE, Gustavo Manoel Neubarth. Economia de plataforma: ponderações conceituais distintivas em relação à economia compartilhada e à economia colaborativa e uma abordagem de análise econômica do direito dos ganhos de eficiência econômica por meio da redução severa dos custos de transação. *Revista Jurídica Luso-Brasileira,* Lisboa, ano 6, n. 4, p. 1977-2013, 2020. p. 1982. Com o autor, leia-se a partir daqui, no signo *mercado,* sistema de mercado.

6 JACOBSEN, Michael Hviid; TESTER, Keith. Introdução. *In*: BAUMAN, Zygmunt. *Para que serve a sociologia?* Trad. Carlos Alberto Medeiros. Rio de Janeiro: Zahar, 2015. p. 13-14. O estilo literário conscientemente incorporado às linhas que dão vida a este texto, em boa medida, foi imantado pela assunção de postura metodológica denominada "imaginação [jus]sociológica", que visa a capacitar homens e mulheres a navegarem pelos significados de sua época de modo a compreenderem-no, permitindo, assim, a multiplicação das narrativas que chegam até eles. Seus critérios de validade são "narrativos e experimentais".

atual, em especial quando se identifica que a publicidade – ao lado de outras formas de comunicação mercadológica dirigida à criança –, tantas vezes diluída em discursos que a equiparam à *educação* para o consumo, influencia a formação psíquica e a construção das personalidades dos miúdos e miúdas, impactando na formatação do caráter e na introjeção dos valores éticos, sociais, culturais e morais *absorvidos* pelos pequeninos, bem como, como se pode intuir, em seu crescimento sadio.[7]

Enfim, a tentativa de transcender os rígidos limites – tanto teóricos como cognitivos – atrelados à dogmática jurídica ampara, aqui, a tentativa de diálogo com a *Lagarta Azul*, a *Lebre de Março*, o *Gato de Cheshire* e, eventualmente, com outras personagens desenhadas através da pena de Lewis Carroll.[8]

Tomem nota do que a lagarta azul tem a dizer: um sucinto relato empírico

Antecipe-se, sem a dubiedade usualmente presente nas falas da lagarta azul,[9] que o lastro empírico utilizado neste artigo foi produzido mediante a aplicação de questionário aberto dirigido a professoras que trabalham em Farroupilha, no Rio Grande do Sul, Município que, consoante o Instituto Brasileiro de Geografia e Estatística, possui Índice de Desenvolvimento Humano acima da média estadual[10] e Produto Interno Bruto superior à média nacional,[11] elementos que permitem compreender que as crianças que lá vivem podem ter mais facilidade de acesso a bens de consumo que as médias gaúcha e brasileira.

---

7 Ver HENRIQUES, Isabella. O capitalismo, a sociedade de consumo e a importância da restrição da publicidade e da comunicação mercadológica voltadas ao público infantil. *In:* PASQUALOTTO, Adalberto; ALVAREZ, Ana Maria Montiel (org.). *Publicidade e proteção da infância*. Porto Alegre: LAEL, 2014 e PITOL, Yasmine Uequed. *A publicidade infantil na sociedade de consumo:* uma análise empírica da publicidade e de sua (in)conformidade com o direito brasileiro. 2017. 160 f. Dissertação (Mestrado) – Curso de Direito, Universidade Lasalle, Canoas, 2017.

8 CARROLL, Lewis. *Alice no país das maravilhas*. Trad. Isabel de Lorenzo. 2. ed. São Paulo: [s. ed.], 2000. p. 19.

9 *Id. passim.*

10 INSTITUTO BRASILEIRO DE GEOGRAFIA E ESTATÍSTICA (IBGE). *Panorama Farroupilha*. Brasília: IBGE, 2017. Disponível em: https://cidades.ibge.gov.br/brasil/rs/farroupilha/panorama. INSTITUTO BRASILEIRO DE GEOGRAFIA E ESTATÍSTICA (IBGE). *Panorama Rio Grande do Sul*. Brasília: IBGE, 2017. Disponível em: https://cidades.ibge.gov.br/brasil/rs/panorama. Acessos atualizados em: 29 dez. 2019. Farroupilha possui IDH de 0,777, o Rio Grande do Sul (0,746).

11 *Id.* Consoante o Instituto Brasileiro de Geografia e Estatística o Produto Interno Bruto *per capita* da cidade de Farroupilha, Rio Grande do Sul, é de R$ 45.466,72, valor este aproximadamente 50% maior que o da média brasileira, que é de R$ 31.833,50.

Diga-se, ainda, que o material colhido *no campo* que informa esta pesquisa reforçou algumas das mais importantes conclusões alcançadas pela literatura que gravita ao redor da temática *proteção integral da criança*, permitindo, ainda, e de modo inconteste, frise-o, a experimentação da alteridade, sempre preferível a monólogos tão caros à dogmática jurídica, encastelados em estereótipos fantasiosos e, não raras vezes, em idiossincrasias.

> *"Volte!", chamou a Lagarta. "Tenho algo importante a dizer."*
> *Isto sem dúvida parecia promissor. Alice voltou.*
> *"Mantenha a calma", disse a Lagarta.*[12]

A estruturação da trilha metodológica ulteriormente percorrida, quase sem percalços, vislumbrou o diálogo com as professoras em seu local de trabalho, pressupondo que ali estariam mais à vontade para responderem às questões que lhes foram apresentadas.[13] Tal procedimento buscou garantir a idoneidade na coleta do material empírico. Participaram da pesquisa as professoras Ana, Beatrice, Camila, Carla, Luiza, Júlia, Vânia e Maria.[14]

As três escolas – pública municipal, estadual e privada[15] – em que trabalham as referidas profissionais foram eleitas tendo por base os fatos de que (a) elas deveriam ter turmas com crianças na primeira infância – eis que são as mais impactadas pela publicidade que lhes é dirigida – e (b) possuir o maior número de alunos no município, tendo em vista que escolas maiores abrangem, em tese, público mais heterogêneo, propiciando campo de pesquisa numericamente superior e, ao mesmo tempo, ao menos teoricamente, mais plural.

O primeiro questionamento direcionado às professoras procurava saber se os alunos falavam dos brinquedos que veem na televisão. As respostas foram unânimes: as crianças mencionam – "eu vi na TV"!

---

12 CARROLL, Lewis. *Alice no país das maravilhas*. Trad. Isabel de Lorenzo. 2. ed. São Paulo: [s. ed.], 2000. p. 63.

13 A assertiva ganha corpo no fato de que as professoras foram todas bastante solícitas, embora algumas não se sentissem à vontade para falarem, tendo preferido responder as questões por escrito. Notou-se que todas elas tinham a clara percepção do quanto o tema – que envolve esta investigação e as perguntas formuladas – é inerente ao universo infantil e souberam expor, com bastante clareza, a influência exercida pela publicidade na vida das crianças.

14 Os nomes são todos fictícios, de forma a preservar o anonimato das entrevistadas.

15 Registre-se que a escola privada considerada foi a que ocupa o segundo posto em número de alunos, pois a que lidera esse *ranking* não aceitou participar da pesquisa.

Ana[16] relatou que "a televisão é um meio de comunicação com bastante influência sobre elas [as crianças], talvez por estar muito presente em seu dia a dia". Maria[17] expôs que os alunos falam [sobre brinquedos] mais em datas comemorativas, como na Páscoa, Natal ou no Dia das Crianças, acreditando que no período que antecede tais ocasiões o apelo seja maior. Beatrice[18] asseverou que os alunos "comentam sobre alguns brinquedos que eles [veem] na televisão [e que acredita que] no *Discovery Kids* deve ter bastante propaganda, porque eles comentam", relatando, ademais, que as crianças vão ao *shopping* e sabem o brinquedo desejado. Carla,[19] por fim, ao meditar sobre essa questão, enfatizou que as crianças não mencionam apenas a televisão, mas, também, lojas e *Internet*.

Em relação aos brinquedos, foi indagado se as crianças costumavam falar sobre a *publicidade*, mencionando especificamente essa palavra. As educadoras, sem exceção, expuseram que as crianças não se referem ao referido *signo*, aludindo apenas à televisão. As professoras Maria e Camila,[20] por exemplo, responderam que os pequenos não compreendem a palavra, e Luiza[21] afirmou que as crianças usam o termo propaganda, jamais publicidade. Camila, aliás, sem ter sido questionada, expôs que as crianças não distinguem a publicidade dos desenhos, tendo relatado, na sequência, que as crianças ainda não compreendem o que é publicidade e se limitam a relatar "eu vi na TV", "mas o ver na TV é o desenho, é o brinquedinho que veem lá; elas ainda não têm noção do que é uma propaganda[22] e do que é o desenho".

Outra questão formulada buscou mapear se as crianças costumavam mencionar pedidos de brinquedos dirigidos aos pais. Houve relatos em sentidos diversos. As professoras da escola particular responderam positivamente a essa questão, como se pode aferir na entrevista feita com Júlia.[23] E Carla, na mesma linha, destacou que isso ocorre, principalmente, na antevéspera das datas comemorativas.

---

16 Professora do Pré II na escola estadual.

17 Professora do Pré I na escola estadual.

18 Professora do Pré I na escola pública municipal.

19 Professora do 1º ano do ensino fundamental na escola particular.

20 Professora do Pré I da escola pública municipal.

21 Professora do Pré II da escola pública municipal.

22 Identificou-se alguma confusão no uso dos signos publicidade e propaganda. Sobre o tema, por todos, *v.* PASQUALOTTO, Adalberto. *Os efeitos obrigacionais da publicidade no código de defesa do consumidor*. São Paulo: RT, 1997.

23 Professora do Pré II na escola privada.

Por sua vez, na escola pública municipal, as educadoras afirmaram que as crianças pedem brinquedos, relatando, entretanto, que os pais negociam com elas a aquisição do mais barato, ou mesmo, a impossibilidade da compra. Dentre os relatos capturados na escola pública municipal, destacam-se os de Luiza e Camila: aquela falou sobre pedidos de brinquedos que circulam na mídia; essa disse que os pais, nos dias atuais, "dão exatamente tudo que eles pedem", presumindo que "então eles viram na TV". As percepções das professoras da rede estadual, contudo, evidenciaram realidade diversa. Ana relatou que só algumas crianças contam que pedem brinquedos e que, na maioria das vezes, os pais explicam que elas serão presenteadas em momentos especiais como o aniversário ou o Natal. Maria destacou que as crianças pedem brinquedos em datas como o Natal, salientando, todavia, que, no decorrer do ano, os pequenos não solicitam brinquedos aos pais na medida em que a sua realidade não o permite e, quando muito, ganham um doce ou um sorvete em datas socialmente importantes. Nas palavras de Maria, que, no turno oposto ao da entrevista, trabalha em pré-escola na rede particular,

> [os] meus alunos na rede particular vão ao *shopping* com o intuito de comprar um brinquedo, de ganhar alguma coisa. Eu vejo que esses [as crianças da escola estadual] têm o intuito de ganhar outras coisas no lugar, saem no mercado e ganham um chocolate, ganham um doce, não ganham o brinquedo e nem têm essa expectativa de ganhar o brinquedo, talvez porque os pais conversem que às vezes o brinquedo é caro, nem tudo dá para ter. Então, eu vejo que aqui eles falam menos de pedir aos pais brinquedos, mais nessas datas – aniversário, Dia das Crianças, Natal, Páscoa – bem em datas comemorativas.

As professoras também foram questionadas acerca de brinquedos colecionáveis. Apenas Camila e Ana disseram que seus alunos não mencionavam isso. A primeira expôs que os pequenos sob seus cuidados, com idades que giram em torno de quatro anos, ainda não estão ligados aos itens colecionáveis. Ana salientou, igualmente, que seus pupilos não demostraram interesse por tais brinquedos. Carla respondeu que brinquedos colecionáveis são preferidos pela maioria.[24] Dentre as professoras que responderam afirmativamente à questão, cinco delas[25] falaram sobre as bonecas como a *L.O.L*, *Barbie* e *Polly Pocket*. Ênfase seja

24 Alunos com cinco e seis anos.

25 Relatos da Júlia, Carla, Luiza, Beatrice e Maria.

dada ao exposto por Maria, que disse suspeitar que as *L.O.L's* levadas à escola estadual pareciam não ser as verdadeiras, enquanto na escola estadual as meninas possuem duas ou três [bonecas], no colégio particular, as meninas têm "muitas mesmo".

Indagou-se, igualmente, se as crianças falavam sobre brinquedos ou brincadeiras criadas por elas ou por seus pais. As respostas foram as mais diversas. Sobre os brinquedos e as brincadeiras, Carla e Beatrice expuseram relatos semelhantes. Ambas citaram que os alunos falam pouco sobre isso, relatando, ainda, que os pais não têm tempo para brincar. A falta de tempo dos genitores ficou bastante evidenciada na resposta de Beatrice ao relatar que desenvolveu o jogo da memória com seus alunos imaginando que eles também pudessem brincar com os pais, todavia, algumas crianças narraram, posteriormente, que isso não ocorreu. Em contraponto, Luiza destacou que, embora em poucos casos, há relatos de crianças que brincam de bola, de fazer cócegas e de esconde-esconde com seus ascendentes. O relato de Carla é digno de nota: "A quase inexistência do 'jogo' na vida dos alunos dessa faixa etária,[26] fato deveras preocupante, na medida em que é por meio do jogo que a criança aprende a perder, a ganhar, a conviver com o outro e criar estratégias". Na mesma linha, Luiza retratou que, quando estão na quadra da escola, as crianças não sabem brincar sem terem consigo brinquedos, acreditando que isso se deve ao fato de que criar brincadeiras é mais difícil que brincar com algo pronto, ao contrário da realidade de "sua época".

Como se vê, a maioria das professoras relatou pouco ou nenhum esforço da imaginação para dar vida a brinquedos ou brincadeiras. O único relato em sentido diverso foi feito por Maria. Ela expôs que as crianças da escola estadual contam que, no final de semana, brincam com os primos, com os irmãos mais velhos e, eventualmente, com os pais. Nas suas falas, as crianças narram ir ao parquinho, correr ao ar livre, jogar bola, brincar de esconde-esconde e de pega-pega. A professora da escola estadual se lembrou de um aluno que certa feita trouxe um arco e flecha feito com madeira e, também, de um binóculo feito com o rolo do papel higiênico. Para a educadora, essa realidade é o espelho invertido das escolas particulares, nas quais as crianças relatam que suas vivências nos fins de semana são baseadas nos *tablets* e nos jogos eletrônicos, em casa ou em seus passeios.

---

[26] Alunos com seis anos.

Outro aspecto percebido na entrevista ata-se à constatação de que as crianças não têm ideia dos preços dos produtos, conforme relatado por Júlia e Beatrice. A última professora, aliás, ao abordar o tema, elencou como exemplos a *L.O.L* e a *Baby alive*, bonecas colecionáveis que, nas palavras dela, são "caríssimas". Diante disso, concluiu a educadora que as crianças não sabem o que os pais podem ou não oferecer, fato desprezado pela publicidade.

Em verdade, de forma geral, as professoras narraram que as crianças não têm noção do preço dos brinquedos. A preocupação reverbera no contato com o valor de troca de brinquedos veiculados nos filmes publicitários, tais quais a *L.O.L surprise house*,[27] os veículos da *Patrulha Canina* – Sunny[28] e a *Poopsie Surprise Unicorn Candide*,[29] brinquedos que não podem ser comprados por menos de R$ 500,00. Assim como o valor de compra – como grafado anteriormente, melhor, de troca –, as crianças parecem não ter noção da utilidade ou durabilidade do brinquedo, o que ocorreria, na visão das professoras, porque a publicidade idealiza os brinquedos antes de difundi-los.

A influência da publicidade foi também percebida por Carla, que expôs que as crianças são muito influenciáveis por não compreenderem aspectos como: preço, durabilidade, utilidade etc. Camila, aliás, mostrando as mochilas usadas pelos estudantes, chamou a atenção para o fato de que apenas uma delas não possuía personagem algum, a despeito dos preços que supunha serem mais elevados nas ilustradas. Júlia fez questão de registrar que as crianças pedem os brinquedos "da moda" e, ainda neste contexto, Luiza apontou que os pais tentam expiar a culpa de não estarem presentes com presentes.

O exposto pelas professoras, pode concluir-se aqui, revela, com invulgar e escancarada transparência, que a influência da comunicação direcionada às crianças por diversos *players* do mercado varia a depender da condição socioeconômica em que vivem os pequeninos, embora toque a todos.

---

27 *CASA da LOL* – Surprise House. Disponível em: https://www.buscape.com.br/search/lol-surprise-house?fromSearchBox=true&produto=Lol+surprise+house. Acesso em: 28 maio 2019. No site de comparação de preços, o valor mais barato encontrado foi R$ 1.979,99.

28 *NAVIO patrulheiro do mar.* Disponível em: https://www.buscape.com.br/search/navio-patrulheiro-do-mar?fromSearchBox=true&produto=navio+patrulheiro+do+mar. Acesso em: 28 maio 2019. No site de comparação de preços, o valor mais barato encontrado foi R$ 506,51.

29 *POOPSIE Surprise Unicorn* – Candide. Disponível em: https://www.buscape.com.br/search/poopsie-surprise-unicorn-candide?fromSearchBox=true&produto=Poopsie+Surprise+Unicorn+%E2%80%93+Candide. Acesso em: 28 maio 2019. No site de comparação de preços, o valor mais barato encontrado foi R$ 699,99.

Um chá de loucos: em homenagem à plenitude da infância

Vive-se o século das crianças e, paradoxalmente, não há tempo para sê-lo, inexistindo espaço para a experimentação, por inteiro, de infâncias[30] que se esvaem na fusão dos gostos e estilos infantis aos padrões criados por e para adultos. Em paralelo, embora os pequenos estejam presentes na mídia, muitas vezes, são apresentados ao público como adultos em miniatura. A rarefação da infância também deriva da fusão do gosto musical de adultos e jovens, o que implica o declínio da música "adulta", erudita ou popular.[31]

> Mas esta não é a infância. Esta não é a infância real, e enquanto não conseguirmos nos livrar dessas máscaras continuaremos gerando uma sociedade órfã. Sim, trata-se de uma sociedade órfã porque já não podemos mais ser pais, não somos mais capazes do ato da educação. O ato da procriação nos basta. Da procriação de nossas próteses para o consumo.[32]

As excessivas tarefas demandadas por pais que creem assim preparar seus filhos para os desafios contidos no porvir[33] podem ser aqui somadas aos argumentos pretéritos. É patente a ambição de muitos pais pelo bom desempenho acadêmico dos filhos, o que os demanda desde a educação infantil até a admissão nas universidades.[34]

Usando lentes que permitem enxergar o quadro descrito anteriormente refletido em um espelho invertido, Benjamin Barber criticamente relata que é a vida adulta que se esvai, em boa medida, por ser menos lucrativa ao sistema econômico capitalista quando comparada à infância.[35]

---

30 REDIN, Maria Martins; GOMES, Marta Quintanilha; FOCHI, Paulo Sergio. *Infância e educação infantil*. São Leopoldo: Unisinos, 2013. p. 12.

31 POSTMAN, Neil. *O desaparecimento da infância*. Rio de Janeiro: Graphia, 1999. p. 134-146.

32 PAIVA, Raquel. "Para não dizer que não falei de flores" ou a incapacidade de pensar a infância e a inutilidade dos discursos teóricos sobre urgências. *In:* BARBALHO, Alexandre; MARÔPO, Lidia (org.). *Infância, juventude e mídia:* olhares luso-brasileiros. Fortaleza: Eduece, 2015. p. 12-19.

33 SANDEL, Michel. *O que o direito não compra*: os limites morais do mercado. Trad. Clóvis Marques. Rio de Janeiro: Civilização Brasileira, 2012.

34 SANDEL, Michel. *Contra a perfeição*: ética na era da engenharia genética. Trad. Ana Carolina Mesquita. Rio de Janeiro: Civilização Brasileira, 2013. p. 57-74.

35 BARBER, Benjamin. *Consumido:* como o mercado corrompe crianças, infantiliza adultos e engole cidadãos. Trad. Bruno Casotti. Rio de Janeiro: Record, 2009. p. 132.

E é preciso tecer, ainda, uma terceira linha de reflexão, na esteira do exposto por Schirley Steinberg e Joe Kincheloe como "o dilema da infância pós-moderna", isto é, a constatação de que a significação da infância como sinônimo de inocência e dependência do mundo adulto foi substituída por um cenário no qual pululam crianças consumidoras experimentando vivências hedonistas,[36] crianças influenciadas e, por que não, influenciadoras da cultura popular adulta e da cultura infantil comercial.[37]

O que parece irrefutável – diante dos relatos empíricos que ilustram a seção precedente – é a clara tendência ao desaparecimento dos jogos infantis, das brincadeiras organizadas pelas crianças na rua, como o esconde-esconde praticado há mais de dois mil anos na Atenas de Péricles,[38] percepção teórica que exige ações políticas que resgatem o brincar ante a sua essencialidade no desenvolvimento infantil.

O brincar é parte fundamental da vida de quaisquer crianças. Por meio dele, vivências são experimentadas fomentando o adequado desenvolvimento de suas personalidades, processo alcançado tanto pelas brincadeiras criadas pelas próprias crianças quanto por ocasião daquelas que são inventadas por outras crianças ou por adultos. Brincadeiras propiciam experiências.[39] Por meio do lúdico,[40] as crianças comunicam-se consigo mesmas e com o mundo que as rodeia.

Brincadeiras, no mundo infantil, não são apenas sinônimo de diversão, são as formas que as crianças possuem para exprimirem seus medos, alegrias, angústias, conflitos, buscando entender, evidentemente, a seu modo, a hipercomplexa realidade que as rodeia.[41] Em tal contexto, recreações, passatempos e joguetes fomentam a humanização dos pequenos, aliando a espontaneidade e a criatividade à continua aceitação das regras sociais e morais: o lúdico os prepara para a vida

---

36 Evidentemente, não podem ser olvidadas aquelas que não vivenciam este universo, fato que irá flutuar ao sabor de diversas variáveis. *V.* BAUMAN, Zygmunt. *Vida para consumo:* a transformação das pessoas em mercadoria. Trad. Carlos Alberto Medeiros. Rio de Janeiro: Zahar, 2008. p. 158. "Consumidores falhos", prefere o autor.

37 STEIBENBERG, Shirley; KINCHELOE, Joe (org.). *Cultura infantil*: a construção corporativa da infância. Rio de Janeiro: Civilização Brasileira, 2001. p. 33.

38 POSTMAN, Neil. *O desaparecimento da infância.* Rio de Janeiro: Graphia, 1999. p. 18.

39 WINNICOTT, Donald. *A criança e o seu mundo.* Trad. Álvaro Cabral. Rio de Janeiro: Zahar, 1985. p. 163.

40 *V.* SANTOS, Santa Marli Pires dos (org.). *O lúdico na formação do educador.* 8. ed. Petrópolis: Vozes, 2010. p. 13. Lúdico que "vem do latim *ludus* e significa brincar. Neste brincar estão incluídos os jogos, brinquedos e divertimentos e é relativa também a conduta daquele que joga, que brinca e que se diverte".

41 HEINKEL, Dagma. *O brincar e a aprendizagem na infância.* Ijuí: Unijuí, 2003. p. 66-67.

adulta, auxiliando na travessia da infância e da adolescência, moldando seres saudáveis,[42] com autonomia e abertos à sociabilidade,[43] caracteres fundamentais afetos à expansão emocional e intelectual desejada nos adultos do amanhã.[44]

Até mesmo os pequeninos reconhecem o papel fundamental do brincar em suas vidas. Em pesquisa realizada com 95 crianças, buscando discutir suas necessidades e prioridades, expuseram que brincar as deixa felizes, que

> [brincar] revela o universo infantil. Preenche seus dias, povoa sonhos, anima as falas. Brincar diverte, alimenta, ensina, cura e faz crescer. Por isso, criança quer brincar o tempo todo. Na rua, no quintal, na escola e até no hospital, 'porque brincar deixa feliz', 'brincar ajuda a curar'. Com os brinquedos, a criança fala, se expressa, conta de si.[45]

De outra banda, brinquedos medeiam o diálogo simbólico havido entre as crianças e o mundo que as cerca, fomentando a noção de pertencimento a um dado povo ou agrupamento.[46] Isso deriva em variações na cultura do brincar, devido aos indivíduos, aos grupos, aos hábitos, aos costumes e às condições materiais de cada criança.[47]

O brincar e os brinquedos permitem, igualmente, observar eventuais diferenças entre as classes socioeconômicas. Crianças de classes menos favorecidas, em geral, mostram-se mais criativas, obrigadas que são, muitas vezes, a inventar coisas do "nada". Elas dispõem de mais liberdade, de mais brincadeiras; em contraponto, as mais abastadas possuem muitos recursos, agendas e compromissos. De outra banda, não se pode ignorar que crianças que vivem nos nichos mais pobres

---

42 WINNICOTT, Donald. *O brincar & a realidade*. Rio de Janeiro: Imago, 1975. p. 63. Defende o autor que "o brincar facilita o crescimento e, portanto, a saúde; o brincar conduz aos relacionamentos grupais; o brincar pode ser uma forma de comunicação na psicoterapia; finalmente, a psicanálise foi desenvolvida como forma altamente especializada do brincar, a serviço da comunicação consigo mesmo e com os outros".

43 OLIVEIRA, Vera Barros de *et al.* Introdução. *In:* OLIVEIRA, Vera Barros de (org.). *O Brincar e a criança do nascimento aos seis anos.* 4. ed. Petrópolis: Vozes, 2000. p. 7.

44 ZATZ, Sílvia; ZATZ, André; HALABAN, Sérgio. *Brinca comigo!* Tudo sobre brincar e brinquedos. São Paulo: Marco Zero, 2006. p. 13.

45 TUBELIS, Paula; FERNANDES, Priscila (coord.). *O que a criança não pode ficar sem, por ela mesma*: Participação infantil no Plano Nacional pela Primeira Infância. São Paulo, 2010. Disponível em: http://agendaprimeirainfancia.org.br/arquivos/Oq_a_cca_nao_pode_ficar_sem.pdf. Acesso em: 1 maio 2018. p. 41.

46 BENJAMIN, Walter. *Reflexões*: a criança, o brinquedo, a educação. Trad. Marcus Vinicius Mazzari. São Paulo: Summus, 1984. p. 70.

47 HEINKEL, Dagma. *O brincar e a aprendizagem na infância.* Ijuí: Unijuí, 2003. p. 54.

da sociedade, raramente, recebem de seus pais o mesmo apoio que as mais ricas. Além das classes, encontram-se diferenças nas famílias – mais ou menos abertas ao novo, mais ou menos receptivas aos perigos que o mundo oferece etc. – e, claro, nas escolas, a depender da quantidade de liberdade concedida ao brincar e dos recursos existentes para o aprendizado.[48]

Brinquedos pertencem ao universo infantil desde a mais tenra idade, eles são os meios para a materialização da brincadeira, concedendo ao brincar um colorido especial. Com o crescimento das crianças, eles ligam-se com mais força aos mundos que elas continuamente constroem e descontroem.[49] Além dos brinquedos fornecidos pelos adultos, as crianças também escolhem os seus, incluindo objetos que os adultos jogariam fora,[50] eis que os limites à imaginação infantil são bem menos restritos que aqueles que usualmente envolvem o universo adulto.

Nessa esteira, construir seus próprios brinquedos costuma ser uma atividade muito prazerosa para as crianças. Os materiais podem ser os mais diversos, como sucatas, peças de seus brinquedos, dentre outros que estão disponíveis em casa; com isso, entendem o funcionamento das coisas, estimulam sua imaginação e sentem-se independentes com suas descobertas e invenções.[51] Aliás, os pequenos veem em coisas simples uma multiplicidade de formas: a eles basta um pedacinho de madeira, uma pinha ou pedrinha para que extraiam daí possibilidades[52] que não podem ser antecipadas.

É equivocado pensar que o brinquedo define o brincar da criança, pois, em verdade, ocorre o contrário: quem determina o brincar são os miúdos, e isso ocorre quando puxam alguma coisa e veem nisso um cavalo; quando a areia torna-se a matéria-prima para o próximo bolo ou quando se escondem pensando ser o ladrão ou o policial.[53] Acrescente-se

---

48 TUBELIS, Paula; FERNANDES, Priscila (coord.). *O que a criança não pode ficar sem, por ela mesma*: Participação infantil no Plano Nacional pela Primeira Infância. São Paulo, 2010. Disponível em: http://agendaprimeirainfancia.org.br/arquivos/Oq_a_cca_nao_pode_ficar_sem.pdf. Acesso em: 1 maio 2018. p. 23.

49 ZATZ, Sílvia; ZATZ, André; HALABAN, Sérgio. *Brinca comigo!* Tudo sobre brincar e brinquedos. São Paulo: Marco Zero, 2006. p. 17.

50 BOLLE, Willi. Walter Benjamin e a cultura da criança. *In:* BENJAMIN, Walter. *Reflexões:* a criança, o brinquedo, a educação. 17. ed. São Paulo: Summus, 1984. p. 14.

51 ZATZ, Sílvia; ZATZ, André; HALABAN, Sérgio. *Brinca comigo!* Tudo sobre brincar e brinquedos. São Paulo: Marco Zero, 2006. p. 116.

52 BENJAMIN, Walter. *Reflexões*: a criança, o brinquedo, a educação. Trad. Marcus Vinicius Mazzari. São Paulo: Summus, 1984. p. 70.

53 *Id.* p. 70.

ainda que a criança deve ter liberdade para descobrir o brinquedo, embora essa experiência possa em muito diferir da expectativa de um adulto que se propõe a brincar com ela: a exploração do novo proporciona satisfação ao pequeno com as novas descobertas;[54] não se olvidando, com Walter Benjamin, que "[...] quanto mais atraentes [...] forem os brinquedos, mais distantes estarão de seu valor como 'instrumentos' de brincar".[55]

As próprias crianças ressignificam seus brinquedos durante as brincadeiras, uma correção mais eficaz do que a que poderia ser feita por adultos (mesmo que estes sejam pedagogos, fabricantes ou literários). Exemplo disso é a princesa que ao quebrar-se é transformada em proletária no lúdico da criança.[56] Os brinquedos também encontram sua importância quando estimulam a brincadeira faz-de-conta, pois a criança, ao reproduzir situações do seu dia a dia, à sua maneira, estimula sua criatividade e sua imaginação.[57] E não é só: existem fontes infinitas de interação lúdica e afetiva nos brinquedos e brincadeiras, possibilidades imanentes que ajudam as crianças a entenderem a importância de cumprirem as regras, a expandirem suas relações com a sociedade e a respeitarem a si e àqueles que as rodeiam.[58]

Tangenciando positivamente elementos afetos ao Direito Pátrio, cumpre lembrar que a brincadeira pode ser vista, também, como uma oportunidade de os pais interagirem com seus filhos, reforçando laços afetivos e fazendo com que as crianças se sintam amadas e prestigiadas; sem contar que, às vezes, elas sentem-se desafiadas a ir além pela presença dos adultos que lhes são queridos.[59]

Tudo isso indica que os pais, assim como as escolas, devem compreender a essencialidade do brincar, a imperiosidade de fomentar espaços inclusivos de convívio e aprendizagem.[60] A importância

---

54 ZATZ, Sílvia; ZATZ, André; HALABAN, Sérgio. *Brinca comigo!* Tudo sobre brincar e brinquedos. São Paulo: Marco Zero, 2006. p. 70.

55 BENJAMIN, Walter. *Reflexões*: a criança, o brinquedo, a educação. Trad. Marcus Vinicius Mazzari. São Paulo: Summus, 1984. p. 70.

56 *Id.* p. 65.

57 ZATZ, Sílvia; ZATZ, André; HALABAN, Sérgio. *Brinca comigo!* Tudo sobre brincar e brinquedos. São Paulo: Marco Zero, 2006. p. 70 e 73.

58 DIAS, Camila Maria de Assis Iunes. Infância, o direito de brincar. *Revista Científica Pós-graduação*, Rio de Janeiro, v. 1, n. 1, p. 43-62, jan. 2010. p. 47-52.

59 ZATZ, Sílvia; ZATZ, André; HALABAN, Sérgio. *Brinca comigo!* Tudo sobre brincar e brinquedos. São Paulo: Marco Zero, 2006. p. 14.

60 DIAS, Camila Maria de Assis Iunes. Infância, o direito de brincar. *Revista Científica Pós-graduação*, Rio de Janeiro, v. 1, n. 1, p. 43-62, jan. 2010. p. 47.

do brincar ficou evidente na pesquisa "O que a criança não pode ficar sem, por ela mesma", na qual há o relato de que

> [a] escola costuma frustrar as expectativas das crianças, pois pouco se parece com o espaço de brincar e conviver que esperavam encontrar. Por que a escola divide o estudar calado, dentro da sala de aula, e o brincar falante, lá fora, no pátio? Criança nenhuma entende essa lógica: 'A gente aprende com brinquedos, com amigos, com jogos, com a vida'. Além disso, seria muito mais divertido aprender brincando, porque 'criança adora brincar', 'brincar deixa a criança feliz'. As crianças que frequentam escola particular mostram a escola mais legal: rica, interessante, com profusão de estímulos e atividades.[61]

A falta do lúdico na escola, por outro lado, acaba desmotivando os alunos, o que dificulta o aprendizado; logo, a brincadeira deve fazer parte do plano de aula e não só ser utilizada como recreação. Na instituição de ensino, a brincadeira é fundamental na formação cognitiva, intelectual e motora dos infantes,[62] especialmente, na escola infantil, na qual o brincar revela-se ainda mais essencial.[63] Assusta saber, entretanto, que, especialmente nas grandes metrópoles, a falta de espaço, a crescente violência e, até mesmo, por vezes, a falta de compreensão dos pais e escolas somam esforços suprimindo o lúdico do processo de alfabetização.[64]

Nesse mundo, paralelamente, a liberdade de acesso à mídia e às redes sociais tem ocupado o lugar outrora reservado para brincar na rua, na praça e no quintal,[65] sem que se atente para

> o fato de que viver nas telas exclui as crianças do brincar simples e saudável, que alimenta os relacionamentos e faz crescer. O tal do acesso fecha as crianças dentro de uma visão pasteurizada do mundo, o mundo

---

61 TUBELIS, Paula; FERNANDES, Priscila (coord.). *O que a criança não pode ficar sem, por ela mesma*: Participação infantil no Plano Nacional pela Primeira Infância. São Paulo, 2010. Disponível em: http://agendaprimeirainfancia.org.br/arquivos/Oq_a_cca_nao_pode_ficar_sem.pdf. Acesso em: 1 maio 2018. p. 36.

62 DIAS, Camila Maria de Assis Iunes. Infância, o direito de brincar. *Revista Científica Pós-graduação*, Rio de Janeiro, v. 1, n. 1, p. 43-62, jan. 2010. Quadrimestral. p. 47-58.

63 HEINKEL, Dagma. *O brincar e a aprendizagem na infância*. Ijuí: Unijuí, 2003. p. 16.

64 OLIVEIRA, Vera Barros de et al. Introdução. *In:* OLIVEIRA, Vera Barros de (org.). *O brincar e a criança do nascimento aos seis anos*. 4. ed. Petrópolis: Vozes, 2000. p. 7-11. p. 8.

65 TUBELIS, Paula; FERNANDES, Priscila (coord.). *O que a criança não pode ficar sem, por ela mesma*: Participação infantil no Plano Nacional pela Primeira Infância. São Paulo, 2010. Disponível em: http://agendaprimeirainfancia.org.br/arquivos/Oq_a_cca_nao_pode_ficar_sem.pdf. Acesso em: 1 maio 2018. p. 45.

que passa nas telas. Quem tem menos acesso, pode até sair ganhando. As crianças com menos recursos acabam dominando distintas linguagens, como pega-pega, amarelinha, brincadeiras de roda, infinitamente mais adequadas para promover o seu desenvolvimento.[66]

Outra questão que salta aos olhos tem íntima relação com o sistema econômico capitalista. A busca do lucro sobrepõe-se à tutela da inocência e dos sentimentos infantis. Aparelhos sofisticados, videogames e jogos de computador com potencial para viciar,[67] a *Internet*, produtos não raras vezes caros e que seguem a lógica da obsolescência programada.[68] Como visto, brinquedos mais sofisticados limitam a imaginação infantil, levando ao tédio e ao desencanto, fatos também gestados pelos inúmeros objetos que estão ao dispor[69] dos pequenos mais favorecidos pela sorte.

Roberta Densa bem resume esse quadro ao discorrer que

> A infância parece ter perdido parte de sua inocência diante da pós-modernidade. Queremos dizer com isso que aquela infância tranquila, com os brinquedos artesanais de madeira, as brincadeiras de rua, pega-pega, esconde-esconde e outras tantas, passou a dividir espaço com a televisão, o cinema, os brinquedos feitos em larga escala para atender a boa parte da população mundial, além dos vídeos na internet, diversos jogos eletrônicos e muita publicidade voltada para esse público.[70]

Enquanto isso,

> [a] Lebre de Março pegou o relógio e olhou-o melancolicamente; então o mergulhou na sua xícara de chá e olhou-o de novo: mas não pôde encontrar nada mais interessante para dizer do que sua primeira observação.[71]

---

66 *Id.* p. 45.

67 BARBER, Benjamin. *Consumido:* como o mercado corrompe crianças, infantiliza adultos e engole cidadãos. Trad. Bruno Casotti. Rio de Janeiro: Record, 2009. p. 132; 268.

68 KELLER, João Gustavo. A obsolescência dos bens de consumo e a necessária tutela do consumidor. 2018. 73 f. *Trabalho de Conclusão* – Curso de Direito, Universidade Vale do Rio dos Sinos, São Leopoldo, 2018. p. 60-61.

69 REDIN, Maria Martins; GOMES, Marta Quintanilha; FOCHI, Paulo Sergio. *Infância e educação infantil.* São Leopoldo: Unisinos, 2013. p. 69.

70 DENSA, Roberta. *Proteção jurídica da criança consumidora:* entretenimento – classificação indicativa – filmes – jogos eletrônicos. São Paulo: Foco, 2018. p. XVIII.

71 CARROLL, Lewis. *Alice no país das maravilhas.* Trad. Isabel de Lorenzo. 2. ed. São Paulo: [s. ed.], 2000. p. 89.

Tal conduta não parece ter impactado Alice mais que outras cenas que presenciara até então, afinal, ao contrário das *travas espalhadas pelas mentes adultas*, a imaginação infantil é deveras mais fértil, rica e surpreendente.

Cheshire sorri, e logo se esvai

As crianças, principalmente em tenra idade,[72] são alvo fácil[73] de um mercado sedento que encontra nelas a ingenuidade e credulidade[74] necessárias para persuadi-las. Tal fato, por si só, reforça a necessidade de falar acerca de sua vulnerabilidade ante a imperiosidade de melhor tutelá-las, o que envolve quiçá controlar e(ou) proibir a publicidade a elas direcionada. Referida proposição tem por lastro a percepção de que a Constituição Federal assegura a proteção da infância, fazendo-o de modo expresso, em seu artigo 6º,[75] bem como ao impor a amplo espectro de titulares passivos o dever de cuidado a essa condição simbólica,[76] o que se faz necessário ante a sua vulnerabilidade, que reconhece a "peculiar condição do indivíduo, que, no caso da criança, consiste em sua carência de discernimento e maturidade, tendo em vista que ainda está em desenvolvimento físico, psíquico, moral e cultural".[77]

Destaca-se que reconhecer a vulnerabilidade das crianças não significa vê-las como incapazes. Tal prisma de análise busca, tão somente, diminuir os empecilhos à concretização de seus direitos e garantias

---

72 V. BARBER, Benjamin. *Consumido*: como o mercado corrompe crianças, infantiliza adultos e engole cidadãos. Trad. Bruno de Casotti. Rio de Janeiro: Record, 2009. p. 45. "Crianças mais novas não distinguem [publicidade] de narrativa de histórias ou fantasias de fato".

73 EFING, Antônio Carlos; SANTOS, Andrielly Pinho dos. Consumo consciente e políticas públicas educacionais voltadas para a primeira infância. *Revista de Direito do Consumidor*, Brasília, v. 121, p. 101-127, jan./fev. 2019. p. 102. Quando se pensa o consumo na primeira infância, nunca é demais lembrar que, "caracterizada pela impulsividade, a criança mostra-se um alvo fácil às técnicas de publicidade e propaganda, podendo influenciar o consumo das famílias e ser levada ao consumo muito facilmente".

74 HENRIQUES, Isabella Vieira Machado. *Publicidade abusiva dirigida à criança*. Curitiba: Juruá, 2012. p. 221-222.

75 BRASIL. *Constituição Federal*. Art. 6º. "São direitos sociais a educação, a saúde, a alimentação, o trabalho, a moradia, o transporte, o lazer, a segurança, a previdência social, a proteção à maternidade e à infância, a assistência aos desamparados, na forma desta Constituição".

76 *Id*. Art. 227. "É dever da família, da sociedade e do Estado assegurar à criança, ao adolescente e ao jovem, com absoluta prioridade, [...]".

77 VERBICARO, Dennis; BOAVENTURA, Igor Davi da Silva; RIBEIRO, Cristina Figueiredo Terezo. A proteção integral e o melhor interesse da criança no contexto das relações de consumo. *Revista de Direito do Consumidor*, Brasília, n. 122, p. 1-17, mar./abr. 2019. p. 3.

no campo fenomênico, muitos dos quais ganham densidade abstrata entremeio às páginas do Estatuto da Criança e do Adolescente[78] e do Código de Defesa do Consumidor.[79] Assim, quando as crianças são alcançadas pelos ciclones[80] que impulsionam à sociedade de consumo, a vulnerabilidade que as caracteriza resta agravada: de um lado, aquela que é própria da infância, de outro, a inerente aos consumidores.[81]

E, como bem posto por Yasmine Uequed Pitol, "a vulnerabilidade própria da criança a revela mais frágil quando tratada como consumidora e, assim, mais suscetível à sedução proveniente das diversas ferramentas utilizadas pelo *marketing*".[82]

Ao encontro disso, Bruno Miragem entende que a criança se encontra em situação de vulnerabilidade agravada quando está à frente de fornecedores do mercado e de apelos do *marketing*, pela sua facilidade de convencimento e por sua formação incompleta; não possui, na maioria das vezes, conhecimento dos aspectos da relação negocial, como valores, riscos e benefícios do produto,[83] aspectos, aliás, sequer controlados em sua plenitude pelos adultos. Nunca é demais lembrar que

> proteger juridicamente os hipervulneráveis, sobretudo crianças [...], é, assim, antes de tudo, respeitar e bem cuidar do bom funcionamento de elementos centrais de nossa engrenagem social, sob pena de um agir irresponsável – seja da perspectiva ética, seja do ponto de vista econômico – com devastadores efeitos, morais e econômicos, à nossa própria existência enquanto sociedade.[84]

---

78 HENRIQUES, Isabella Vieira Machado. *Publicidade abusiva dirigida à criança.* Curitiba: Juruá, 2012. p. 125.

79 AZAMBUJA, Maria Regina Fay de. A publicidade e seus reflexos no desenvolvimento da criança: o papel da família e da educação. *In:* PASQUALOTTO, Adalberto; ALVAREZ, Ana Maria Montiel. *Publicidade e proteção da infância.* Porto Alegre: LAEL, 2014. p. 75.

80 BAUM, Lyman Frank. *O mágico de Oz.* Trad. S. Flaksman. Rio de Janeiro: Zahar, 2013.

81 FERRER, Celeste; SANTOMÉ, Natalia Torres; ORDUNA, Javier. La infancia y la adolescencia en el derecho de los consumidores: derecho a la salud y publicidad. *In:* BAROCELLI, Sergio Sebastián. *Consumidores hipervunerables* (org.). Buenos Aires: El Derecho, 2014. p. 36.

82 PITOL, Yasmine Uequed. *A publicidade infantil na sociedade de consumo*: uma análise empírica da publicidade e de sua (in)conformidade com o direito brasileiro. 2017. 160 f. Dissertação (Mestrado) – Curso de Direito, Universidade Lasalle, Canoas, 2017. p. 87.

83 MIRAGEM, Bruno. *Curso de direito do consumidor.* 6. ed. São Paulo: RT, 2016. p. 132.

84 DIAS, Lucia Ancora Lopez de Magalhães. Publicidade e hipervulneráveis: limitar, proibir ou regular? *Revista de Direito do Consumidor*, Brasília, v. 99, p. 285-305, maio/jun. 2015. p. 287.

Entre os seres hipervulneráveis encontra-se a criança nos seus primeiros seis anos de vida, período compreendido como a primeira infância. Nessa fase, os efeitos prejudiciais do consumismo infantil se multiplicam, devido à estrutura do cérebro estar em formação, resultando na construção das habilidades humanas, das capacidades interpretativas, cognitivas e decisivas que originam as características do ser humano;[85] o que exalta a importância de a criança estar inserida, nos seus primeiros 72 meses de vida, em um ambiente propício ao seu desenvolvimento saudável; em contraponto, uma sociedade consumista não é o ideal, por estar repleta de incentivos ao consumo, bem como de ideias individualistas e hedonistas.[86]

A Lei da Primeira Infância – Lei nº 13.257/2016 – tem inegável importância no referido cenário ao atribuir ao Estado o dever de promover políticas públicas voltadas à proteção da criança contra toda forma de violência[87] e pressão consumista,[88] densificando – mesmo que em abstrato – os princípios da proteção integral e do melhor interesse da criança na seara consumerista na tentativa de assim assegurar o pleno desenvolvimento do infante.[89]

Ocorre que nem sempre os limites estabelecidos em lei são cumpridos!

A publicidade abusiva, por exemplo, emerge fenomenicamente como situação corriqueira a despeito do disposto no artigo 37,

---

85 EFING, Antônio Carlos; SANTOS, Andrielly Pinho dos. Consumo consciente e políticas públicas educacionais voltadas para a primeira infância. *Revista de Direito do Consumidor*, Brasília, v. 121, p. 101-127, jan./fev. 2019. p. 113. "As consequências do consumismo infantil são inevitáveis. Citam-se os problemas da obesidade infantil, da adultização e da erotização precoce, os conflitos familiares, a eliminação da criatividade, o incentivo ao consumo precoce de bebidas alcóolicas e cigarro, bem como a incitação à violência".

86 *Id.* p. 113.

87 *Id.* p. 115. Com vistas a completar o raciocínio, destaca-se a título de exemplo, por não ser o objeto do presente trabalho, o que os autores entendem como dever do Estado na realização dessas políticas, buscando a proteção da criança, em face das constantes investidas do mercado: "Trata-se de educar as crianças com valores socioambientais, concedendo-lhes capacidade crítica de decisão, antes de serem inseridas nas relações de consumo e na sociedade marcada pelos apelos de consumo, garantindo que, no futuro, quando de fato se tornarem consumidoras de bens e produtos, possam agir com responsabilidade e consciência de suas atitudes".

88 BRASIL. *Lei nº 13.257, de 8 de março de 2016*. Dispõe sobre as políticas públicas para a primeira infância.

89 VERBICARO, Dennis; BOAVENTURA, Igor Davi da Silva; RIBEIRO, Cristina Figueiredo Terezo. A proteção integral e o melhor interesse da criança no contexto das relações de consumo. *Revista de Direito do Consumidor*, Brasília, n. 122, p. 1-17, mar./abr. 2019. p. 9.

parágrafo 2º,[90] da Lei nº 8.078/1990, que assim a caracteriza quando se aproveita da deficiência de julgamento e experiência da criança.

Além disso, retrocitada abusividade parece estar intimamente fundida a toda e qualquer prática mercadológica de alguma forma comunicada aos infantes – mormente, àqueles em terna e tenra idade – ante a pouca maturidade e a correlata maior vulnerabilidade.[91] Indaga-se, assim,

> [pela] redação do parágrafo 2º do artigo 37 do Código de Defesa do Consumidor, a primeira pergunta que vem à tona é: qualquer publicidade para a criança já seria ilegal? Isso porque faria parte da natureza do público-alvo não ter pleno julgamento da realidade que a cerca e, assim, haveria sempre deficiência de julgamento e experiência. São vários os psicólogos que demostram que a criança é um ser em formação e que, por isso, apresenta um grau de vulnerabilidade extremado. [...] Meu entendimento é: a criança é uma pessoa em fase de desenvolvimento e, por conta disto, tem deficiência de julgamento por natureza.[92]

Nunca é demais lembrar que o Direito brasileiro instituiu a publicidade lícita no artigo 36 do Código de Defesa do Consumidor, estabelecida como: "a publicidade deve ser veiculada de tal forma que o consumidor, fácil e imediatamente, a identifique como tal",[93]

---

[90] BRASIL. *Lei nº 8.078, de 11 de setembro de 1990*. Dispõe sobre a proteção do consumidor e dá outras providências.

[91] PITOL, Yasmine Uequed. *A publicidade infantil na sociedade de consumo*: uma análise empírica da publicidade e de sua (in)conformidade com o direito brasileiro. 2017. 160 f. Dissertação (Mestrado) – Curso de Direito, Universidade Lasalle, Canoas, 2017. p. 101 e 102. Assim, "na medida em que o Código de Defesa do Consumidor, como dito, no art. 37, §2º, estabelece que a atividade publicitária não pode ser exercida de forma a aproveitar-se da deficiência de julgamento e experiência da criança, o que permite questionar se essa abusividade não estaria presente em todas as comunicações mercadológicas que evidenciam potencialidade para atrair crianças, a partir da premissa de que sempre tais apelos aproveitar-se-iam da deficiência de julgamento e experiência, características que se relacionam a pouca idade – e a maior vulnerabilidade – desse público". NUNES JUNIOR, Vidal Serrano; SOUZA, Adriana Cerqueira de. A discussão legal da publicidade comercial dirigida ao público infantil. *In*: FONTENELLE, Laís (org.). *Criança e consumo*: 10 anos de transformação. São Paulo: Instituto Alana, 2016. p. 350. Na mesma esteira, discorrem que "haja vista o carácter persuasivo da publicidade, a depender do estágio de desenvolvimento da criança, tem-se a impossibilidade de ela compreender eventuais conteúdos publicitários, violando-se, nessa hipótese, o preceito legal que proíbe a publicidade que se aproveita da deficiência da deficiência de julgamento da criança".

[92] SODRÉ, Marcelo Gomes. Duas palavrinhas importantes: uma ausente, outra presente. *In*: FONTENELLE, Laís (org.). *Criança e consumo*: 10 anos de transformação. São Paulo: Instituto Alana, 2016. p. 307.

[93] BRASIL. *Lei nº 8.078, de 11 de setembro de 1990*. Dispõe sobre a proteção do consumidor e dá outras providências. Brasília, DF: Presidência da República, 1990.

reconhecimento que, ululantemente, depende das condições subjetivas do intérprete,[94] personagem que deve ser compreendida na perspectiva da hermenêutica contemporânea e não como as abstrações pensadas pelo racionalismo decimonônico.

A criança, portanto, por não possuir plena maturidade de julgamento, pode não perceber a publicidade como o adulto o faz,[95] padecendo da "falta de capacidade de compreensão em relação à publicidade que lhe é dirigida" ao perceber por exemplo personagens fictícias como seres reais.[96]

Enquanto ser em formação, ainda não possui os atributos sensoriais necessários à identificação da publicidade, dado que impede, no contexto normativo outrora destacado, que aquela seja direcionada aos infantes.[97] O fundamento para tal entendimento encontra-se na especial proteção destinada à criança, a qual se baseia tanto em sua incapacidade de filtrar as mensagens publicitárias enquanto tais como por faltar aos infantes defesas emocionais que sirvam de anteparo à persuasão mercadológica.[98]

Noutras palavras, crianças em tenra idade são incapazes de diferenciar a publicidade da programação,[99] argumento que se soma aos usados para entender e defender ser vedada a publicidade direcionada às crianças – mormente as mais novas –, na hipótese, por ferir o disposto no art. 36, do Código de Defesa do Consumidor.[100]

Outra perspectiva a ser aqui brevemente explorada diz respeito à sutileza da publicidade dirigida às crianças, em especial, quando

---

94 PASQUALOTTO, Adalberto. Direito e publicidade em ritmo de descompasso. *Revista de Direito do Consumidor*, Brasília, v. 100, p. 501-527, jul./ago. 2015. p. 508.

95 VERBICARO, Dennis; BOAVENTURA, Igor Davi da Silva; RIBEIRO, Cristina Figueiredo Terezo. A proteção integral e o melhor interesse da criança no contexto das relações de consumo. *Revista de Direito do Consumidor*, Brasília, n. 122, p. 1-17, mar./abr. 2019. p. 9.

96 EFING, Antônio Carlos; SANTOS, Andrielly Pinho dos. Consumo consciente e políticas públicas educacionais voltadas para a primeira infância. *Revista de Direito do Consumidor*, Brasília, v. 121, p. 101-127, jan./fev. 2019. p. 105.

97 D'AQUINO, Lucia Souza. A publicidade abusiva dirigida ao público infantil. *Revista de Direito do Consumidor*, Brasília, v. 106, p. 89-131, jul./ago. 2016. p. 94.

98 NUNES JUNIOR, Vidal Serrano; SOUZA, Adriana Cerqueira de. A discussão legal da publicidade comercial dirigida ao público infantil. *In:* FONTENELLE, Laís (org.). *Criança e consumo*: 10 anos de transformação. São Paulo: Instituto Alana, 2016. p. 350.

99 BARBER, Benjamin. *Consumido:* como o mercado corrompe crianças, infantiliza adultos e engole cidadãos. Tradução: Bruno Casotti. Rio de Janeiro: Record, 2009. p. 45.

100 BRASIL. *Lei nº 8.078, de 11 de setembro de 1990.* Dispõe sobre a proteção do consumidor e dá outras providências.

inserida em determinado conteúdo de entretenimento,[101] esfumaçando as diferenças outrora havidas entre programação e publicidade.[102]

Ao encontro do exposto, o Conselho Nacional dos Direitos da Criança e do Adolescente[103] publicou a Resolução nº 163/2014,[104] regramento que "se soma às leis já existentes para declarar a ilegalidade da publicidade infantil" e que deveria ser atendido pelo mercado.[105] Referendando esse comando normativo, Adalberto Pasqualotto e Mariana Menna Barreto Azambuja, após evidenciarem a deficiência de julgamento e de experiência da criança, próprios dessa fase da vida, lembram que a resolução em questão possui regra que se assemelha ao artigo 37, §2º, do CDC, embora dela divirja por dispor ser abusivo o simples direcionamento da publicidade ao infante, enquanto que a lei consumerista compreende haver ilicitude quando o menor careça de capacidade de julgamento e experiência.[106]

De outra banda e a despeito de ter sido reconhecida como constitucional em parecer redigido por Bruno Miragem,[107] referida Reso-

---

[101] VERBICARO, Dennis; BOAVENTURA, Igor Davi da Silva; RIBEIRO, Cristina Figueiredo Terezo. A proteção integral e o melhor interesse da criança no contexto das relações de consumo. *Revista de Direito do Consumidor*, Brasília, n. 122, p. 1-17, mar./abr. 2019. p. 8.

[102] PASQUALOTTO, Adalberto. Apresentação. *In:* PASQUALOTTO, Adalberto (org.). *Publicidade e proteção da infância:* Porto Alegre: LAEL, 2018, v. 2. p. 7.

[103] O QUE é. *In: Direitos das Crianças*. [*s.l.*], 2019. Disponível em: https://www.direitosdacrianca.gov.br/conanda. Acesso em: 20 maio 2019. "Criado em 1991 pela Lei nº 8.242, o Conselho Nacional dos Direitos da Criança e do Adolescente (Conanda) foi previsto pelo Estatuto da Criança e do Adolescente como o principal órgão do sistema de garantia de direitos. Por meio da gestão compartilhada, governo e sociedade civil definem, no âmbito do Conselho, as diretrizes para a Política Nacional de Promoção, Proteção e Defesa dos Direitos de Crianças e Adolescentes".

[104] CONSELHO NACIONAL DA CRIANÇA E DO ADOLESCENTE. *Resolução nº* 163. Dispõe sobre a abusividade do direcionamento de publicidade e de comunicação mercadológica à criança e ao adolescente. Disponível em: https://www.direitosdacrianca.gov.br/conanda/resolucoes/163-resolucao-163-de-13-de-marco-de-2014/view. Acesso em: 20 maio 2019. "Art. 1º. Esta Resolução dispõe sobre a abusividade do direcionamento de publicidade e de comunicação mercadológica à criança e ao adolescente, em conformidade com a política nacional de atendimento da criança e do adolescente prevista nos arts. 86 e 87, incisos I, III, V, da Lei nº 8.069, de 13 de julho de 1990".

[105] PUBLICIDADE infantil é ilegal: Entenda o impacto da Resolução 163/2014 do Conanda. *In: CRIANÇA e Consumo. [s.l.]*, 2014. Disponível em: http://criancaeconsumo.org.br/biblioteca/publicidade-infantil-e-ilegal-entenda-o-impacto-da-resolucao-1632014-do-conanda/. Acesso em: 21 maio 2019.

[106] PASQUALOTTO, Adalberto; AZAMBUJA, Mariana Menna Barreto. A comédia da publicidade: entre a sátira e o politicamente correto. *Revista de Direito do Consumidor*, Brasília, v. 96, p. 89-104, nov./dez. 2014. p. 98. Defendem, depois disso, que ambas convergem na razão da proteção, "porque toda criança não é capaz de perceber a reserva mental que esconde o intuito persuasivo da publicidade. Ou seja, toda a publicidade dirigida a crianças aproveita-se da sua deficiência de julgamento e experiência".

[107] MIRAGEM, Bruno. Proteção da criança e do adolescente consumidores. Possibilidade de explicitação de critérios de interpretação do conceito legal de publicidade abusiva e

lução encontrou resistência em nota expedida pelas associações de anunciantes, agências publicitárias e veículos de comunicação, que não a reconheceram, defendendo que tal regulamentação compete ao Legislativo e indicando o CONAR como o melhor órgão para o controle das práticas publicitárias;[108] ignorando que referido órgão nitidamente carece de efetividade diante de sua composição,[109] tempo de resposta[110] e recomendações despidas de força coercitiva.[111]

Ademais, apesar do profundo respeito às linhas traçadas por Bruno Miragem – que não lê na Resolução nº 163/2014 a total vedação da publicidade dirigida aos infantes,[112] entende-se, em contraponto,

---

prática abusiva em razão de ofensa a direitos da criança e do adolescente por resolução do conselho nacional da criança e do adolescente – Conanda. Parecer. *Revista de Direito do Consumidor*, Brasília, v. 95, p. 459-495, set./out. 2014. p. 489.

108 Nota expedida pelas seguintes entidades: Associação Brasileira de Anunciantes – ABA, Associação Brasileira de Agências de Publicidade – ABAP; a Associação Brasileira de Emissoras de Rádio e Televisão – ABERT; Associação Nacional de Jornais – ANJ; Associação Brasileira de Radiodifusores – ABRA; Associação Brasileira de Rádio e Televisão – ABRATEL; Associação Brasileira de TV por Assinatura – ABTA, Associação Nacional de Editores de Revistas – ANER e a Central de Outdoor. Disponível em: https://www.abert.org.br/web/index.php/notmenu/item/22580-nota-publica-publicidade-infantil. Acesso em: 21 maio 2019.

109 PASQUALOTTO, Adalberto; AZAMBUJA, Mariana Menna Barreto. A comédia da publicidade: entre a sátira e o politicamente correto. *Revista de Direito do Consumidor*, Brasília, v. 96, p. 89-104, nov./dez. 2014. p. 102. Nesse sentido, acerca do Conselho Nacional de Autorregulamentação Publicitária (CONAR), assevera-se que "a legitimidade do CONAR é bastante questionável. A entidade foi fundada em 1980, para evitar a censura imposta pelo regime militar, que também atingia a publicidade. Sua proposta era aplicar o código de conduta redigido em 1977. Foram admitidos como associados apenas veículos de comunicação social, agências de publicidade e anunciantes. [...] Atualmente, o Conselho de Ética, órgão soberano na aplicação do CBAP [Código Brasileiro de Autorregulamentação Publicitária], é formado por noventa e seis membros, sendo setenta e dois ligados diretamente às empresas de comunicação social ou aos anunciantes, e vinte e quatro representantes da sociedade, escolhidos pelo Conselho Superior. Portanto, continua sendo uma entidade basicamente corporativa".

110 D'AQUINO, Lúcia Souza. *Criança e publicidade*: hipervulnerabilidade? Rio de Janeiro: Lumes Juris, 2017. p. 79. Nesse sentido, "além da parcialidade, a demora é um problema do órgão de autorregulamentação, eis que seus julgamentos são lentos e ocorrem muitas vezes bem depois de as peças publicitárias já terem saído do ar".

111 PASQUALOTTO, Adalberto; AZAMBUJA, Mariana Menna Barreto. A comédia da publicidade: entre a sátira e o politicamente correto. *Revista de Direito do Consumidor*, Brasília, v. 96, p. 89-104, nov./dez. 2014. p. 99. Relata o autor que o CONAR se defendeu sob a alegação de "que aplica apenas sanções de ordem moral, sem carácter vinculativo". MATEUS, Cibele Gralha; MATEUS, Renata Gralha. Vinculação de particulares aos direitos fundamentais. O princípio da proteção integral da criança e a liberdade na publicidade: até onde podemos ir?. *In:* PASQUALOTTO, Adalberto; ALVAREZ, Ana Maria Montiel (org.). *Publicidade e proteção da infância.* Porto Alegre: LAEL, 2014. p. 160. Ao encontro disto, asseveram os autores sobre o CBAP do CONAR, "não tem forma e força de lei, não podendo, portanto, obrigar as partes a cumprirem as determinações".

112 MIRAGEM, Bruno. Proteção da criança e do adolescente consumidores. Possibilidade de explicitação de critérios de interpretação do conceito legal de publicidade abusiva e

proibida qualquer forma de comunicação direcionada pelo mercado às crianças, defesa que vai ao encontro do entendimento do *criança e consumo*, bem como da tentativa de demostrar que a criança vive fase especial de desenvolvimento e possui inerente vulnerabilidade evidenciada na deficiência de julgamento, principalmente quando se trata de crianças menores, que experimentam a primeira infância.

Ao perceber a criança como consumidora e não apenas como filha do consumidor – quiçá, muito antes disso, como ser humano –, o mercado a bombardeia com incentivos ao consumo que incluem os brinquedos[113] analisados por este estudo; conduta que deve ser fortemente reprimida e demanda inconteste diálogo, também, entre as diversas fontes normativas,[114] eis que as crianças somente terão independência na vida adulta se lhes for permitido caminhar.

> O Gato apenas sorriu ao ver Alice. Parecia afável, pensou ela: mas como tinha garras muito longas e tantos dentes, sentiu que deveria tratá-lo com respeito.
>
> "Gatinho de Cheshire", começou, muito timidamente, por não saber se ele gostaria desse tratamento: ele, porém, apenas alargou um pouco mais o sorriso. "Ótimo, até aqui está contente", pensou Alice. E prosseguiu: "Você poderia me dizer, por favor, qual o caminho para sair daqui?"
>
> "Depende muito de onde você quer chegar", disse o Gato.
>
> "Não me importa muito onde..." foi dizendo Alice.
>
> "Nesse caso não faz diferença por qual caminho você vá", disse o Gato, "... desde que eu chegue a algum lugar", acrescentou Alice, explicando.
>
> "Oh, esteja certa de que isso ocorrerá", falou o Gato, "desde que você caminhe o bastante".[115]

---

prática abusiva em razão de ofensa a direitos da criança e do adolescente por resolução do conselho nacional da criança e do adolescente – Conanda. Parecer. *Revista de Direito do Consumidor*, Brasília, v. 95, p. 459-495, set./out. 2014. p. 487.

113 EFING, Antônio Carlos; SANTOS, Andrielly Pinho dos. Consumo consciente e políticas públicas educacionais voltadas para a primeira infância. *Revista de Direito do Consumidor*, Brasília, v. 121, p. 101-127, jan./fev. 2019. p. 134.

114 MARQUES, Claudia Lima. Criança e consumo: contribuição ao estudo da vulnerabilidade das crianças no mercado de consumo brasileiro. *Revista de Direito Civil Contemporâneo*, São Paulo, v. 14, p. 101-129, jan./mar. 2018. p. 104. Casos "relativos a consumidores crianças devem, necessariamente, utilizar as leis protetivas da criança, no caso brasileiro, o Estatuto da Criança e do Adolescente (LGL\1990\37) (Lei nº 8.068/1990), a Lei da Primeira Infância (Lei nº 13.257/2016), assim como o Código Civil (LGL\2002\400)49 e o CDC (LGL\1990\40), alinhados no sentido de proteção à criança".

115 CARROLL, Lewis. *Alice no país das maravilhas*. Trad. Isabel de Lorenzo. 2. ed. São Paulo: [s. ed.], 2000. p. 81.

E que não se olvide, de outra banda, que de nada adianta Estado e sociedade civil aparecerem apenas, ocasionalmente, com discursos que notadamente densificam normativamente o superior interesse da criança se, em seguida, tal qual o Gato de Cheshire, esvaem-se nas sombras.

A efemeridade de uma conclusão

O significado de brincar é, sempre, libertação. Com o brincar criam, para si, o seu próprio mundo[116] e encontram forças e estratégias para o desafio de tecerem seu próprio caminho, tomarem decisões e gradativamente assumirem responsabilidade por suas ações. O brincar é uma "ferramenta por excelência", das quais os pequenos usufruem para aprenderem a viver.[117]

A sedução criada pelo mercado, os estímulos e as rupturas pinçados de sua lógica utilitarista de atuação afetam referido processo, como demonstrou a pesquisa empírica realizada, reforçando a importância de tratar como ilícita a publicidade direcionada às crianças, bem como a imperiosa necessidade de protegê-las do onipresente mercado.

Tendo sido claramente observada a influência da televisão – e, no limite, da sociedade de consumo – nos brinquedos usados pelas crianças, as quais, por vezes sequer sabem o que significa publicidade, tal qual evidenciado na pesquisa empírica realizada em Farroupilha, pequena cidade do Rio Grande do Sul, nada mais resta a afirmar senão a necessidade de ampla tutela do infante, nos termos expostos, como *conditio sine qua non* de uma infância sadia e feliz.

Referências

AZAMBUJA, Maria Regina Fay de. A publicidade e seus reflexos no desenvolvimento da criança: o papel da família e da educação. *In:* PASQUALOTTO, Adalberto; ALVAREZ, Ana Maria Montiel. *Publicidade e proteção da infância*. Porto Alegre: LAEL, 2014.

BARBER, Benjamin. *Consumido:* como o mercado corrompe crianças, infantiliza adultos e engole cidadãos. Trad. Bruno Casotti. Rio de Janeiro: Record, 2009.

BAUM, Lyman Frank. *O mágico de Oz*. Trad. S. Flaksman. Rio de Janeiro: Zahar, 2013.

---

116 BENJAMIN, Walter. *Reflexões*: a criança, o brinquedo, a educação. Trad. Marcus Vinicius Mazzari. São Paulo: Summus, 1984. p. 64.

117 OLIVEIRA, Vera Barros de *et al.* Introdução. *In:* OLIVEIRA, Vera Barros de (org.). *O brincar e a criança do nascimento aos seis anos.* 4. ed. Petrópolis: Vozes, 2000. p. 7-8.

BAUMAN, Zygmunt. *Vida para consumo:* a transformação das pessoas em mercadoria. Trad. Carlos Alberto Medeiros. Rio de Janeiro: Zahar, 2008.

BENJAMIN, Walter. *Reflexões*: a criança, o brinquedo, a educação. Trad. Marcus Vinicius Mazzari. São Paulo: Summus, 1984.

BOLLE, Willi. Walter Benjamin e a cultura da criança. *In:* BENJAMIN, Walter. *Reflexões:* a criança, o brinquedo, a educação. 17. ed. São Paulo: Summus, 1984.

BRASIL. *Constituição Federal.*

BRASIL. *Lei nº 13.257, de 8 de março de 2016.* Dispõe sobre as políticas públicas para a primeira infância.

BRASIL. *Lei nº 8.078, de 11 de setembro de 1990.* Dispõe sobre a proteção do consumidor e dá outras providências.

CARROLL, Lewis. *Alice no país das maravilhas.* Trad. Isabel de Lorenzo. 2. ed. São Paulo: [s. ed.], 2000.

CASA da LOL – Surprise House. Disponível em: https://www.buscape.com.br/search/lol-surprise-house?fromSearchBox=true&produto=Lol+surprise+house. Acesso em: 28 maio 2019.

CONSELHO NACIONAL DA CRIANÇA E DO ADOLESCENTE. *Resolução nº* 163. Dispõe sobre a abusividade do direcionamento de publicidade e de comunicação mercadológica à criança e ao adolescente.

D'AQUINO, Lucia Souza. A publicidade abusiva dirigida ao público infantil. *Revista de Direito do Consumidor*, Brasília, v. 106, p. 89-131, jul./ago. 2016.

D'AQUINO, Lúcia Souza. *Criança e publicidade*: hipervulnerabilidade? Rio de Janeiro: Lumen Juris, 2017.

DENSA, Roberta. *Proteção jurídica da criança consumidora:* entretenimento – classificação indicativa – filmes – jogos eletrônicos. São Paulo: Foco, 2018.

DIAS, Camila Maria de Assis Iunes. Infância, o direito de brincar. *Revista Científica Pós-graduação*, Rio de Janeiro, v. 1, n. 1, p. 43-62, jan. 2010.

DIAS, Lucia Ancora Lopez de Magalhães. Publicidade e hipervulneráveis: limitar, proibir ou regular? *Revista de Direito do Consumidor*, Brasília, v. 99, p. 285-305, maio/jun. 2015.

EFING, Antônio Carlos; SANTOS, Andrielly Pinho dos. Consumo consciente e políticas públicas educacionais voltadas para a primeira infância. *Revista de Direito do Consumidor*, Brasília, v. 121, p. 101-127, jan./fev. 2019.

FERRER, Celeste; SANTOMÉ, Natalia Torres; ORDUNA, Javier. La infancia y la adolescencia en el derecho de los consumidores: derecho a la salud y publicidad. *In:* BAROCELLI, Sergio Sebastián. *Consumidores hipervunerables* (org.). Buenos Aires: El Derecho, 2014.

HEINKEL, Dagma. *O brincar e a aprendizagem na infância.* Ijuí: Unijuí, 2003.

HENRIQUES, Isabella Vieira Machado. *Publicidade abusiva dirigida à criança.* Curitiba: Juruá, 2012.

HENRIQUES, Isabella. O capitalismo, a sociedade de consumo e a importância da restrição da publicidade e da comunicação mercadológica voltadas ao público infantil. *In:* PASQUALOTTO, Adalberto; ALVAREZ, Ana Maria Montiel (org.). *Publicidade e proteção da infância.* Porto Alegre: LAEL, 2014.

INSTITUTO BRASILEIRO DE GEOGRAFIA E ESTATÍSTICA (IBGE). *Panorama Farroupilha*. Brasília: IBGE, 2017. Disponível em: https://cidades.ibge.gov.br/brasil/rs/farroupilha/panorama. Acesso em: 29 dez. 2019.

INSTITUTO BRASILEIRO DE GEOGRAFIA E ESTATÍSTICA (IBGE). *Panorama Rio Grande do Sul*. Brasília: IBGE, 2017. Disponível em: https://cidades.ibge.gov.br/brasil/rs/panorama. Acesso em: 29 dez. 2019.

JACOBSEN, Michael Hviid; TESTER, Keith. Introdução. *In*: BAUMAN, Zygmunt. *Para que serve a sociologia?* Trad. Carlos Alberto Medeiros. Rio de Janeiro: Zahar, 2015.

KELLER, João Gustavo. A obsolescência dos bens de consumo e a necessária tutela do consumidor. 2018. 73 f. *Trabalho de Conclusão* – Curso de Direito, Universidade Vale do Rio dos Sinos, São Leopoldo, 2018.

MARQUES, Claudia Lima. Criança e consumo: contribuição ao estudo da vulnerabilidade das crianças no mercado de consumo brasileiro. *Revista de Direito Civil Contemporâneo*, São Paulo, v. 14, p. 101-129, jan./mar. 2018.

MATEUS, Cibele Gralha; MATEUS, Renata Gralha. Vinculação de particulares aos direitos fundamentais. O princípio da proteção integral da criança e a liberdade na publicidade: até onde podemos ir? *In:* PASQUALOTTO, Adalberto; ALVAREZ, Ana Maria Montiel (org.). *Publicidade e proteção da infância*. Porto Alegre: LAEL, 2014.

MIRAGEM, Bruno. *Curso de direito do consumidor*. 6. ed. São Paulo: RT, 2016.

MIRAGEM, Bruno. Proteção da criança e do adolescente consumidores. Possibilidade de explicitação de critérios de interpretação do conceito legal de publicidade abusiva e prática abusiva em razão de ofensa a direitos da criança e do adolescente por resolução do conselho nacional da criança e do adolescente – Conanda. Parecer. *Revista de Direito do Consumidor*, Brasília, v. 95, p. 459-495, set./out. 2014.

NAVIO patrulheiro do mar. Disponível em: https://www.buscape.com.br/search/navio-patrulheiro-do-mar?fromSearchBox=true&produto=navio+patrulheiro+do+mar. Acesso em: 28 maio 2019.

NUNES JUNIOR, Vidal Serrano; SOUZA, Adriana Cerqueira de. A discussão legal da publicidade comercial dirigida ao público infantil. *In:* FONTENELLE, Laís (org.). *Criança e consumo*: 10 anos de transformação. São Paulo: Instituto Alana, 2016.

O QUE é. *In: DIREITOS das Crianças*. [*s.l.*], 2019. Disponível em: https://www.direitosdacrianca.gov.br/conanda. Acesso em: 20 maio 2019.

OLIVEIRA, Vera Barros de *et al*. Introdução. *In:* OLIVEIRA, Vera Barros de (org.). *O Brincar e a criança do nascimento aos seis anos*. 4. ed. Petrópolis: Vozes, 2000.

PAIVA, Raquel. "Para não dizer que não falei de flores" ou a incapacidade de pensar a infância e a inutilidade dos discursos teóricos sobre urgências. *In:* BARBALHO, Alexandre; MARÔPO, Lidia (org.). *Infância, juventude e mídia:* olhares luso-brasileiros. Fortaleza: Eduece, 2015.

PASQUALOTTO, Adalberto. Apresentação. *In:* PASQUALOTTO, Adalberto (org.). *Publicidade e proteção da infância:* Porto Alegre: LAEL, 2018, v. 2.

PASQUALOTTO, Adalberto. Direito e publicidade em ritmo de descompasso. *Revista de Direito do Consumidor*, Brasília, v. 100, p. 501-527, jul./ago. 2015.

PASQUALOTTO, Adalberto. *Os efeitos obrigacionais da publicidade no código de defesa do consumidor*. São Paulo: RT, 1997.

PASQUALOTTO, Adalberto; AZAMBUJA, Mariana Menna Barreto. A comédia da publicidade: entre a sátira e o politicamente correto. *Revista de Direito do Consumidor*, Brasília, v. 96, p. 89-104, nov./dez. 2014.

PITOL, Yasmine Uequed. *A publicidade infantil na sociedade de consumo*: uma análise empírica da publicidade e de sua (in)conformidade com o direito brasileiro. 2017. 160 f. Dissertação (Mestrado) – Curso de Direito, Universidade Lasalle, Canoas, 2017.

POOPSIE Surprise Unicorn – Candide. Disponível em: https://www.buscape.com.br/search/poopsie-surprise-unicorn-candide?fromSearchBox=true&produto=Poopsie+Surprise+Unicorn+%E2%80%93+Candide. Acesso em 28 mai. de 2019.

POSTMAN, Neil. *O desaparecimento da infância*. Rio de Janeiro: Graphia, 1999.

PUBLICIDADE infantil é ilegal: Entenda o impacto da Resolução 163/2014 do Conanda. *In: CRIANÇA e Consumo. [s.l.]*, 2014. Disponível em: http://criancaeconsumo.org.br/biblioteca/publicidade-infantil-e-ilegal-entenda-o-impacto-da-resolucao-1632014-do-conanda/. Acesso em: 21 maio 2019.

REDIN, Maria Martins; GOMES, Marta Quintanilha; FOCHI, Paulo Sergio. *Infância e educação infantil*. São Leopoldo: Unisinos, 2013.

SANDEL, Michel. *Contra a perfeição*: ética na era da engenharia genética. Trad. Ana Carolina Mesquita. Rio de Janeiro: Civilização Brasileira, 2013.

SANDEL, Michel. *O que o direito não compra*: os limites morais do mercado. Trad. Clóvis Marques. Rio de Janeiro: Civilização Brasileira, 2012.

SANTOS, Santa Marli Pires dos (org.). *O lúdico na formação do educador*. 8. ed. Petrópolis: Vozes, 2010.

SODRÉ, Marcelo Gomes. Duas palavrinhas importantes: uma ausente, outra presente. *In:* FONTENELLE, Laís (org.). *Criança e consumo*: 10 anos de transformação. São Paulo: Instituto Alana, 2016.

STEIBENBERG, Shirley; KINCHELOE, Joe. (org.). *Cultura infantil*: a construção corporativa da infância. Rio de Janeiro: Civilização Brasileira, 2001.

TRINDADE, Gustavo Manoel Neubarth. Economia de plataforma: ponderações conceituais distintivas em relação à economia compartilhada e à economia colaborativa e uma abordagem de análise econômica do direito dos ganhos de eficiência econômica por meio da redução severa dos custos de transação. *Revista Jurídica Luso-Brasileira*, Lisboa, ano 6, n. 4, p. 1977-2013, 2020.

TUBELIS, Paula; FERNANDES, Priscila (coord.). *O que a criança não pode ficar sem, por ela mesma*: Participação infantil no Plano Nacional pela Primeira Infância. São Paulo, 2010. Disponível em: http://agendaprimeirainfancia.org.br/arquivos/Oq_a_cca_nao_pode_ficar_sem.pdf. Acesso em: 1 maio 2018.

VERBICARO, Dennis; BOAVENTURA, Igor Davi da Silva; RIBEIRO, Cristina Figueiredo Terezo. A proteção integral e o melhor interesse da criança no contexto das relações de consumo. *Revista de Direito do Consumidor*, Brasília, n. 122, p. 1-17, mar./abr. 2019.

WINNICOTT, Donald. *A criança e o seu mundo*. Trad. Álvaro Cabral. Rio de Janeiro: Zahar, 1985.

WINNICOTT, Donald. *O brincar & a realidade*. Rio de Janeiro: Imago, 1975.

ZATZ, Sílvia; ZATZ, André; HALABAN, Sérgio. *Brinca comigo!* Tudo sobre brincar e brinquedos. São Paulo: Marco Zero, 2006.

Informação bibliográfica deste texto, conforme a NBR 6023:2018 da Associação Brasileira de Normas Técnicas (ABNT):

CATALAN, Marcos; BALBINOT, Gabriela Abduzida do país das maravilhas: reflexões acerca da necessária proteção da infância frente à manipulação do lúdico pelo mercado. *In:* EHRHARDT JÚNIOR, Marcos; CATALAN, Marcos (coord.). *Tecnologia, família e relações sucessórias*: tutela das pessoas e proteção patrimonial. Belo Horizonte: Fórum, 2024. p. 83-110. ISBN 978-65-5518-831-8.

AS TRANSFORMAÇÕES TECNOLÓGICAS NO DIREITO DAS SUCESSÕES

LAIZA DE LIMA FRANK

MARCELO L. F. DE MACEDO BÜRGER

1 Direito, tecnologia, sucessão e inovação

Correlacionar Direito e tecnologia não parece uma árdua tarefa, considerando que o mundo caminha para a automatização dos processos, a fim de agilizar e simplificar as atividades manuais para nos dedicarmos a outras atividades pensantes. No entanto, no plano concreto, é no mínimo desafiador atender a grande demanda por adaptação ao novo, sobretudo quando exige compatibilizar as tradicionais estruturas jurídicas à rápida evolução tecnológica.

O fato é que vivemos no momento mais acelerado da evolução tecnológica experenciado até hoje, e a ciência jurídica pode, e deve, contribuir com tal fenômeno, sob pena de ser ignorada por formas alternativas de solução de conflitos. Afinal, como já desvelou o ex-juiz do Tribunal Constitucional alemão Wolfgang Hoffmann-Riem, "o direito que atua onde as inovações ocorrem ou são desejadas é substancialmente inovação. Ele pode inibir ou promover o desenvolvimento e a utilização das inovações".[1]

---

1 HOFFMANN-RIEM, Wolfgang. Direito, inovação e tecnologia / coordenadores Gilmar Ferreira Mendes, Ingo Wolfgang Sarlet e Alexandre Zavaglia P. Coelho. São Paulo: Saraiva, 2015. p. 7.

Não é necessário esforço retórico para afirmar a inexorável vinculação entre o Direito e a tecnologia, ambos vocacionados à inovação e ao desenvolvimento. Quando se aproximam, permitem a operatividade das relações sociais de forma mais simples, célere e economicamente eficiente. Porém, quando o Direito insiste em se manter agarrado a formatações tradicionais que já não encontram respaldo social, é atropelado pelas novas configurações e acaba perdendo sua funcionalidade, como se constatou no âmbito do Direito de Família na aurora do século XXI e hoje, dentre outras espacialidades, no Direito das Sucessões. Daí a necessidade de que o Direito e a tecnologia caminhem em sintonia com a sociedade, como adverte Patrícia Peck:

> O que é certo é que a sociedade digital está evoluindo muito rápido e o Direito deve acompanhar esta mudança, aprimorar-se, renovar seus institutos e criar novos capazes de continuar garantindo a segurança jurídica das relações sociais, sob pena de ficar obsoleto e isso estimular a prática da justiça com o próprio mouse e todas as mazelas associadas ao uso arbitrário das próprias razões e ao desequilíbrio que pode ser gerado pelo poder desmedido das grandes corporações que são proprietárias dos recursos que permitem a realização da vida digital.[2]

Além da clara necessidade de adaptação do regramento legislativo aos novos desafios tecnológicos, a dificuldade também se encontra na atualização das estruturas e processos que realizam a função jurídica, dos quais se demanda não só que acompanhem o desenvolvimento desenfreado deste admirável mundo novo, mas também que não sejam cegos aos dilemas éticos envoltos na própria temática. Ganham evidência assuntos como decisões automatizadas com uso de inteligência artificial, como o Vitor e a VitorIA, utilizados pelo Supremo Tribunal Federal para filtragem de temas de repercussão geral e para identificação de perfil e agrupamento de processos similares, respectivamente.[3] Mas, para além da só implementação, afloram desde questões éticas e materiais, como, por exemplo, quem será o responsável por eventuais danos causados pela automação: seria o desenvolvedor da tecnologia ou quem utiliza?[4]

---

2 PINHEIRO, Patricia Peck. *Direito digital*. 7. ed. São Paulo: Saraiva Educação, 2021, p. 26.

3 SUPREMO TRIBUNAL FEDERAL. STF finaliza testes de nova ferramenta de Inteligência Artificial. Publicado em 11 de maio de 2023. Disponível em: https://portal.stf.jus.br/noticias/verNoticiaDetalhe.asp? idConteudo=507120&ori=1.

4 Da Redação. Inteligência artificial avança, e debate sobre dilemas éticos esquenta. Veja, 22 dez. 2023. Disponível em: https://veja.abril.com.br/tecnologia/inteligencia-artificial-avanca-e-debate-sobre-dilemas-eticos-esquenta. Acesso em: 3 maio 2024.

Ainda, estamos sujeitos a todo tipo de fraudes e golpes que são propiciados e facilitados pelo meio digital, meios que evitem esses danos devem ser pensados e implementados, conforme elucida Hoffmann-Riem, "A criação de precauções para salvaguardar o bem-estar individual e público está nas mãos de todos os envolvidos. Ao mesmo tempo, esta é uma tarefa importante dos Estados. Para seu cumprimento, o meio de controle do Direito pode ser usado".[5]

É neste ponto que emerge o tema do presente texto: evidenciada a necessária interlocução entre Direito e tecnologia, na espacialidade do Direito Sucessório, houve de fato uma simbiose entre o Direito e as diuturnas inovações de nossa época, ou permanece o Direito das Sucessões ainda encastelado em suas tradicionais configurações?

No campo da adequação social, denunciam André Arnt Ramos e Marcos Catalan que, enquanto o Direito Civil esmera-se para acompanhar as mudanças sociais, "as sucessões, ao que parece, teimam em se refugiar em uma espécie de espelho invertido da Terra do Nunca".[6] Cumpre perquirir se o mesmo acontece quanto à incorporação de "novas" tecnologias.

A interlocução, já de início, parece ao menos potencialmente frutífera a partir da variedade de atualizações e debates inovadores envolvendo a herança digital ou patrimônio digital. Debate-se precisamente a sucessão dos bens digitais, como criptoativos, milhas e livros digitais, por exemplo. De um lado, há quem sustente que os bens digitais do falecido devem ser transferidos para os sucessores, inclusive seus e-mails e contas em redes sociais;[7] de outro, ante a advertência sobre a importância de equilibrar eventual direito dos herdeiros com o respeito à privacidade do falecido, sustentam a intransmissibilidade de certos dados e informações, como as comunicações privadas, seja em razão da tutela *post mortem* da personalidade, seja pela proteção do terceiro com quem o falecido interagiu.[8]

---

5 HOFFMANN-RIEM, Wolfgang. *Teoria geral do direito digital*: transformação digital: desafios para o direito. 2 ed. Rio de Janeiro: Forense, 2022. p. 29.

6 RAMOS, André Luiz Arnt; CATALAN, Marcos Jorge. O eterno retorno: a que(m) serve o modelo brasileiro de direito sucessório? *Civilistica.com*, Rio de Janeiro, v. 8, n. 2, p. 1-19, 2019.

7 FRITZ, Karina Nunes. A garota de Berlim e a herança digital. *In:* TEIXEIRA, Ana Carolina Brochado; LEAL, Lívia Teixeira (coord.). *Herança digital*: controvérsias e alternativas. Indaiatuba: Editora Foco, 2021, p. 241-243.

8 COLOMBO, Maici Barboza dos Santos. Tutela póstuma dos direitos da personalidade e herança digital. *In:* TEIXEIRA, Ana Carolina Brochado; LEAL, Lívia Teixeira (coord.). *Herança digital*: controvérsias e alternativas. Indaiatuba: Editora Foco, 2021, p. 117-119.

Outro tema atual que inclusive gera certa controvérsia é a possibilidade de criopreservação do corpo humano após a morte. A criopreservação é o congelamento do corpo, onde é armazenado dentro de um recipiente hermeticamente fechado com temperaturas até -196ºC (G1).[9] No Brasil, atualmente não existe uma legislação específica para tratar esta matéria, mas o conteúdo poderia ser abordado em uma cláusula no testamento da pessoa que deseja se submeter ao processo de congelamento.[10]

Ainda na seara do desenvolvimento tecnológico, também é possível cogitar de instrumentos digitais não só para a captura e armazenamento de imagem, vídeo e áudio da pessoa falecida, mas também como suporte material de negócio jurídico por ela realizado, como o próprio testamento. É dizer: ainda se justifica a limitação do negócio jurídico testamentário à forma escrita?

Justificada a hipótese da pesquisa, é chegada a hora de deixar o campo das ideias e ingressar na realidade jurídica, perquirindo onde o Direito das Sucessões já incorpora novas tecnologias e, prospectivamente, onde se anunciam os avanços por vir.

2 O e-notariado e sua original "revolução" nos procedimentos

"Bem-vindo ao serviço notarial do século XXI".[11]

Esta é a frase de apresentação do site do E-Notariado, exposta a quem acessa seu site já na primeira tela. E a mensagem não é publicitária: a ferramenta é, efetivamente, paradigmática no modo de realização dos atos notariais, nos quais se incluem, dentre outras, a busca por testamentos, a elaboração de escrituras públicas de testamento, nomeação de inventariante e mesmo de inventário e partilha, além da validação de documentos em geral, como certidões de óbito ou procurações.

---

9 G1. Vida após a morte? Bilionário diz que será congelado para reviver no futuro; entenda se técnica faz sentido e o que diz a ciência. *G1*. 10 maio 2023. Disponível em: https://g1.globo.com/tecnologia/noticia/2023/05/10/bilionario-diz-que-sera-congelado-para-reviver-no-futuro-entenda-se-tecnica-faz-sentido-e-o-que-diz-a-ciencia.ghtml. Acesso em: 3 maio 2024.

10 FERNANDES, Samuel. Humanos sonham em ressuscitar parentes em meio a vácuo jurídico. Folhapress. 6 abr. 2024. Disponível em: https://www.terra.com.br/amp/noticias/brasil/humanos-sonham-em-ressuscitar-parentes-em-meio-a-vacuo-juridico,e9ac57c875016d0d9e78761e04654b89dbki0a6k.html. Acesso em: 3 maio 2024.

11 Disponível em: www.e-notariado.org.br.

Esse serviço é realizado por meio de uma plataforma digital que visa a transposição dos serviços notariais também para o meio eletrônico.

Criado pelo Provimento nº 100 do Conselho Nacional de Justiça em 26 de maio de 2020,[12] o e-notariado é a ferramenta eletrônica destinada à prática dos atos notariais eletrônicos, ou seja, permite aos usuários dos serviços notariais que não mais dependam do deslocamento até os tabelionatos para realização de seus atos, tampouco do milenar recurso aos documentos escritos e assinados, que permaneciam por séculos em velhos e roídos livros das Serventias, sujeitos sempre ao desgaste do tempo e aos riscos de perecimento.

Para utilizá-la, é necessário passar por um processo de autenticação e identificação *on-line,* isso pode incluir a confirmação da identidade digital do usuário, a fim de garantir que os serviços estão sendo prestados de forma fidedigna. Esse processo garante a segurança da plataforma e gera confiança no uso.

Além de uma plataforma eficiente e segura, o e-Notariado amplia o acesso aos serviços notariais, tornando-os de acessibilidade conveniente.[13]

À primeira vista esta inovação pode parecer simplista, ou até mesmo cotidiana, mas não se engane: a plataforma facilita sobremaneira os processos sucessórios. Basta pensar em como seria um inventário de uma senhora, viúva e mãe de três filhos, falecida em Curitiba, com um dos filhos residindo em São Paulo, outro na Inglaterra e o terceiro na Ucrânia. Antes do e-notariado, só haveria duas possibilidades: ou os herdeiros se submetiam à morosa ação judicial de inventário ou compareciam todos, presencialmente, ao tabelionato. Com a adoção do procedimento eletrônico, podem todos subscrever a escritura de inventário e partilha de suas casas, sem precisar cruzar o oceano Atlântico ou correr os riscos de deslocamento em um país em guerra.

E mais, os herdeiros terão todos os acessos imediatos ao documento entabulado em formato digital, com código de validação próprio e sem necessidade de arquivo físico ou risco de perecimento.

---

12 O Provimento n. 100 do CNJ, verdadeira certidão de nascimento do E-Notariado, embora encontre-se revogado, teve seu conteúdo transposto para o Provimento n. 149, de 30 de agosto de 2023, que instituiu o Código Nacional de Normas da Corregedoria Nacional de Justiça do CNJ.

13 SOARES DE SÁ, Acácia Regina; SOUZA, Evandio Sales. E-Notariado: Uma ferramenta de otimização nas relações jurídicas contratuais. Migalhas. Publicado em 22 de abril de 2024. Disponível em: https://www.migalhas.com.br/depeso/405900/e-notariado-ferramenta-de-otimizacao-na-relacao-juridica-contratual. Acesso em: 3 maio 2024.

Ao fim e ao cabo, a tecnologia encurtou distâncias, reduziu o tempo e o custo do ato e ainda lhe emprestou mais segurança, dada a maior dificuldade de falsificação de um ato eletrônico dotado de fácil mecanismo para validação.

Segundo Priscila Agapito, titular do 29º Tabelionato de São Paulo e diretora nacional do Instituto Brasileiro de Direito de Família – IBDFAM, o sistema é originalmente brasileiro e nos coloca à frente até mesmo dos países desenvolvidos em termos de tecnologia dos serviços notariais.[14] Viva a tecnologia!

3 O diálogo entre sucessão e tecnologia no projeto de reforma do Código Civil

Compulsando o projeto de reforma do Código Civil elaborado pela comissão de juristas instituída pelo Ato do presidente do Senado Federal nº 11/2023, verifica-se que em diversos dispositivos o projeto incorpora a tecnologia como modo não só de atualizar o Direito das Sucessões, como também de torná-lo mais operativo, mantendo assim o desiderato já perseguido pela Comissão Reale, responsável pela elaboração do Código de 2002.

Mesmo sendo ainda um projeto, as inovações nele contidas revelam, de forma prospectiva, os espaços de interlocução e mesmo de simbiose entre o Direito das Sucessões e a tecnologia. É possível agrupar as principais propostas de alteração envolvendo estes temas em três eixos centrais: a regulamentação da herança digital, a admissão de testamentos realizados por vídeo ou som e a preocupação de inclusão das pessoas com deficiência.

---

14 "Hoje em dia, o Brasil está à frente de todos os países do mundo na questão digital. Apenas o Brasil possui uma plataforma, chamada e-notariado, que permite que todos os atos notariais sejam praticados de maneira on-line. É possível assinar à distância quaisquer escrituras (compra e venda, doação, permuta etc.), divórcios, inventários, atas notariais, testamentos, pactos antenupciais, escrituras de união estável e uma infinidade de contratos, com a segurança jurídica do documento público. Estejam as partes em que lugar do mundo estiverem. Basta que a parte tenha um certificado digital. Os tabelionatos emitem gratuitamente o certificado digital específico do e-notariado. Essas escrituras também já são encaminhadas digitalmente aos cartórios de registros de imóveis quando é o caso. Os títulos de protesto hoje em dia são, na sua maioria, digitais, o sistema de registro civil das pessoas naturais já está interligado no Brasil todo, enfim, somos um dos setores que mais investiu em tecnologia e que consegue prestar um serviço supereficiente a um custo baixo e, principalmente, sem intermediários" (AGAPITO, Priscila. A força e o amor capazes de transformar a sociedade. Entrevista concedida à The Winners Prime Leaders Magazine, disponível em https://thewinners.com.br/pages-golden-e-red.

A transmissibilidade sucessória dos bens digitais é expressamente contemplada pelo projeto de reforma:

> Art. 1.791-A. Os bens digitais do falecido, de valor economicamente apreciável, integram a sua herança.
>
> §1º Compreende-se como bens digitais, o patrimônio intangível do falecido, abrangendo, entre outros, senhas, dados financeiros, perfis de redes sociais, contas, arquivos de conversas, vídeos e fotos, arquivos de outra natureza, pontuação em programas de recompensa ou incentivo e qualquer conteúdo de natureza econômica, armazenado ou acumulado em ambiente virtual, de titularidade do autor da herança.
>
> §2º Os direitos da personalidade e a eficácia civil dos direitos que se projetam após a morte e não possuam conteúdo econômico, tais como a privacidade, a intimidade, a imagem, o nome, a honra, os dados pessoais, entre outros, observarão o disposto em lei especial e no Capítulo II do Título I do Livro I da Parte Geral, bem como no Livro de Direito Civil Digital.

Como se vê, o projeto divide os bens digitais do falecido em dois grupos: aqueles que possuem valor econômico (criptomoedas, livros digitais, dados financeiros, pontuação em programas de recompensa, etc.) e aqueles inerentes à personalidade do falecido, que não podem ser mensurados economicamente, como sua imagem, nome, dados pessoais, entre outros. O primeiro grupo de bens integra a herança e, portanto, se submete ao regramento sucessório como qualquer outro bem. Já o segundo grupo, a contrário senso, é aprioristicamente alocado fora da herança, como bens intransmissíveis.

A solução apriorística, porém, não impede a transmissão sucessória de todos os bens do segundo grupo. Ao contrário, a opção foi por um regime supletivo que prefere a privacidade e a intimidade do autor da herança ao salvaguardar suas comunicações, mas, sendo apenas supletivo, cede à manifestação expressa do falecido admitindo a transmissão. É o que propõe o artigo 1.791-B ao estabelecer que, "salvo expressa disposição de última vontade e preservado o sigilo das comunicações, as mensagens privadas do autor da herança difundidas ou armazenadas em ambiente virtual não podem ser acessadas por seus herdeiros".

Este *opt-out* para um regime de transmissão em maior amplitude representa clara opção por um paternalismo libertário,[15] que

[15] SUNSTEIN Cass. *Why Nudge?* The politics of Libertarian Paternalism. New Haven: Yale University Press, 2014.

logra proteger o autor da herança sem suprimir, autoritariamente, sua liberdade sucessória.

O segundo eixo central de incorporação de tecnologias é ampliação das formas admitidas para o testamento, passando a prever expressamente os testamentos realizados por gravação em vídeo ou áudio. Dispõe o projetado artigo 1.862:

> Art. 1.862. São testamentos ordinários:
>
> I - o público;
>
> II - o cerrado;
>
> III - o particular.
>
> Parágrafo único. Os testamentos ordinários podem ser escritos, digitados, filmados ou gravados, em língua nacional ou estrangeira, em Braille ou Linguagem Brasileira de Sinais (LIBRAS), pelo próprio testador, ou por outrem, a seu rogo.

Há, aqui, mudança verdadeiramente paradigmática quanto à forma testamentária, que mais uma vez coloca o Direito brasileiro na vanguarda. Não há país europeu que admita testamento veiculado por filmagem ou gravação de áudio, mesmo consistindo hodiernamente em formatos que qualquer pessoa acesse facilmente de seu celular pessoal, além de potencialmente permitir maior segurança que o simples documento escrito, que nem sempre permite aferir se o testador efetivamente o leu antes de assinar ou o subscreveu como sendo seu testamento, já que a credibilidade da prova testemunhal é a cada dia menor.

Na França e na Bélgica, afirma Walter Pintens que "o testamento precisa corresponder a uma das formas autorizadas. Realizados por qualquer outra forma serão inválidos. (...) Assim, um testamento oral ou eletrônico, por exemplo, será inválido e poderá no máximo criar uma obrigação natural aos herdeiros, que serão livres para decidir cumpri-lo ou não".[16] Na Alemanha, o testamento ordinário pode ser realizado perante o notário (BGB, §2232) ou por instrumento particular

---

[16] No original: "A will must correspond to one of the authorized forms. Those drawn up in any other form are voidable, and even alterations to an existing will can only be made by means of a new will. Thus, an oral will or an electronic will, for example, is voidable and would at most be seen as a natural obligation which the heirs are free to fulfil, or not (PINTENS, Walter. Testamentary Formalities in France and Belgium. *In:* REID, Kenneth G. C.; DE WAAL, Marius J.; ZIMMERMANN, Reinhard (ed.). *Comparative Succession Law*: Volume I: Testamentary Formalities. Oxford: Oxford University Press, 2011, p. 55).

escrito pelo testador (BGB, §2233), mas em ambas as hipóteses, devendo observar a forma escrita.[17]

O requisito da forma escrita é comum aos países europeus, justificada tanto por razões históricas quanto pela necessidade de maior segurança e certeza quanto à vontade do falecido, que não mais estará para validar suas disposições.

> O testamento só produz efeitos e, geralmente, só é conhecido após a morte do testador, quando este já não pode ser interrogado sobre as suas intenções. Assim, tendo deixado de existir a melhor prova do conteúdo e da autenticidade, os sistemas jurídicos recorrem a três tipos de dispositivos formais para garantir a certeza do testamento do defunto: a escrita, o recurso a testemunhas e a intervenção de uma instituição ou de um funcionário neutro, como um tribunal ou um notário.[18]

Nem mesmo os países de *common law*, caracterizados pela maior liberdade aos sujeitos privados, conseguiram se desvencilhar das antigas amarras à forma escrita.

Na Inglaterra, o Administration of Justice Act de 1982 submete a validade dos testamentos que sejam escritos e ao menos assinados pelo testador. Em homenagem à liberdade e ao respeito pela vontade do falecido, a flexibilização das formalidades chegou ao ponto de em Hodson v. Barnes ter se considerado como testamento válido uma disposição de última vontade escrita na casca de um ovo,[19] consignando-se que o requisito formal exige apenas que o ato seja escrito, independentemente do material em que o é.

Nos Estados Unidos, em que a competência para legislar sobre Direito Sucessório é exclusiva dos Estados Federados, dos quatro

---

17 ZIMMERMANN, Reinhard. Testamentary Formalities in Germany. *In:* REID, Kenneth G. C.; DE WAAL, Marius J.; ZIMMERMANN, Reinhard (ed.). *Comparative Succession Law*: Volume I: Testamentary Formalities. Oxford: Oxford University Press, 2011.

18 No original: "A will only takes effect, and usually only becomes known, once the testator has died, when he can no longer be questioned as to his intentions. The best evidence of content and authenticity having thus ceased to be available, legal systems resort to three types of form device in order to provide certainty about the deceased's will: writing, reliance on witnesses, and the involvement of a neutral institution or officer, such as a court of law or a notary" (REID, Kenneth G. C.; DE WAAL, Marius J.; ZIMMERMANN, Reinhard. Testamentary Formalities in Historical and Comparative Perspective. *In:* REID, Kenneth G. C.; DE WAAL, Marius J.; ZIMMERMANN, Reinhard (ed.). *Comparative Succession Law*: Volume I: Testamentary Formalities. Oxford: Oxford University Press, 2011, p. 433.

19 KERRIDGE, Roger. Testamentary Formalities in England and Wales. *In:* REID, Kenneth G. C.; DE WAAL, Marius J.; ZIMMERMANN, Reinhard (ed.). *Comparative Succession Law*: Volume I: Testamentary Formalities. Oxford: Oxford University Press, 2011, p. 314.

Estados pesquisados, todos submetem a validade do testamento a veiculação em instrumento escrito. Na Califórnia pode ser realizado com ou sem a presença de testemunhas, mas de forma escrita.[20] Na Flórida, precisam ser escritos e assinados na presença de ao menos duas testemunhas.[21] Em Illinois, além de dependerem de instrumento escrito, há disposição inadmitindo testamentos orais.[22] Por fim, no Estado de Nova York, os testamentos ordinários também se submetem à forma escrita, sendo admitido testamento oral apenas aos militares e em tempo de guerra.[23]

A permissão de testamento por vídeo ou por áudio revela outras duas preocupações da Comissão autora do projeto: a segurança das disposições testamentárias e a inclusão de pessoas com deficiência.

Mesmo nos testamentos públicos, que serão vertidos em instrumento escrito, o projetado artigo 1.864 exige também do tabelião que grave em sistema de som e imagem. Assim, acaso algum dia o testamento venha a ser impugnado, será possível assistir ao ato e ver e ouvir o testador, atribuindo assim mais uma camada de proteção ao ato solene. O projetado art. 1.868 permitirá o testamento cerrado gravado em sistema de som e imagem, exigindo que o testador verbalize no ato que aquele é o seu testamento. Realizada a gravação, o autor das disposições entregará o suporte digital ao tabelião, na presença de duas testemunhas, que lavrará o auto de aprovação certificando ser aquele o testamento do solicitante. No testamento particular, bastará gravar as disposições na presença de duas testemunhas, afirmando em sua própria voz ser aquele o seu testamento, bem como declinar a data do ato, sua qualificação completa e a das testemunhas (art. 1.876).

Por derradeiro, merece destaque a importância da tecnologia na inclusão das pessoas com deficiência, sobretudo como instrumento de correção do déficit que venham a apresentar. Há no projeto diversas disposições voltadas a facilitar o exercício das disposições de última

---

20 MCCABE, Patrick; WOLFF, Kirsten; ZARAGOZA, Danielle. Unites States – California. *In:* GARB, Louis; WOOD, John (ed.). *International succession*. 4th edition. Oxford: Oxford University Press, 2015, p. 869.

21 ANTÚNES, Juan C.; MARTINEZ-LEJARZA, Kimberly. United States – Florida. *In:* GARB, Louis; WOOD, John (ed.). *International succession*. 4th edition. Oxford: Oxford University Press, 2015, p. 887.

22 ANDERSON, Dimitra; DORDEK, David; SILVERSTEIN, Jonathan. United States – Illinois. *In:* GARB, Louis; WOOD, John (ed.). *International succession*. 4th edition. Oxford: Oxford University Press, 2015.

23 WHITAKER, G. Warren. United States – New York. *In:* GARB, Louis; WOOD, John (ed.). *International succession*. 4th edition. Oxford: Oxford University Press, 2015, p. 924.

vontade por pessoas com deficiência ou alguma vulnerabilidade que pudesse afetar o ato.

Embora mantida a proibição de testamento aos absolutamente incapazes (e nem poderia ser diferente, já que não possuem maturidade suficiente para o ato, a nova redação proposta para o artigo 1.860 estabelece que "à pessoa com deficiência, que assim solicitar, será assegurada a utilização de tecnologia assistiva de sua escolha para manifestar sua última vontade, por testamento ou codicilo". Tecnologia assistiva pode aqui ser considerada, por exemplo, como certidão do testamento em braile, *software* de conversão de texto em áudio, de ampliação do texto, dentre outros.

Em reforço, nas hipóteses de testamento público, determina que "caberá ao tabelião fornecer os recursos de acessibilidade e de tecnologia assistida disponíveis para que a pessoa com deficiência tenha garantido o direito de testar" (art. 1.864, §2º).

O projetado artigo 1.867 assegura que "a pessoa com deficiência visual poderá testar por qualquer forma, com a gravação obrigatória do ato em sistema digital de som e imagem", e, caso opte por testamento público, poderá "solicitar cópia do seu testamento em formato acessível, incluindo braille, áudio, fonte ampliada e arquivo digital acessível".

Se o testador for surdo, tiver deficiência auditiva, não souber ler ou assinar, o testamento público passa a ser obrigatoriamente realizado por meio de gravação em sistema digital de som e imagem, suprindo assim o déficit educacional do testador (arts. 1.865 e 1.866). Relativamente àqueles que não possam ler ou escrever, o projeto amplia as possibilidades de testamento, admitindo que realizem também testamento pela forma cerrada, que passa a ser viável exclusivamente em razão da possibilidade de testamento gravado em arquivo de áudio ou vídeo (art. 1.872).

As inovações aqui descritas, estejam já em vigor, como o e-notariado, ou ainda projetadas, demonstram como a incorporação da tecnologia pelo Direito pode tornar a rotina humana mais eficiente, mais econômica, além da especial aptidão para suprir déficits sociais, educacionais ou mesmo deficiências. E neste ponto, diversamente do que acontece com sua adequação social, o Direito Sucessório não se apresenta como um ramo encastelado que se recusa a rejuvenescer, mas sim como uma espacialidade em que a incorporação de novas tecnologias tem colocado o Direito brasileiro na vanguarda dos ordenamentos jurídicos.

Mas quando muito se avançou, ainda mais há para alcançar. Para um futuro não muito distante, é possível antever um mundo muito diverso do que experimentamos hoje.[24] Ainda no campo do Direito Sucessório, Patrícia Corrêa Sanches[25] antevê que, com a progressiva e constante acumulação de informações em *big data*,[26] talvez em breve seja possível o desenvolvimento de uma inteligência artificial que, mais do que conter as disposições testamentárias fornecidas pelo testador, possa a partir das informações que possui sobre ele ir além e sanar dúvidas de interpretação do testamento ou mesmo inferir qual teria sido a vontade do testador diante de uma imprevisível mudança de realidade. Isabella Silveira de Castro questiona se seria excessivamente utópica a ideia de um *smart will* (testamento inteligente), que, à semelhança dos *smart contracts*, consistiriam em "testamentos autoexecutáveis que creditassem automaticamente valores nas contas dos herdeiros, efetivando em nível máximo o princípio da *saisine*".[27]

A essa altura já parece evidente que sempre haverá uma nova forma de realizar um mesmo ato, uma tecnologia mais inovadora ou um processo mais eficiente, afinal, a velha tecnologia é sempre sucedida pela nova, até acabar esquecida. Penoso é constatar que esse fenômeno não ocorre apenas com a tecnologia.

Referências

AGAPITO, Priscila. A força e o amor capazes de transformar a sociedade. Entrevista concedida à The Winners Prime Leaders Magazine. Sem data de publicação.

ANDERSON, Dimitra; DORDEK, David; SILVERSTEIN, Jonathan. United States – Illinois. *In:* GARB, Louis; WOOD, John (ed.). *International succession*. 4th edition. Oxford: Oxford University Press, 2015.

---

24 Como adverte Tom Taulli, "independente de todo o potencial de dano e das consequências adversas, a IA de fato carrega a promessa de ser transformadora para o mundo. E a boa notícia é que há muitas pessoas focadas em tornar isso uma realidade. Não se trata de ganhar enormes quantias de dinheiro ou obter fama. O objetivo é mudar o mundo" (*Introdução à Inteligência Artificial*. São Paulo: Novatec, 2020, p. 220).

25 O tema foi abordado por Patrícia Côrrea Sanches no Congresso Brasileiro de Direito de Família do IBDFAM, em Belo Horizonte, 2023. Parte de sua exposição está vertida em texto: SANCHES, Patrícia Corrêa. A criação de novas condutas pela Inteligência Artificial e a disposição da imagem post mortem. Publicado em 6 de julho de 2023. Disponível em: www.ibdfam.com.br/artigos.

26 *Big data* é um termo em inglês que define um conjunto extenso de dados coletados dos usuários que estão nos ambientes digitais. Ou seja, banco de dados utilizados para a tomada de decisão, a partir da identificação de padrões.

27 CASTRO, Isabella Silveira. *Testamento*: capacidade, formalidades e novas tecnologias. Belo Horizonte: Fórum, 2022, p. 220.

ANTÚNES, Juan C.; MARTINEZ-LEJARZA, Kimberly. United States – Florida. *In:* GARB, Louis; WOOD, John (ed.). *International succession.* 4th edition. Oxford: Oxford University Press, 2015.

CASTRO, Isabella Silveira. *Testamento*: capacidade, formalidades e novas tecnologias. Belo Horizonte: Fórum, 2022.

COLOMBO, Maici Barboza dos Santos. Tutela póstuma dos direitos da personalidade e herança digital. *In:* TEIXEIRA, Ana Carolina Brochado; LEAL, Lívia Teixeira (coord.). *Herança digital*: controvérsias e alternativas. Indaiatuba: Editora Foco, 2021.

FRITZ, Karina Nunes. A garota de Berlim e a herança digital. *In:* TEIXEIRA, Ana Carolina Brochado; LEAL, Lívia Teixeira (coord.). *Herança digital*: controvérsias e alternativas. Indaiatuba: Editora Foco, 2021.

HOFFMANN-RIEM, Wolfgang. *Direito, inovação e tecnologia* / coordenadores Gilmar Ferreira Mendes, Ingo Wolfgang Sarlet e Alexandre Zavaglia P. Coelho. São Paulo: Saraiva, 2015.

KERRIDGE, Roger. Testamentary Formalities in England and Wales. *In:* REID, Kenneth, G. C.; DE WAAL,Marius J.; ZIMMERMANN, Reinhard (ed.). *Comparative Succession Law*: Volume I: Testamentary Formalities. Oxford: Oxford University Press, 2011.

MCCABE, Patrick; WOLFF, Kirsten; ZARAGOZA, Danielle. Unites States – California. *In:* GARB, Louis; WOOD, John (ed.). *International succession.* 4th edition. Oxford: Oxford University Press, 2015.

PINHEIRO, Patrícia Peck. *Direito digital.* 7. ed. São Paulo: Saraiva Educação, 2021.

PINTENS, Walter. Testamentary Formalities in France and Belgium. *In:* REID, Kenneth, G. C.; DE WAAL,Marius J.; ZIMMERMANN, Reinhard (ed.). *Comparative Succession Law*: Volume I: Testamentary Formalities. Oxford: Oxford University Press, 2011.

RAMOS, André Luiz Arnt; CATALAN, Marcos Jorge. O eterno retorno: a que(m) serve o modelo brasileiro de direito sucessório? *Civilistica.com*, Rio de Janeiro, v. 8, n. 2, p. 1-19, 2019.

REID, Kenneth; DE WAAL, Marius J.; ZIMMERMANN, Reinhard. Testamentary Formalities in Historical and Comparative Perspective. *In:* REID, Kenneth G. C.; DE WAAL,Marius J.; ZIMMERMANN, Reinhard (ed.). *Comparative Succession Law*: Volume I: Testamentary Formalities. Oxford: Oxford University Press, 2011.

SANCHES, Patrícia Corrêa. A criação de novas condutas pela Inteligência Artificial e a disposição da imagem *post mortem*. IBDFAM. Publicado em 6 de julho de 2023.

SOARES DE SÁ, Acácia Regina; SOUZA, Evandio Sales. E-Notariado: uma ferramenta de otimização nas relações jurídicas contratuais. *Migalhas*. Publicado em 22 de abril de 2024.

SUNSTEIN Cass. *Why Nudge?* The politics of Libertarian Paternalism. New Haven: Yale University Press, 2014.

TAULLI, Tom. *Introdução à Inteligência Artificial*. São Paulo: Novatec, 2020.

WHITAKER, G. Warren. United States – New York. *In:* GARB, Louis; WOOD, John (ed.). International succession. 4th edition. Oxford: Oxford University Press, 2015.

ZIMMERMANN, Reinhard. Testamentary Formalities in Germany. *In:* REID, Kenneth G. C.; DE WAAL, Marius J.; ZIMMERMANN, Reinhard (ed.). *Comparative Succession Law*: Volume I: Testamentary Formalities. Oxford: Oxford University Press, 2011.

Informação bibliográfica deste texto, conforme a NBR 6023:2018 da Associação Brasileira de Normas Técnicas (ABNT):

FRANK, Laiza de Lima; BÜRGER, Marcelo L. F. de Macedo. As transformações tecnológicas no Direito das Sucessões. *In:* EHRHARDT JÚNIOR, Marcos; CATALAN, Marcos (coord.). *Tecnologia, família e relações sucessórias*: tutela das pessoas e proteção patrimonial. Belo Horizonte: Fórum, 2024. p. 111-124. ISBN 978-65-5518-831-8.

TECNOLOGIA E SEGURANÇA NA SUCESSÃO TESTAMENTÁRIA: OS TESTAMENTOS DIGITAIS NA ERA DAS *DEEPFAKES*

ARIANE FERREIRA FERRO

PATRÍCIA FERREIRA ROCHA

Introdução

Embora seja considerado por muitos autores o instrumento de planejamento sucessório por excelência, o testamento ainda **é,** como regra, utilizado de forma secundária e residual. Vários são os fatores que acabam colaborando para que isso ocorra. Desde o tabu cultural de se falar na morte, passando pela constatação de que boa parcela da população sequer tem patrimônio para testar ou instrução suficiente para conhecer a figura do testamento, assim como pelo mito de ser este um instrumento restrito a grandes fortunas, até uma concepção de aceitação presumida das regras da sucessão legítima. A doutrina, contudo, converge com maior uniformidade para o entendimento de que é preciso considerar o excesso de solenidades inerentes ao próprio ato e a arcaicidade de suas exigências como um real empecilho para sua ampla utilização.

É neste último cenário que vem se discutindo a necessidade da incorporação dos recursos tecnológicos aos testamentos como forma de democratização deste instrumento de última vontade. A incorporação de recursos tecnológicos na elaboração de um testamento não visa, todavia, eliminar a solenidade como característica e pressuposto de validade deste instrumento, mas, tão somente, diversificar os requisitos necessários para sua confecção, a fim de proporcionar a mais ampla acessibilidade a quem deseja testar.

O problema é que a tecnologia não traz consigo apenas bônus para a vida em sociedade, mas também vem carregada de ônus que podem gerar complexos conflitos jurídicos e, no tocante ao testamento digital, a possibilidade de manipulação da manifestação de última vontade, diante da facilidade e da popularização de aplicativos que permitem a criação de *deepfakes*.

A combinação, substituição ou sobreposição de imagens e sons podem criar arquivos de mídia audiovisual falsos, com aparência de serem verdadeiros, o que pode implicar riscos quanto à confiabilidade do testamento digital, razão pela qual é preciso pensar instrumentos de controle de sua autenticidade, a partir da segura identificação do testador e do conteúdo de sua manifestação de vontade.

Com o escopo de se chegar ao resultado esperado, que reflita a temática abordada, a metodologia adotada será, quanto à natureza, básica, pois objetiva gerar conhecimentos novos e úteis para o avanço da ciência jurídica. Quanto à abordagem do problema, será qualitativa, já que preocupada com aspectos da realidade que não podem ser quantificados. Com relação ao procedimento técnico, a pesquisa será bibliográfica, utilizando livros e artigos jurídicos publicados em meios convencionais e eletrônicos, além dos dispositivos legais em vigor e projetos de lei sobre a matéria.

1 O testamento no ordenamento jurídico brasileiro

Com a morte, algumas relações jurídicas pertencentes à pessoa falecida se extinguem, enquanto outras subsistem, desencadeando, quanto a estas últimas, a transmissão da sua titularidade, investindo-se o sucessor, no todo ou em parte, dos direitos e obrigações que pertenciam ao *de cujus*, motivo pelo qual se reconhece que a morte provoca o encerramento da vida humana, mas juridicamente a transcende,[1] dado o caráter perpétuo da propriedade privada.

De acordo com o art. 1.786 do Código Civil de 2002, essa transmissão patrimonial *mortis causa* "dá-se por lei ou por disposição de

---

1 NADER, Paulo. *Curso de direito civil aplicado*, vol. 6: direito das sucessões, 2016, p. 3.

última vontade",[2] o que significa que no ordenamento jurídico brasileiro existem duas formas de suceder: primeiro, por meio da sucessão legítima, pela qual o legislador convoca a herdar pessoas que integram o núcleo familiar do *de cujus*, através de laços de parentesco, conjugalidade ou convivência, estabelecendo um chamamento sequencial e excludente à sucessão, nos termos do art. 1.829 do Código Civil de 2002;[3] segundo, em razão da expressa manifestação de vontade do titular do patrimônio, para quem se atribui a faculdade de, através de testamento ou codicilo, eleger quem serão os destinatários e como seu patrimônio será transmitido após a sua morte, desde que respeitados certos limites legais, admitindo o ordenamento jurídico brasileiro, por sua vez, a concomitância das duas modalidades de sucessão. A existência de um testamento ou codicilo, portanto, não afasta a possibilidade de incidência das regras da sucessão legítima, já que pode ocorrer de o instrumento de última vontade ser invalidado, caducar, ser rompido ou não abranger a totalidade do patrimônio do testador.

Segundo Paulo Lôbo, a palavra testamento vem de *testatio mentis*, ou seja, atestação da vontade.[4] Não se deve, contudo, afirmar que o testamento tem por finalidade o cumprimento da vontade de um morto, até porque, como nos ensinava o saudoso Zeno Veloso, "morto não tem vontade", tratando-se da vontade de uma pessoa viva, cujos efeitos estão subordinados a um evento futuro e indeterminado no tempo, qual seja, a sua morte.[5]

Neste sentido, importante trazer a lume às lições da teoria do fato jurídico, desenvolvida por Pontes de Miranda, em relação ao instituto do testamento. De início, cabe consignar que um fato social somente

---

2 BRASIL. *Lei nº 10.406/2002 (Código Civil Brasileiro)*. Disponível em: L10406compilada (planalto.gov.br). Acesso em: 1 maio 2024.

3 Art. 1.829. A sucessão legítima defere-se na ordem seguinte: (Vide Recurso Extraordinário nº 646.721) (Vide Recurso Extraordinário nº 878.694)
I – aos descendentes, em concorrência com o cônjuge sobrevivente, salvo se casado este com o falecido no regime da comunhão universal, ou no da separação obrigatória de bens (art. 1.640, parágrafo único); ou se, no regime da comunhão parcial, o autor da herança não houver deixado bens particulares;
II – aos ascendentes, em concorrência com o cônjuge;
III – ao cônjuge sobrevivente;
IV – aos colaterais.

4 LÔBO, Paulo Luiz Neto. *Direito Civil*, vol. 6, sucessões. 10. ed. São Paulo: Saraiva Jur, 2024, p. 197.

5 VELOSO, Zeno. Testamentos: noções gerais, formas ordinárias, codicilo, formas especiais. *In:* PEREIRA, Rodrigo da Cunha; HIRONAKA, Giselda Maria Fernandes Novaes (coord.). *Direito das Sucessões*. 2. ed. Belo Horizonte: Del Rey, 2007, p. 126.

ingressa no mundo jurídico quando o suporte fático é "colorido" pelo Direito, promovendo a sua juridicização. Para existir como um fato jurídico, então, o testamento "tem que ser emanado pela vontade do testador. Deve ter, necessariamente, saído do plano do pensamento, do plano da cogitação, do mero desejo",[6] por meio de um documento escrito, não sendo suficiente que "o testador diga a outrem – ainda que com testemunhas – qual a sua vontade para depois do falecimento",[7] salvo a hipótese do testamento especial militar feito oralmente, nos termos do art. 1.896 do Código Civil de 2002.

Mas não basta existir, o testamento também precisa ser válido, o que reclama a observância de uma série de solenidades que fazem parte de sua natureza e substância, para além dos requisitos do negócio jurídico em geral, conforme a modalidade de testamento escolhida, "sem margem para a criação de novas formas testamentárias".[8] Neste aspecto, destaca Ana Luiza Nevares um aparente conflito, na medida em que "as formalidades são previstas para assegurar a vontade do testador, vontade esta, todavia, que, muitas vezes, é desconstituída e sacrificada por que não se observaram algumas dessas formalidades".[9] Não obstante, observa-se uma tendência contemporânea de mitigação das referidas solenidades pela jurisprudência brasileira.[10]

Por fim, com vistas a dar cumprimento a "todas as 'vontades' contidas e manifestadas no instrumento testamentário",[11] é imprescindível a superveniência da morte do testador, fazendo com que a eficácia

---

6 MUCILO, Daniela de Carvalho. A interpretação dos testamentos na visão dos tribunais. *In: Direito das Sucessões:* problemas e tendências. Indaiatuba/SP: Editora Foco, 2022, p. 287-302, p. 289.

7 MARZAGÃO, Silvia Felipe; MATTOS, Eleonora G. Saltão de Q. Testamento e suas formalidades: o hoje e o amanhã. *In: Direito das Sucessões:* problemas e tendências. Indaiatuba/SP: Editora Foco, 2022, p. 303-317, p. 306.

8 XAVIER, Marília Pedroso. Sucessão testamentária: conceito de testamento e suas principais características. Dos codicilos. *In*: TARTUCE, Flávio; HIRONAKA, Giselda Maria Fernandes Novaes; PEREIRA, Rodrigo da Cunha (coord.). *Tratado de direito das Sucessões.* Belo Horizonte: Instituto Brasileiro de Direito de Família – IBDFAM, 2023, p. 301-318, p. 304.

9 NEVARES, Ana Luiza Maia. O testamento e sua instrumentalidade no planejamento sucessório: limites e potencialidades. *In*: TEIXEIRA, Daniele Chaves (coord.). *Arquitetura do planejamento sucessório,* tomo II. Belo Horizonte: Fórum, 2021, p. 447-466, p. 449.

10 A exemplo dos seguintes julgados do Superior Tribunal de Justiça: REsp nº 302.767/PR; REsp nº 600.746/PR; REsp nº 753.261/SP; REsp nº 828.616/MG; REsp nº 1.583.314/MG; REsp nº 1.677.931/MG.

11 MUCILO, Daniela de Carvalho. A interpretação dos testamentos na visão dos tribunais. *In*: *Direito das Sucessões*: problemas e tendências. Indaiatuba/SP: Editora Foco, 2022, p. 287-302, p. 289

do testamento esteja subordinada a esta condição suspensiva, não havendo que se falar em herança de pessoa viva.

Acontece que, para além da solenidade e da eficácia *post mortem* serem suportes fáticos para o ingresso do testamento no mundo jurídico, também se apresentam como características deste instrumento, as quais se adicionam a unilateralidade e seu caráter personalíssimo, na medida em que se perfaz com a exclusiva manifestação de vontade do testador, cuja capacidade e discernimento devem ser averiguados no momento da elaboração dessa manifestação de vontade, sem possibilidade de ser, para tanto, representado ou assistido. Ademais, o testamento é ainda considerado um ato gratuito, pois, apesar de, em regra, ter conteúdo patrimonial, mas não só, já que é possível que contenha apenas cláusulas de cunho existencial (art. 1.857, § 2º, CC/2002), o testador não visa a obtenção de qualquer vantagem ou contraprestação, inclusive porque, quando o instrumento for cumprido, já estará morto.

Outrossim, o testamento é um instrumento eminentemente revogável, que pode ser mudado a qualquer tempo, enquanto vivo e capaz o testador, pelo mesmo modo e forma como pode ser feito (arts. 1.858 e 1.970, CC/2002), não estando subordinado à apresentação de qualquer justificativa para a sua alteração e sendo nula qualquer cláusula que vise retirar ou limitar tal faculdade daquele. Pontes de Miranda lecionava, inclusive, que, se "não fosse revogável, não seria ato de última vontade, mas de vontade, de determinado momento, que se fixou".[12] E, em função da restrição quanto à forma de sua revogabilidade, Isabella Silveira de Castro o denomina como o "diamante" do Direito Sucessório, analogia proposta pela "aparente rigidez do testamento. O diamante é o material mais rígido de procedência natural e, como tal, só é moldável por outro diamante. Coincidentemente, também é preciso outro testamento para alterar ou revogar o anterior".[13]

Em que pese ser o testamento o instrumento de planejamento sucessório por excelência,[14] através do qual se permite a adoção de uma estratégia referente à destinação dos bens, assim como também dos poderes correlatos à titularidade, dentro de certos limites legais,

---

12 PONTES DE MIRANDA, Francisco Cavalcanti. *Tratado de direito privado*. 3. ed. Rio de Janeiro: Borsoi, 1972, v. 56, p. 72.

13 CASTRO, Isabella Silveira de. *Testamento:* capacidade, formalidades e novas tecnologias. Belo Horizonte: Fórum, 2022, p. 27.

14 NEVARES, Ana Luiza; MEIRELES, Rose Melo Venceslau; TEPEDINO, Gustavo. *Fundamentos do direito civil,* vol. 7: direito das sucessões. Rio de Janeiro: Forense, 2020. p. 281.

Paulo Lôbo destaca sua utilidade secundária e residual, fazendo com que este instrumento acabe por não penetrar nos hábitos da população brasileira.[15]

E muitas causas podem contribuir para que tal situação ocorra. De início, cumpre destacar as razões de ordem cultural, já que muitos brasileiros consideram que "tratar da própria morte traz mau agouro, ou encaram o tema da morte como tabu ou, simplesmente, preferem não falar disso",[16] ainda que a única certeza que todos possuem é que um dia irão falecer. A pandemia de covid-19, contudo, acabou por escancarar a realidade sobre a fragilidade e a finitude da vida humana, razão pela qual, desde então, vem crescendo a quantidade de pessoas que buscam elaborar testamento[17] ou fazer uso de outros mecanismos de planejamento sucessório.

Não se olvide, por outro lado, que outras tantas pessoas deixam de fazer testamento por desconhecimento das possibilidades de como fazê-lo, assim como pelo fato de que grande parte da população sequer possui qualquer patrimônio, não havendo sobre o que dispor,[18] ou, ainda, por acreditarem que somente devem fazer testamento aqueles que possuem grandes fortunas. Além destes aspectos econômicos, alertam Anderson Schreiber e Felipe Ribas, acerca dos custos envolvidos na realização de um testamento (público ou cerrado), que "somente costumam ser tidos como justificados diante de patrimônio relativamente amplo, a ser distribuído entre uma pluralidade de herdeiros".[19]

Somada a isso, tem-se a aceitação social das regras da sucessão legítima, que faz com que a ordem vocacional estabelecida pelo legislador atenda à vontade daquele que tem bens a inventariar. Quanto a este aspecto, cumpre destacar a divergente opinião de Isabella Silveira de Castro, para quem

[15] LÔBO, Paulo Luiz Neto. *Direito Civil*, vol. 6, sucessões. 10. ed. São Paulo: Saraiva Jur, 2024, p. 197.

[16] SCHREIBER, Anderson; RIBAS, Felipe. A fuga do testamento. *In: Direito das Sucessões*: problemas e tendências. Indaiatuba/SP: Editora Foco, 2022, p. 269-286, p. 269.

[17] GARCIA JUNIOR, José Silvano. *Dispara o número de testamentos no Brasil nos últimos anos*. Disponível em: Dispara o número de testamentos no Brasil nos últimos anos (migalhas.com.br). Acesso: 1 maio 2024.

[18] MARZAGÃO, Silvia Felipe; MATTOS, Eleonora G. Saltão de Q. Testamento e suas formalidades: o hoje e o amanhã. *In: Direito das Sucessões*: problemas e tendências. Indaiatuba/SP: Editora Foco, 2022, p. 303-317, p. 309.

[19] SCHREIBER, Anderson; RIBAS, Felipe. A fuga do testamento. *In: Direito das Sucessões*: problemas e tendências. Indaiatuba/SP: Editora Foco, 2022, p. 269-286, p. 269.

> a afirmação de que a sucessão legítima corresponde às demandas da sociedade é frágil, porque é pensada para um perfil familiar exclusivo não para pluralidade atual, repleta de peculiaridades. Hoje, constitui-se família mais tarde, tem-se menos filhos (ou nenhum), aumentam os núcleos residenciais unipessoais, famílias se interseccionam pelo exercício da liberdade de desconstituição e reconstituição dos vínculos conjugais. Enfim, uma infinidade de cenários em que a sucessão legítima pode não corresponder às expectativas sociais.[20]

Não se pode esquecer também do excesso de exigências formais que a lei impõe aos testamentos, o que levou Giselda Hironaka a afirmar que "são tantas e de tanto preciosismo que esta bem pode ser também uma causa a afastar de nós, brasileiros, a decisão de testar",[21] inclusive, pelo risco de invalidade – e, por consequência, de ineficácia – que a inobservância de tais solenidades pode acarretar. Por derradeiro, outro desincentivo na celebração do testamento reside na "exigência legal de abertura de processo judicial para o cumprimento do testamento, ainda que, posteriormente, o inventário possa tramitar de forma extrajudicial", na medida em que tal exigência importaria em "restrição excessiva e injustificável ao célere cumprimento das disposições testamentárias".[22]

Diante desse contexto e da necessidade de promover uma maior democratização do testamento, por meio de sua inserção social de maneira mais ampla, defendemos neste artigo a importância da incorporação dos recursos tecnológicos na sua elaboração, mas sem perder de vista a segurança jurídica quanto aos aspectos da liberalidade e autenticidade da manifestação de última vontade.

2 A tecnologia como instrumento de democratização do testamento

Vivemos a chamada sociedade da informação, expressão introduzida por Daniel Bell, em sua obra "O advento da sociedade

---

20 CASTRO, Isabella Silveira de. *Testamento*: capacidade, formalidades e novas tecnologias. – Belo Horizonte: Fórum, 2022, p. 43.

21 HIRONAKA, Giselda Maria Fernandes Novaes. A forma como foi disciplinada a sucessão testamentária em nosso país é um obstáculo para a maior utilização do ato de última vontade no Brasil? *In*: *Revista Jurídica Luso-Brasileira*, ano 3, n. 1, p. 413-422, 2017. Disponível em: 2017_01_0413_0422.pdf (cidp.pt). Acesso em: 1 maio 2024.

22 SCHREIBER, Anderson; RIBAS, Felipe. A fuga do testamento. *In*: *Direito das Sucessões*: problemas e tendências. Indaiatuba/SP: Editora Foco, 2022, p. 269-286, p. 270.

pós-industrial",[23] publicada em 1973, como resultado de uma reforma científico-tecnológica baseada no progresso tecnológico e na crescente importância da tecnologia da computação. Nosso ordenamento jurídico, contudo, no que diz respeito ao direito testamentário, ainda mantém suas bases centenárias, "forjadas na antiguidade", permanecendo "imune às transformações dos tempos", o que acaba por dificultar "o próprio exercício do direito de testar".[24] Neste mesmo sentido, afirmava Zeno Veloso que, em razão do fenômeno da cibercultura, não é mais possível "pensar em resolver as questões do presente, que se projetam para o futuro, com a cabeça de velho".[25]

Acontece que "o testamento do futuro não é tão *futuro* assim",[26] na medida em que a pandemia da covid-19 impulsionou a necessidade de adequação das relações sociais às possibilidades tecnológicas. Neste sentido, em 26 de maio de 2020, o Conselho Nacional de Justiça publicou o Provimento nº 100, que estabeleceu normas gerais sobre a prática de atos notariais eletrônicos, através da plataforma E-notariado, permitindo às pessoas assinar atos notariais, inclusive testamentos, a distância, por meio de seus celulares ou computadores, sendo alterado, posteriormente, pelo Provimento nº 149/2023.

Qualquer pessoa pode utilizar o sistema do E-notariado, desde que possua um certificado digital, para solicitar a lavratura de seu testamento, cuja minuta será elaborada pelo tabelião competente e aprovada pelo testador. Aprovada esta, serão agendados dia e horário para realização de videoconferência, que demandará prévio e criterioso cadastro do ato na plataforma pelo tabelionato, cujo *link* de acesso será disponibilizado para o(a) testador(a) e suas testemunhas. Nesta videoconferência, o tabelião fará a identificação das partes por três formas: a) a ficha de firma, requerida antecipadamente ao tabelionato, onde o signatário tenha sua ficha de firma depositada; b) o documento de identidade original, que será mostrado ao notário na videoconferência; e c) a biometria, mediante o cruzamento de dados da plataforma

---

[23] BELL, Daniel. *O advento da sociedade pós-industrial*. Editora Cultrix, 1973.

[24] CASTRO, Isabella Silveira de. *Testamento*: capacidade, formalidades e novas tecnologias. Belo Horizonte: Fórum, 2022, p. 25.

[25] VELOSO, Zeno. Do testamento particular. *In:* TEIXEIRA, Daniele Chaves (coord.). *Arquitetura do planejamento sucessório*. 2. ed. rev. ampl. e atual. 3. reimpressão. Belo Horizonte: Fórum, 2020, p. 647-660, p. 649-650.

[26] MARZAGÃO, Silvia Felipe; MATTOS, Eleonora G. Saltão de Q. Testamento e suas formalidades: o hoje e o amanhã. *In: Direito das Sucessões*: problemas e tendências. Indaiatuba/SP: Editora Foco, 2022, p. 303-317, p. 309

E-notariado com a do Denatran. Após sua identificação, a manifestação de vontade do testador e das testemunhas será colhida pelo notário na videoconferência, ao que se seguirá a leitura completa do ato. Finda a leitura, o notário questionará as partes acerca da compreensão do ato e de suas consequências, encerrando, então, a videoconferência e passando à fase de assinatura do testamento. Para tanto, a plataforma disparará um e-mail a cada um dos signatários, sendo encaminhado primeiramente ao testador e, sucessivamente, às testemunhas, para conferência e assinatura digital do ato, até voltar para o tabelião, que será o último a assinar. Importante consignar que o provimento permite, ainda, a realização de ato notarial híbrido, com uma das partes assinando fisicamente o ato notarial e a outra, a distância. Com o ato assinado por todos, o testamento será impresso no livro físico e poderá ser emitido o traslado/certidão, físico ou eletrônico, conforme preferir o testador.[27]

Com vistas a garantir a segurança do testamento lavrado virtualmente, para cada ato eletrônico é gerada uma matrícula eletrônica, formada por um código de 24 (vinte e quatro) dígitos, e cuja autenticidade poderá ser consultada no site "www.docautentico.com.br", assim como o traslado segue com um QR Code que também, ao ser consultado, permite a confirmação de sua autenticidade. Priscila Agapito ainda informa que alguns Estados utilizam um selo digital, cuja autenticidade também pode ser aferida.[28]

Percebe-se, pois, que estes provimentos substituíram, total ou parcialmente, a presença física das partes pela videoconferência notarial para captação de seu consentimento sobre os termos do ato jurídico, assim como a assinatura física pela digital, devendo o tabelionato, para tanto, fazer uso de formatos de documentos de longa duração, mas sem deixar de proceder à materialização com vistas à conversão do ato/documento produzido ou representado originalmente em meio digital para o formato em papel.

Ocorre que, para além da hipótese da confecção de testamento digital público pelo sistema do e-notariado, questiona-se aqui a viabilidade da elaboração de testamentos eletrônicos particulares escritos,

---

[27] AGAPITO, Priscila de Castro Teixeira pinto Lopes. Testamento e atividade notarial e registral. *In:* TARTUCE, Flávio; HIRONAKA, Giselda Maria Fernandes Novaes; PEREIRA, Rodrigo da Cunha (coord.). *Tratado de direito das Sucessões*. Belo Horizonte: Instituto Brasileiro de Direito de Família – IBDFAM, 2023, p. 337-352, p. 345-347.

[28] AGAPITO, Priscila de Castro Teixeira pinto Lopes. Testamento e atividade notarial e registral. *In:* TARTUCE, Flávio; HIRONAKA, Giselda Maria Fernandes Novaes; PEREIRA, Rodrigo da Cunha (coord.). *Tratado de direito das Sucessões*. Belo Horizonte: Instituto Brasileiro de Direito de Família – IBDFAM, 2023, p. 337-352, p. 347-348.

gravados apenas por áudio ou mediante gravação audiovisual, armazenados *off-line* ou *on-line*, levando em consideração, especialmente, a popularização do uso de *smartphones* no Brasil.[29]

Quanto aos testamentos eletrônicos *off-line*, compreendidos como aqueles feitos em arquivo digital e salvos em algum substrato tangível, tem-se a possibilidade de elaboração de documentos escritos, gravações de voz ou de vídeos (com som e imagem), que poderiam ser armazenados no bloco de notas, no rascunho de mensagem de texto, em aplicativo de gravação de voz ou de vídeo, no rolo da câmera do *smartphone*, assim como no disco rígido do computador, em um HD externo, *pen drive*, CD ou qualquer outro dispositivo de armazenagem físico.

Algumas questões importantes podem ser pontuadas nestas situações: a) a definitividade da manifestação de vontade, ou seja, "se o testador realmente queria que aquele documento valesse como sua última vontade, ou se o fato de deixá-lo em arquivo editável demonstra indecisão",[30] o que ainda deixaria o instrumento suscetível a alterações promovidas por terceiros; b) a acessibilidade ao testamento, na medida em que, para "encontrá-lo, é imprescindível ter acesso à máquina ou ao aparelho em que se acha",[31] o qual pode estar protegido por senha, além da questão relativa à obsolescência do suporte, que também pode inviabilizar o acesso a seu conteúdo, a exemplo dos arquivos armazenados em disquetes; c) a unicidade do testamento, regra da qual decorre que os participantes da solenidade testamentária devem estar simultaneamente presentes ao se cumprirem as formalidades do ato, a fim de exigir a presença física ou remota das testemunhas no momento da escrita, da gravação do áudio ou do arquivo audiovisual de última vontade, assim como dos efeitos de eventuais interrupções da conexão da internet, insuficiência de bateria do telefone/computador ou outros problemas técnicos.

No que diz respeito aos testamentos *on-line*, cujo conteúdo fica armazenado através da internet, onde o tráfego de informações ocorre digitalmente e de forma intangível, sendo acessível de qualquer lugar, tem-se a possibilidade do testamento ser salvo "em nuvem" (Icloud,

---

29 EXAME. Brasil é um dos cinco países com maior número de smartphones, mostra *ranking*. Disponível em: Brasil é um dos cinco países com maior número de *smartphones*, mostra *ranking*. Acesso: 1 maio 2024.

30 CASTRO, Isabella Silveira de. *Testamento*: capacidade, formalidades e novas tecnologias. Belo Horizonte: Fórum, 2022, p. 210.

31 CASTRO, Isabella Silveira de. *Testamento*: capacidade, formalidades e novas tecnologias. Belo Horizonte: Fórum, 2022, p. 209.

Google Drive, Dropbox, etc.), na pasta de rascunhos ou ter sido enviado por e-mail, postado em rede social ou canal do Youtube, encaminhado por *direct* a uma ou um grupo de pessoas, em aplicativo estilo "última vontade & testamento"[32] ou mediante custódia qualificada.[33]

Aspectos relacionados à definitividade da manifestação de vontade e da unicidade do testamento podem também estar presentes nos testamentos salvos "em nuvem" ou em pasta de rascunho de e-mail, assim como a questão da acessibilidade ao testamento pode, igualmente, ser comprometida nestas situações e também no caso de gravações no Youtube e em redes sociais, em função, inclusive, das políticas das plataformas de armazenamento, ressalvada a hipótese de plataformas específicas para este fim ou de custódia qualificada.

Acontece que, neste debate acerca dos testamentos eletrônicos ou digitais, Isabella Silveira de Castro acrescenta três questões que também precisam ser enfrentadas:

> A primeira delas diz respeito à (a) tipicidade do testamento por vídeo, áudio e eletrônico. São eles formas testamentárias autônomas? Ou devem ser pensados dentro dos tipos testamentários expressamente previstos pela legislação? A segunda concerne à possibilidade de o testamento ser armazenado em um ambiente virtual, intangível, e não em um suporte dotado de materialidade. A terceira e última questão refere-se ao requisito legal de que o testamento seja escrito, isto é, que a vontade do testador esteja expressa por uma representação gráfica da linguagem.[34]

Quanto à tipicidade do testamento eletrônico ou digital, na esteira dos ensinamentos de Mário Luiz Delgado, entendemos que "a mudança do ambiente espacial ou dimensional onde os fatos se processam" não altera a natureza das coisas, sua estrutura ou segurança, razão pela qual é possível a substituição do papel pelo arquivo ou plataforma digital, fazendo com que a expressão "processo mecânico" mencionada no art. 1.876 do Código Civil possa abranger não apenas o arquivo

---

32 GEERE, Duncan. Death 2.0: The future of digital Wills. *In*: *Wired*, 11 fev. 2010. Disponível em: www.wired.co.uk/article/death-20-the-future-of-digital-wills. Acesso: 1 maio 2024.

33 Isabella Silveira de Castro ensina que o testamento eletrônico sob custódia qualificada é aquele "elaborado com a assistência de uma entidade terceirizada (normalmente uma empresa com fins lucrativos) que também armazenará o documento em sua plataforma *on-line*" (CASTRO, Isabella Silveira de. *Testamento*: capacidade, formalidades e novas tecnologias. Belo Horizonte: Fórum, 2022, p. 212).

34 CASTRO, Isabella Silveira de. *Testamento:* capacidade, formalidades e novas tecnologias. Belo Horizonte: Fórum, 2022, p. 193.

escrito através do uso de telefone, *tablet* ou computador, mas também a gravação de som ou audiovisual por meio de qualquer processo ou plataforma tecnológica, assim como a presença física pode ser superada pela participação virtual das partes por meio de videoconferência e a assinatura ser introduzida no documento por meio de certificado digital, sem necessidade, portanto, de alteração legislativa para tanto.[35]

Em que pese afirmar que a via legislativa seria a melhor forma de incorporar testamentos eletrônicos e por gravação audiovisual ao ordenamento, Isabella Silveira de Castro admite ser uma boa opção "ampliar o sentido de expressões referenciadas pela lei ao tratar dos testamentos, tais como 'escrito' e 'assinatura', para abarcar documentos eletrônicos, assinaturas digitais etc.", enquanto o legislador permanecer omisso, desde que não se considere o testamento eletrônico ou por gravação audiovisual como "forma alternativa, fora do rol de testamentos expressamente previstos", justificando a necessidade de tanto o testador quanto magistrado que fossem apreciar o testamento "pudessem ter parâmetros de validade para os orientar". E completa que "negar a taxa de atividade das formas no direito testamentário é o mesmo que 'abrir uma caixa de Pandora', promovendo incerteza a um campo do direito civil milenarmente construído para fornecer segurança ao testador".[36]

Sobre o tema, o Projeto de Lei nº 3.799/2019 visa permitir a elaboração de testamentos escritos, em língua nacional, estrangeira, em braile ou em libras, desde que compreensível pelas testemunhas, assim como "gravados, desde que gravadas imagens e voz do testador e das testemunhas, por sistema digital de som e imagem". No caso de testamento particular, quando realizado por sistema digital de som e imagem, determina o referido Projeto que "deve haver nitidez e clareza na gravação das imagens e sons, bem como declarar a data da gravação, sendo esses os requisitos essenciais à sua validade, além da presença de três testemunhas identificadas nas imagens". Além disso, é preciso que seja o testamento "gravado em formato compatível com os programas computadorizados de leitura existentes na data da celebração do ato".[37]

---

35 DELGADO, Mário Luiz. *Direito fundamental de herança*: sob a ótica do titular do patrimônio. Indaiatuba/SP: Editora Foco, 2023, p. 158-164.

36 CASTRO, Isabella Silveira de. *Testamento:* capacidade, formalidades e novas tecnologias. Belo Horizonte: Fórum, 2022, p. 194-195.

37 BRASIL. *Projeto de Lei nº 3.799/2019*. Disponível em: PL 3.799/2019 – Senado Federal. Acesso em: 3 maio 2024.

Há neste mesmo projeto previsão acerca do testamento particular hológrafo, no sentido de permitir, em circunstâncias excepcionais declaradas pelo testador, que seja "escrito e assinado de próprio punho, ou gravado em qualquer programa ou dispositivo audiovisual pelo testador, sem testemunhas ou demais formalidades", o qual poderá ser confirmado, a critério do juiz, mas que caducará se o testador não morrer no prazo de 90 dias, contados da cessação das circunstâncias excepcionais declaradas pelo testador.[38]

Quanto às pessoas com deficiência, ao indivíduo inteiramente surdo "só se permite o testamento público, por escrito ou gravado em sistema digital de som e imagem, desde que utilizada a Língua Brasileira de Sinais (LIBRAS)", enquanto ao cego também só se admite testar pela forma pública, mas "com a gravação obrigatória do ato em sistema digital de som e imagem". Ao surdo não oralizado, por sua vez, admite-se a elaboração de testamento cerrado "por escrito ou por gravação em sistema digital de som e imagem, desde que utilizada a Língua Brasileira de Sinais (LIBRAS)".[39]

Outrossim, o Relatório Final enviado pela Comissão de Juristas responsáveis pela revisão e atualização do Código Civil, elaborado em abril de 2024, contempla que os testamentos "podem ser escritos, digitados, filmados ou gravados, em língua nacional ou estrangeira, em Braille ou Linguagem Brasileira de Sinais (LIBRAS), pelo próprio testador, ou por outrem, a seu rogo", exigindo-se que as testemunhas compreendam a linguagem utilizada quando o testamento não for feito em língua nacional.[40]

Ainda conforme este relatório, se o testador não souber ler ou assinar, ou em se tratando de pessoa surda ou com deficiência auditiva, total ou parcial, o testamento público será "obrigatoriamente realizado mediante gravação em sistema digital de som e imagem". Quanto ao testamento cerrado daquele que não saiba ou não possa ler e escrever, deve ser "gravado em arquivo digital de áudio visual", enquanto o da pessoa com deficiência visual ou auditiva pode ser "escrito ou por

---

38 BRASIL. *Projeto de Lei nº 3.799/2019*. Disponível em: PL 3.799/2019 – Senado Federal. Acesso em: 3 maio 2024.

39 BRASIL. *Projeto de Lei nº 3.799/2019*. Disponível em: PL 3.799/2019 – Senado Federal. Acesso em: 3 maio 2024.

40 BRASIL. Senado Federal. Comissão de Juristas responsável pela revisão e atualização do Código Civil. *Relatório final dos trabalhos da Comissão*. Brasília, DF: 11 abr. 2024. Disponível em: https://legis.senado.leg.br/sdleg-getter/documento/download/3f08b888-b1e7-472c-850e-45cdda6b7494. Acesso em: 3 maio 2024.

gravação em sistema digital de som e imagem, sendo-lhes facultada a utilização de Língua Brasileira de Sinais (LIBRAS), braille ou qualquer tecnologia assistiva de sua escolha". À pessoa com deficiência visual será possível testar "por qualquer forma, com a gravação obrigatória do ato em sistema digital de som e imagem".[41]

Em relação ao testamento particular realizado por sistema digital de som e imagem, prescreve o relatório a necessidade de "haver nitidez e clareza na gravação das imagens e sons, bem como declarar a data da gravação, sendo esses os requisitos essenciais à sua validade, além da intervenção simultânea de duas testemunhas identificadas nas imagens", assim como "deverá ser gravado em formato compatível com os programas computadorizados de leitura existentes na data da celebração do ato".

E acerca do testamento particular hológrafo, estabelece que pode ser "escrito e assinado de próprio punho ou em meio digital, ou gravado em qualquer programa ou dispositivo audiovisual pelo testador, sem testemunhas ou demais formalidades", cabendo sua confirmação quando, a partir dos demais elementos de prova, "não houver dúvida fundamentada sobre a autenticidade da assinatura, das imagens ou sobre a higidez das declarações manifestadas pelo testador".[42]

No que diz respeito ao segundo questionamento levantado, relativo à possibilidade de o testamento ser armazenado, exclusivamente, em um ambiente virtual, intangível, e não em um suporte dotado de materialidade, acreditamos ser desnecessário que o documento produzido ou representado em meio digital precise ser alocado em um suporte físico, podendo estar disponível exclusivamente "em nuvem", aplicativo estilo "última vontade & testamento" ou mediante custódia qualificada, conquanto seja utilizado um formato de documento de longa duração, não havendo no projeto de lei e no relatório da comissão de juristas citados qualquer restrição quanto ao local em que o testamento digital esteja armazenado.

Por fim, quanto à necessidade de representação gráfica da linguagem do testamento, nos filiamos ao entendimento de Isabella Silveira

---

41 BRASIL. Senado Federal. Comissão de Juristas responsável pela revisão e atualização do Código Civil. *Relatório final dos trabalhos da Comissão*. Brasília, DF: 11 abr. 2024. Disponível em: https://legis.senado.leg.br/sdleg-getter/documento/download/3f08b888-b1e7-472c-850e-45cdda6b7494. Acesso em: 3 maio 2024.

42 BRASIL. Senado Federal. Comissão de Juristas responsável pela revisão e atualização do Código Civil. *Relatório final dos trabalhos da Comissão*. Brasília, DF: 11 abr. 2024. Disponível em: https://legis.senado.leg.br/sdleg-getter/documento/download/3f08b888-b1e7-472c-850e-45cdda6b7494. Acesso em: 3 maio 2024.

de Castro, para quem a linguagem escrita combina elementos gráficos dotados de sentido, que "possuem equivalentes fonéticos, permitindo que a mensagem seja transmitida sonoramente, de modo que a mesma linguagem pode ser expressa tanto pela escrita quanto pela fala", razão pela qual interpela: "Se escrita e fala são formas igualmente compreensíveis de manifestação de uma língua, por que reconhecer apenas uma delas para fins de elaboração de testamento?".[43]

Tal posicionamento acaba por reforçar, inclusive, a desnecessidade de materialização do testamento digital para o formato físico, por meio de documento escrito. Embora o Provimento nº 149/2023 do Conselho Nacional de Justiça ainda determine a impressão do testamento lavrado pelo sistema do E-notariado no livro físico do respectivo cartório onde fora lavrado, o projeto de lei e o relatório da comissão de juristas citados não repetem tal exigência, determinando apenas que o testamento digital seja armazenado em formato compatível com os programas computadorizados de leitura.

Por óbvio, os testamentos digitais, assim como acontece com os testamentos escritos manual ou mecanicamente, não estão imunes à ocorrência de fraudes. Alertam Silvia Marzagão e Eleonora Mattos, todavia, que

> a possibilidade de manifestação de vontade por meio de um elemento tecnológico permitirá, no caso de eventual dúvida, que o juiz venha a ouvir e ver o testador se expressando, suas intenções, sua forma de falar e agir no momento, enfim, a higidez de sua vontade livre e desembaraçada.[44]

Nesse sentido, uma preocupação a ser destacada quanto à segurança e autenticidade dos testamentos digitais diz respeito às *deepfakes*, que utilizam a inteligência artificial para criar vídeos falsos, mas, por outro lado, bastante realistas, reproduzindo a imagem e a voz de pessoas em situações falsas e inverídicas, o que será objeto do próximo tópico.

---

43 CASTRO, Isabella Silveira de. *Testamento*: capacidade, formalidades e novas tecnologias. – Belo Horizonte: Fórum, 2022, p. 215.

44 MARZAGÃO, Silvia Felipe; MATTOS, Eleonora G. Saltão de Q. Testamento e suas formalidades: o hoje e o amanhã. *In: Direito das Sucessões*: problemas e tendências. Indaiatuba/SP: Editora Foco, 2022, p. 303-317, p. 310.

3 Os testamentos digitais e os riscos causados pelas *deepfakes*

De acordo com Andrew Feenberg, o termo tecnologia deriva do termo grego *Techne,* o qual carrega em si a ideia de artefato, de coisa feita.[45] Já o dicionário de língua portuguesa Michaelis, por sua vez, define a palavra tecnologia como um "conjunto de processos, métodos, técnicas e ferramentas relativos à arte, indústria, educação etc. ou [um] conhecimento técnico e científico e suas aplicações a um campo particular".[46] Assim sendo, sem intenção de exaurir o tema, adota-se para este trabalho a visão de que tecnologia é o aperfeiçoamento de um conhecimento ou ferramenta aplicado a um campo particular.

Nesse contexto, a terceira década do século XXI é marcada pelo desenvolvimento e pela infiltração social das tecnologias da informação, sendo cada vez mais comum a presença dessas tecnologias nas ações triviais do tecido social, a partir da utilização de *softwares* para a escolha de rotas, para a realização da comunicação, de compras, etc. Observa-se que um fator em comum entre as tecnologias da informação que mais conquistaram espaço na vida cotidiana das pessoas é que elas utilizam a inteligência artificial (IA) como mecanismo intrínseco do seu funcionamento.

Conceituar a inteligência artificial não é uma tarefa simples, considerando que a própria definição da palavra inteligência é vaga, plúrima e alcança vários sentidos. As primeiras menções ao termo datam de 1950, mas sua popularização massiva se deu a partir de seu uso, através das redes sociais.

Para a Oracle, a inteligência artificial "tornou-se um termo genérico para aplicações que executam tarefas complexas que antes exigiam interação humana".[47] Em sentido similar, Oliveira, citado por Fidelis e Soares, ressalta que a inteligência artificial

> seria a capacidade que os sistemas cibernéticos possuem para imitar as funções que o ser humano detém, tais sistemas são formados por computadores, softwares, dentre outros. Dessa forma, essas funções

---

45 FEENBERG, Andrew. O que é a filosofia da tecnologia. *In*: Conferência pronunciada para os estudantes universitários de Komaba. 2003.

46 TECNOLOGIA. Disponível em: https://michaelis.uol.com.br/moderno-portugues/busca/portugues-brasileiro/tecnologia/ Acesso em: 7 maio 2024.

47 ORACLE. *O que é IA?* Saiba mais sobre inteligência artificial. Disponível em: https://www.oracle.com/br/artificial-intelligence/what-is-ai/. Acesso em: 8 maio 2024.

se resumem em resolução de problemas através do aprendizado com base na percepção.[48]

O Regulamento de Inteligência Artificial da União Europeia, a primeira legislação sobre a matéria do mundo, conceitua o sistema de inteligência artificial como

> um sistema baseado em máquinas concebido para funcionar com níveis de autonomia variáveis, que pode apresentar capacidade de adaptação após a implantação e que, para objetivos explícitos ou implícitos, e com base nos dados de entrada que recebe, infere a forma de gerar resultados, tais como previsões, conteúdos, recomendações ou decisões que podem influenciar ambientes físicos ou virtuais.[49]

No Brasil, o Projeto de Lei nº 2.338/2023, de autoria do senador Rodrigo Pacheco (PSD/MG), alude em seu art. 4º, inciso I, que a inteligência artificial é um

> sistema computacional, com graus diferentes de autonomia, desenhado para inferir como atingir um dado conjunto de objetivos, utilizando abordagens baseadas em aprendizagem de máquina e/ou lógica e representação do conhecimento, por meio de dados de entrada provenientes de máquinas ou humanos, com o objetivo de produzir previsões, recomendações ou decisões que possam influenciar o ambiente virtual ou real.[50]

Como se percebe das contribuições trazidas, a inteligência artificial nasce enquanto área de estudo dentro da Ciência da Computação e se ramifica em várias subáreas das quais se destacam o *machine learning* e o *deep learning*, sendo aquele traduzido como aprendizado de máquina e esse como um aprendizado profundo. Seus usos e experiências por parte da população também são performados de várias maneiras,

---

[48] FIDELIS, Vanderson Cadete; SOARES, Douglas Verbicaro. Os desafios do ordenamento jurídico brasileiro frente às *deepfakes*. *In*: *Revista Pensamento Jurídico*, São Paulo, v. 17, n. 1, 2023. Disponível em: https://ojs.unialfa.com.br/index.php/pensamentojuridico/article/view/711. Acesso em: 8 maio. 2024.

[49] UNIÃO EUROPEIA. *Regulamento Inteligência Artificial*. Disponível em: Textos aprovados – Regulamento Inteligência Artificial – quarta-feira, 13 de março de 2024 (europa.eu). Acesso em: 10 maio 2024.

[50] BRASIL. *Projeto de Lei nº 2338/2023*. Disponível em: PL 2338/2023. Senado Federal. Acesso em: 8 maio 2024.

desde a simples automação de alguma tarefa repetitiva até a criação de conteúdos novos, a partir do processamento de conteúdos originais.

Sobre esses últimos recaem as maiores preocupações jurídicas, visto que há a possibilidade de a utilização de inteligência artificial violar vários bens jurídicos de conteúdo patrimonial e extrapatrimonial, como os direitos autorais e os direitos de imagem, por exemplo, bem como subsiste também a possibilidade de serem atingidas pessoas específicas ou pessoas indeterminadas nas referidas violações. Nesse contexto, as *deepfakes* ganham contorno:

> A expressão "deepfake" vem do inglês, criada a partir da junção de duas outras expressões, que são *deep learnig* (aprendizagem profunda) e *fake news* (notícia falsa). Deepfake é uma técnica que se utiliza da inteligência artificial com o intuito de criar informações falsas, que substitui rostos, imagens, e até mesmo áudios, distorcendo a realidade.[51]

De acordo com o Regulamento de Inteligência Artificial da União Europeia, as *deepfakes* são "conteúdo de áudio, imagem ou vídeo manipulado ou sintético que falsamente parece ser autêntico ou verdadeiro", comportando "representações de pessoas que parecem dizer ou fazer coisas que não disseram ou fizeram, produzidas usando técnicas de IA, incluindo aprendizado de máquina e aprendizado profundo".[52]

Explica Filipe Medon que a expressão *deepfake*

> se popularizou a partir da história de um usuário do site Reddit, que se apelidou de *deepfake* e, especializado em inteligência artificial, passou a substituir rostos de pessoas em filmes. O termo passou então a ser associado a essa técnica, que opera a fusão de imagens em movimento, gerando um novo vídeo, cujo grau de fidedignidade é elevado a um patamar que somente com muita atenção se consegue notar se tratar de uma montagem [...].[53]

---

[51] FIDELIS, Vanderson Cadete; SOARES, Douglas Verbicaro. Os desafios do ordenamento jurídico brasileiro frente às *deepfakes*. *Revista Pensamento Jurídico*, São Paulo, v. 17, n. 1, 2023. Disponível em: https://ojs.unialfa.com.br/index.php/pensamentojuridico/article/view/711. Acesso em: 8 maio. 2024.

[52] UNIÃO EUROPEIA. *Regulamento Inteligência Artificial*. Disponível em: Textos aprovados – Regulamento Inteligência Artificial – quarta-feira, 13 de março de 2024 (europa.eu). Acesso em: 10 maio 2024.

[53] MEDON, Filipe. O direito à imagem na era das *deepfakes*. *In: Revista Brasileira de Direito Civil – RBDCivil*, Belo Horizonte, v. 27, p. 261, 2021.

A possibilidade de se criar vídeos, a partir do uso de inteligência artificial, que não representam a realidade dos fatos e que se confundem com eles, despertou a preocupação da população com a massiva disseminação de *fake news*[54] cada vez mais difíceis de detectar a olho nu, relacionadas aos mais diversos temas, com destaque para aquelas de conteúdo político, bem como para a proliferação de vídeos que representam falsamente pessoas em contexto pornográfico, sobretudo mulheres.

O uso de *deepfakes* geralmente é debatido sob a ótica da prática de algum crime e da responsabilidade civil das plataformas que as disseminam, hipótese reforçada pelas características e conteúdos das inovações legislativas afetas à matéria. Nesse sentido, é possível observar a Lei Federal, nº 12.965/2014, conhecida como o Marco Civil da Internet, a qual estipula as diretrizes do uso ético da internet no Brasil e as causas de incidência da responsabilidade civil para os provedores de aplicação;[55] a Lei nº 13.709/2018, a Lei Geral de Proteção de Dados, a qual estabelece a proteção e o uso legal dos dados pessoais no Brasil, bem como as sanções pelas violações dos direitos do titular;[56] e a Lei nº 13.718, de 2018, que criminalizou a disseminação de vídeos de nudez ou de cenas de sexo, com a criação do art. 218-C, do Código Penal.

Não obstante as leis em vigor e diante da sua insuficiência para regular a matéria, tramita no Congresso Nacional o Projeto de Lei n° 2.338, de 2023, de autoria do senador Rodrigo Pacheco (PSD/MG), que versa sobre o uso da inteligência artificial no Brasil e cujo objetivo é "proteger os direitos fundamentais e garantir a implementação de sistemas seguros e confiáveis, em benefício da pessoa humana, do regime democrático e do desenvolvimento científico e tecnológico", observando, dentre outros princípios, a "confiabilidade e robustez dos sistemas de inteligência artificial e segurança da informação".[57]

[54] O termo *fake news* vem do inglês, que em sua tradução livre para o português refere-se às notícias falsas, segundo Vanderson Cadete Fidelis e Douglas Verbicaro Soares. Disponível em: https://ojs.unialfa.com.br/index.php/pensamentojuridico/article/view/711. Acesso em: 8 maio 2024.

[55] BRASIL. *Lei nº 12.965, de 23 de abril de 2014*. Disponível em: https://www.planalto.gov.br/ccivil_03/_ato2011-2014/2014/lei/l12965.htm. Acesso em: 8 maio 2024.

[56] BRASIL. *Lei nº 13.709, de 14 de agosto de 2018*. Disponível em: https://www.planalto.gov.br/ccivil_03/_ato20152018/2018/lei/l13709.htm. Acesso em: 8 maio 2024.

[57] BRASIL. *Projeto de Lei nº 2.338/2023*. Disponível em: PL 2338/2023. Senado Federal. Acesso em: 8 maio 2024.

Além deste, encontra-se também em tramitação o Projeto de Lei nº 2.630/2020, que institui a Lei Brasileira de Liberdade, Responsabilidade e Transparência na Internet, de autoria do senador Alessandro Vieira (CIDADANIA/SE), visando estabelecer "normas, diretrizes e mecanismos de transparência para provedores de redes sociais e de serviços de mensageria privada a fim de garantir segurança e ampla liberdade de expressão, comunicação e manifestação do pensamento", por meio do atendimento a diversos princípios, dentre os quais, a "garantia da confiabilidade e da integridade dos sistemas informacionais".[58]

Nas entrelinhas desses importantes debates sobre as responsabilidades dos provedores de conteúdo e das responsabilidades, civis e criminais, dos conteúdos manipulados com uso de inteligência artificial e disseminados nas grandes plataformas de redes socais, se perdem do foco outras questões jurídicas relevantes aos possíveis usos das *deepfakes,* seus efeitos sobre a sociedade e suas implicações para o Direito. Nesse ponto, destaque-se o uso de *deepfakes* em manifestação de última vontade quando da implementação de recursos tecnológicos na elaboração dos testamentos.

Como já apresentado alhures, a lei reconhece a liberdade e autonomia de a pessoa capaz e no pleno gozo de suas faculdades mentais eleger suas próprias regras sucessórias, respeitando determinados limites traçados pelo ordenamento jurídico, a partir da instituição de um testamento, que, desde a promulgação do Provimento nº 100/2020 do Conselho Nacional de Justiça, pode ocorrer, inclusive, na modalidade digital, quando público.

Em relação ao sistema E-notariado, atualmente regulamentado por meio do Provimento nº 149/2023 do Conselho Nacional de Justiça, a realização de videoconferência na presença do tabelião competente, do testador e das testemunhas, bem como a utilização de certificados digitais para a assinatura do testamento público feito virtualmente visam justamente garantir a confiabilidade do processo, reduzindo, assim, as possibilidades de fraudes.

As *deepfakes,* no entanto, já alcançaram um estado de técnica tão acurado, que já foram registrados golpes realizados através de videochamadas ao vivo, via aplicativo Zoom, pertencente à empresa americana Zoom Video Communications, o mesmo utilizado pelos

---

58 BRASIL. *Projeto de Lei nº 2.630/2020.* Disponível em: chrome-extension://efaidnbmnnnibpcajpcglclefindmkaj/https://legis.senado.leg.br/sdleg-getter/documento?dm=8110634&ts=1712173889308&disposition=inline. Senado Federal. Acesso em: 8 maio 2024.

cartórios brasileiros para a realização da videochamada de conferência.[59] Assim, para aumentar a acurácia da chamada e reduzir o risco de se utilizar uma *deepfake* no procedimento de elaboração do testamento digital público, pode-se pedir para a pessoa, cuja identidade será atestada no procedimento, realizar alguma tarefa manual ao vivo, como assinar em um papel ou pegar um objeto físico visível no ambiente. Também é possível pedir à pessoa para virar para a esquerda ou para a direita e, se o rosto desaparecer ou a imagem ficar distorcida, encerrar a videoconferência e não dar continuidade ao ato, visto que as projeções de imagens não conseguem ainda reproduzir em tempo real a fisionomia de uma pessoa em uma visão 360 graus.[60]

O citado provimento do Conselho Nacional de Justiça tem especial preocupação com a identificação das partes, destacando-se aqui a necessidade de realização de biometria, mediante o cruzamento de dados da plataforma E-notariado com a do Denatran. A biometria pode ser compreendida como a medição estatística e matemática de características físicas ou biológicas únicas, que, na segurança cibernética, visa garantir a autenticação digital da identidade de pessoas singulares, tornando o ato realizado no ambiente virtual mais difícil de *hackear*.[61] Para tanto, podem ser utilizados como dados biométricos o reconhecimento facial e da voz, a leitura de impressão digital, da retina ou da íris do olho, o perfil do código genético (DNA), dentre outros.

Já em relação aos testamentos digitais particulares os desafios são ainda maiores, tendo em vista que a sua elaboração não se dará por meio da intervenção do Estado, através dos procedimentos notariais, em sistema próprio para este fim. Em linhas gerais, é possível inteligir que são necessários, por simetria, os requisitos compatíveis com a natureza particular do ato, constantes no Provimento nº 149 do Conselho Nacional de Justiça e as mesmas cautelas apresentadas neste trabalho para o testamento digital público. Nesse sentido, Mário Luiz Delgado ressalta a necessidade de que a gravação do testamento "se faça na presença das testemunhas, que também deverão declarar em áudio e vídeo que a tudo presenciaram e assistiram".[62]

---

59 Conforme se observa no sítio oficial https://www.notariado.org.br/provimento-100/.

60 SECURITYLEADERS. *Deepfakes: como validar as videochamadas para escapar de golpes?* 7 de maio de 2024. Disponível em: https://securityleaders.com.br/deepfakes-como-garantir-a-veracidade-de-chamadas-em-videos-para-escapar-de-golpes/, acesso em: 8 maio 2024.

61 AVAST ACADEMY. *O que é e qual é a segurança dos dados biométricos?* Disponível em: O que e qual é a segurança dos dados biométricos? | Avast. Acesso em: 10 maio 2024.

62 DELGADO, Mário Luiz. *Direito fundamental de herança*: sob a ótica do titular do patrimônio. Indaiatuba/SP: Editora Foco, 2013, p. 165.

A utilização de plataformas específicas poderia ser um caminho viável, especialmente quando estas já desenvolvem "*tools* que auxiliam ou ao menos já detectam a inteligência artificial desenvolvida em seu próprio ambiente ou em outros ambientes, pois, do mesmo jeito que a inteligência artificial automatizou a manipulação de conteúdo, também é possível treiná-la para identificar manipulações. Neste sentido, informa Carol Bonfim:

> Outros detectores úteis são AIorNot, que pode ser utilizado para detecção de imagens e também de áudios sintéticos. Outras tools proprietárias já permitem integrar em sistemas via API, para detectar falas falsas geradas a partir da IA, como o caso da Loccus.ai [4]. A Reality Defender é outra empresa dedicada à detecção de falsidades geradas com a IA [5]. O Ai Voice Detector, também oferece um serviço de detecção online [6]. Sensity também é uma ferramenta a se considerar [7]. As análises devem ser somadas à investigação cibernética, envolvendo análise WHOIS (informações) do site que hospeda um conteúdo, quebra de sigilo dos perfis que divulgam conteúdos e análises de ondas sonoras com ferramentas como Audio Mass [8] na identificação de pontos de criação, além da análise de metadados, que pode indicar os tags do programa *AI generator* na estrutura dos arquivos além das datas de acesso, criação e modificação. Se a voz é gerada por IA, as ondas sonoras provavelmente serão muito claras e semelhantes entre si, porque a geração de som por IA é essencialmente um processo de desenho de som. Por outro lado, gravações de áudios criados por uma pessoa, tendem a soar mais naturais com variações.[63]

A autenticidade do testamento digital, portanto, poderia ser averiguada por meio de perícia técnica, com emprego de múltipla metodologia, que poderia, inclusive, valer-se da inteligência artificial a fim de detectar termos e expressões comumente utilizadas pelo testador.

Todas essas cautelas, todavia, são datadas e de curta duração, em razão da grande velocidade com que essas tecnologias se aprimoram, se tornando rapidamente obsoletos os mecanismos que visam detectá-las. Dessa forma, o desafio de manter a lisura do procedimento é cotidianamente lapidado, a partir da incessante atualização e observação do cenário tecnológico por parte do Poder Público e da sociedade em geral.

---

[63] BONFIM, Carol. Investigação forense e perícia digital em *deepfakes* de áudios e conteúdos criados com Inteligência Artificial. Disponível em: *Investigação forense e perícia digital em deepfakes de áudios e conteúdos criados com Inteligência Artificial – CyberExperts*. Acesso em: 10 maio 2024.

A solução mais segura que se encaminha, do ponto de vista normativo, visa a exigência de rotulagem das criações mediante uso de inteligência artificial, através da aposição de marcas d'água em tudo o que for gerado sinteticamente, facilitando a sua identificação, nos termos do art. 52 do Regulamento de Inteligência Artificial da União Europeia.[64]

Conclusão

A utilização dos recursos tecnológicos nas mais diversas aplicações da vida em sociedade é uma realidade da qual não se pode fugir, ou melhor, a qual é preciso se adequar. Por esta razão, mesmo que não tenha o legislador pátrio pensado no ambiente digital ao regulamentar as solenidades testamentárias, não vislumbramos impedimento à sua utilização na elaboração da manifestação de última vontade de uma pessoa.

A desmaterialização contemporânea das relações jurídicas impõe reconhecer a substituição do papel pelo arquivo de mídia (escrito ou audiovisual), por meio de qualquer processo ou plataforma tecnológica, da presença física pela participação virtual das partes por meio de videoconferência e, por fim, da introdução da assinatura no documento mediante certificado digital, sem necessidade, para tanto, de alteração legislativa, afinal, parafraseando o saudoso Zeno Veloso, "enfim, vamos concluir afirmando: *non nova, sed nova* = não há coisas novas, mas tratadas de modo novo".[65]

Tal esforço interpretativo, entretanto, não afasta a necessidade de as normas testamentárias poderem ser revistas e reformuladas, com vistas à maior democratização do uso do testamento por meio da assunção das novas tecnologias disponíveis, compatibilizando a ampla acessibilidade e inclusão social com a segurança jurídica, o que perpassa pela regulamentação do uso da inteligência artificial e, por consequência, pela proteção contra as *deepfakes*.

Neste sentido, a autenticação digital da identidade das pessoas por meio de identificação biométrica múltipla, a exigência de presença virtual simultânea do testador e das testemunhas, assim como do

---

64 UNIÃO EUROPEIA. *Regulamento Inteligência Artificial*. Disponível em: Textos aprovados – Regulamento Inteligência Artificial – quarta-feira, 13 de março de 2024 (europa.eu). Acesso em: 10 maio 2024.

65 VELOSO, Zeno. Do testamento particular. *In:* TEIXEIRA, Daniele Chaves (coord.). *Arquitetura do planejamento sucessório*. 2. ed. rev. ampl. e atual. 3. reimpressão. Belo Horizonte: Fórum, 2020, p. 647-660, p. 660.

tabelião em se tratando de testamento público, em videoconferência no momento da manifestação acerca do conteúdo do testamento, a utilização de certificados digitais para a assinatura do instrumento, assim como a utilização de plataformas próprias ou ferramentas com tecnologia *anti-deepfake*, podem contribuir para minimizar as possibilidades de fraudes. Todas essas medidas preventivas não excluem, por óbvio, a possibilidade de análise da autenticidade do testamento digital através de perícia técnica, visando concretizar, com segurança, o que Mário Luiz Delgado denomina de "direito fundamental de herança do testador".[66]

Referências

AGAPITO, Priscila de Castro Teixeira pinto Lopes. Testamento e atividade notarial e registral. *In:* TARTUCE, Flávio; HIRONAKA, Giselda Maria Fernandes Novaes; PEREIRA, Rodrigo da Cunha (coord.). *Tratado de direito das Sucessões*. Belo Horizonte: Instituto Brasileiro de Direito de Família – IBDFAM, 2023, p. 337-352.

AVAST ACADEMY. *O que é e qual é a segurança dos dados biométricos?* Disponível em: O que e qual é a segurança dos dados biométricos? | Avast. Acesso em: 10 maio 2024.

BELL, Daniel. *O advento da sociedade pós-industrial*. Editora Cultrix, 1973.

BRASIL. *Lei nº 10.406/2002 (Código Civil Brasileiro)*. Disponível em: L10406compilada (planalto.gov.br). Acesso em: 1 maio 2024.

BRASIL. *Lei nº 12.965, de 23 de abril de 2014*. Disponível em: https://www.planalto.gov.br/ccivil_03/_ato2011-2014/2014/lei/l12965.htm. Acesso em: 8 maio 2024.

BRASIL. *Lei nº 13.709, de 14 de agosto de 2018* (Lei Geral de Proteção de Dados Pessoais). Disponível em: https://www.planalto.gov.br/ccivil_03/_ato20152018/2018/lei/l13709.htm. Acesso em: 8 maio 2024.

BRASIL. *Projeto de Lei nº 3.799/2019*. Disponível em: PL 3799/2019 - Senado Federal. Acesso em: 3 maio 2024.

BRASIL. *Projeto de Lei nº 2338/2023*. Disponível em: PL 2338/2023 - Senado Federal. Acesso em: 8 maio 2024.

BRASIL. Senado Federal. Comissão de Juristas responsável pela revisão e atualização do Código Civil. *Relatório final dos trabalhos da Comissão*. Brasília, DF: 11 abr. 2024. Disponível em: https://legis.senado.leg.br/sdleg-getter/documento/download/3f08b888-b1e7-472c-850e-45cdda6b7494. Acesso em: 3 maio 2024.

BONFIM, Carol. Investigação forense e perícia digital em *deepfakes* de *áudios* e conteúdos criados com Inteligência Artificial. Disponível em: Investigação forense e perícia digital em *deepfakes* de *áudios* e conteúdos criados com Inteligência Artificial – CyberExperts. Acesso em: 10 maio 2024.

---

[66] DELGADO, Mário Luiz. *Direito fundamental de herança*: sob a ótica do titular do patrimônio. Indaiatuba/SP: Editora Foco, 2013, p. 163.

CASTRO, Isabella Silveira de. *Testamento:* capacidade, formalidades e novas tecnologias. Belo Horizonte: Fórum, 2022.

CORTIANO JUNIOR, Eroulths; CASTRO, Isabella Silveira de. O testamento no país dos cegos? Uma análise crítica da acessibilidade ao direito de testar. *In:* EHRHARDT JUNIOR, Marcos (coord.). *Vulnerabilidade e novas tecnologias*. Indaiatuba/SP: Editora Foco, 2023, p. 381-394.

DELGADO, Mário Luiz. *Direito fundamental de herança*: sob a ótica do titular do patrimônio. Indaiatuba/SP: Editora Foco, 2023.

DICIONÁRIO MICHAELIS. *Tecnologia*. Disponível em: https://michaelis.uol.com.br/moderno-portugues/busca/portugues-brasileiro/tecnologia/. Acesso em: 7 maio 2024.

EXAME. *Brasil é um dos cinco países com maior número de smartphones, mostra ranking*. Disponível em: Brasil é um dos cinco países com maior número de *smartphones*, mostra *ranking*. Acesso em: 1 maio 2024.

FEENBERG, Andrew. O que é a filosofia da tecnologia. *In: Conferência pronunciada para os estudantes universitários de Komaba*. 2003.

FIDELIS, Vanderson Cadete; SOARES, Douglas Verbicaro. Os desafios do ordenamento jurídico brasileiro frente às *deepfakes*. *Revista Pensamento Jurídico*, São Paulo, v. 17, n. 1, 2023. Disponível em: https://ojs.unialfa.com.br/index.php/pensamentojuridico/article/view/711. Acesso em: 8 maio 2024.

GARCIA JUNIOR, José Silvano. *Dispara o número de testamentos no Brasil nos* últimos *anos*. Disponível em: migalhas.com.br (Dispara o número de testamentos no Brasil nos últimos anos). Acesso em: 5 maio 2024.

GEERE, Duncan. Death 2.0: The future of digital Wills. *In*: *Wired*, 11 fev. 2010. Disponível em: www.wired.co.uk/article/death-20-the-future-of-digital-wills. Acesso em: 5 maio 2024.

HIRONAKA, Giselda Maria Fernandes Novaes. A forma como foi disciplinada a sucessão testamentária em nosso país é um obstáculo para a maior utilização do ato de última vontade no Brasil? *In*: *Revista jurídica luso-brasileira*, ano 3, n. 1, p. 413-422, 2017. Disponível em: 2017_01_0413_0422.pdf (cidp.pt). Acesso em: 5 maio 2024.

LÔBO, Paulo Luiz Neto. *Direito Civil*, vol. 6, sucessões. 10. ed. São Paulo: Saraiva Jur, 2024.

MARZAGÃO, Silvia Felipe; MATTOS, Eleonora G. Saltão de Q. Testamento e suas formalidades: o hoje e o amanhã. *In: Direito das Sucessões:* problemas e tendências. Indaiatuba/SP: Editora Foco, 2022, p. 303-317.

MEDON, Filipe. O direito à imagem na era das *deepfakes*. *Revista Brasileira de Direito Civil – RBDCivil*, Belo Horizonte, v. 27, p. 261, 2021.

MUCILO, Daniela de Carvalho. A interpretação dos testamentos na visão dos tribunais. *In: Direito das Sucessões:* problemas e tendências. Indaiatuba/SP: Editora Foco, 2022, p. 287-302.

NADER, Paulo. *Curso de direito civil aplicado*, v. 6: Direito das Sucessões, 2016.

NEVARES, Ana Luiza Maia. O testamento e sua instrumentalidade no planejamento sucessório: limites e potencialidades. *In*: TEIXEIRA, Daniele Chaves (coord.). *Arquitetura do planejamento sucessório*, tomo II. Belo Horizonte: fórum, 2021, p. 447-466.

NEVARES, Ana Luiza; MEIRELES, Rose Melo Venceslau; TEPEDINO, Gustavo. *Fundamentos do direito civil*, vol. 7: direito das sucessões. Rio de Janeiro: Forense, 2020.

ORACLE. O que é IA? *Saiba mais sobre inteligência artificial*. Disponível em: https://www.oracle.com/br/artificial-intelligence/what-is-ai/. Acesso em: 8 maio 2024.

PONTES DE MIRANDA, Francisco Cavalcanti. *Tratado de direito privado*. 3. ed. Rio de Janeiro: Borsoi, 1972, v. 56.

SECURITYLEADERS. Deepfakes: *Como validar as videochamadas para escapar de golpes?* 7 de maio de 2024. Disponível em: https://securityleaders.com.br/deepfakes-como-garantir-a-veracidade-de-chamadas-em-videos-para-escapar-de-golpes/. Acesso em: 8 maio 2024.

SCHREIBER, Anderson; RIBAS, Felipe. A fuga do testamento. *In: Direito das Sucessões*: problemas e tendências. Indaiatuba/SP: Editora Foco, 2022, p. 269-286.

UNIÃO EUROPEIA. *Regulamento Inteligência Artificial*. Disponível em: Textos aprovados – Regulamento Inteligência Artificial – quarta-feira, 13 de março de 2024 (europa.eu). Acesso em: 10 maio 2024.

VELOSO, Zeno. Testamentos: noções gerais, formas ordinárias, codicilo, formas especiais. *In:* PEREIRA, Rodrigo da Cunha; HIRONAKA, Giselda Maria Fernandes Novaes (coord.). *Direito das Sucessões*. 2. ed. Belo Horizonte: Del Rey, 2007.

VELOSO, Zeno. Do testamento particular. *In:* TEIXEIRA, Daniele Chaves (coord.). *Arquitetura do planejamento sucessório*. 2. ed. rev. ampl. e atual. 3. Reimpressão. Belo Horizonte: fórum, 2020, p. 647-660.

XAVIER, Marília Pedroso. Sucessão testamentária: conceito de testamento e suas principais características. Dos codicilos. *In*: TARTUCE, Flávio; HIRONAKA, Giselda Maria Fernandes Novaes; PEREIRA, Rodrigo da Cunha (coord.). *Tratado de direito das Sucessões*. Belo Horizonte: Instituto Brasileiro de Direito de Família – IBDFAM, 2023, p. 301-318.

Informação bibliográfica deste texto, conforme a NBR 6023:2018 da Associação Brasileira de Normas Técnicas (ABNT):

FERRO, Ariane Ferreira; ROCHA, Patrícia Ferreira. Tecnologia e segurança na sucessão testamentária: os testamentos digitais na era das *deepfakes*. *In*: EHRHARDT JÚNIOR, Marcos; CATALAN, Marcos (coord.). *Tecnologia, família e relações sucessórias*: tutela das pessoas e proteção patrimonial. Belo Horizonte: Fórum, 2024. p. 125-150. ISBN 978-65-5518-831-8.

A TECNOLOGIA *BLOCKCHAIN* NA SAÚDE: UM PANORAMA DA PRODUÇÃO NACIONAL A PARTIR DE BASES DE DADOS ABERTAS

VINICIUS DE NEGREIROS CALADO

Introdução

A tecnologia *blockchain* apresenta um enorme potencial como solução para problemas de segurança da informação e privacidade de dados, o que suscita possibilidades de uso na área da saúde.

Contudo, essa tecnologia, apesar de ter sido desenvolvida desde 2008 e contar com inúmeras aplicações em funcionamento nas mais diversas áreas, ainda apresenta desafios para sua adoção em larga escala.

Essa tecnologia é considerada uma megatendência e, de fato, vem sendo adotada desde as finanças descentralizadas até o agronegócio.

De fato, o Brasil já adota a tecnologia *blockchain* na saúde, desempenhando um papel fundamental na modernização e segurança da infraestrutura de saúde brasileira, conforme reportado pelo próprio Ministério da Saúde, com sua adoção no contexto da Rede Nacional de Dados em Saúde (RNDS), justificando que a natureza descentralizada e heterogênea dos ambientes em que as aplicações de saúde digital são executadas exige uma solução robusta em termos de segurança, desempenho, acesso, escalabilidade, sendo justamente onde a tecnologia *blockchain* se encaixaria.

Assim, justifica-se a importância do estudo sobre a tecnologia, dado que ela já está implantada no Brasil desde que a base de dados vacinal da covid-19 passou adotá-la, de modo inovador, diga-se de passagem.

A rede (RNDS) abriga um banco dados que armazena informações de saúde dos cidadãos brasileiros visando garantir a privacidade, a integridade e a auditabilidade dos dados, além de buscar promover a acessibilidade e interoperabilidade das informações de forma segura e controlada, com a integração dos sistemas de saúde digital, tais como o Prontuário Eletrônico do Paciente, Sistemas de Gestão Hospitalar, entre outros.

O Brasil deu um passo à frente rumo à adoção e implantação da tecnologia *blockchain* na área da saúde, mas é possível conciliar registros públicos, auditáveis e imutáveis com registros privados e de acesso permissionado, como no caso dos prontuários dos pacientes? Seria possível o uso dessa tecnologia de modo compatível com a Lei Geral de Proteção de Dados (LGPD)? Existem estudos brasileiros endereçados para esse tema?

Objetivando dar conta das respostas para os questionamentos feitos, busca-se com o presente estudo levantar a produção científica nacional que aborda a tecnologia *blockchain* na saúde, de acordo com a metodologia proposta.

Antes de apresentar a metodologia e elaborar a análise, realiza-se a revisão de literatura sobre o conceito de *blockchain*, além de apresentar estudo sobre o uso da tecnologia na área da saúde.

1 A tecnologia *blockchain*

Blockchain consiste numa tecnologia que usa criptografia para guardar informações de forma descentralizada, sem precisar de intermediários. Isso significa que qualquer pessoa pode verificar essas informações sem depender de uma autoridade central, já que elas são validadas pela rede (CENDÃO; ANDRADE, 2022, p.15).

Essa tecnologia foi criada com o bitcoin (NAKAMOTO, 2008), a partir do reconhecimento de um problema prático, qual seja:

> O comércio na Internet vem dependendo quase exclusivamente de instituições financeiras atuando como terceira parte de confiança para o processamento de pagamentos eletrónicos. Embora o sistema funcione suficientemente bem para a maioria das transações, continua

> a sofrer das fraquezas inerentes ao modelo baseado na confiança. Transações completamente irreversíveis não são possíveis, uma vez que as instituições financeiras não podem evitar a mediação de disputas. (NAKAMOTO, 2008, p. 1)

Assim, é correto afirmar que "até a invenção do Bitcoin, em 2008, pelo programador não identificado conhecido apenas pelo nome Satoshi Nakamoto, transações on-line sempre requereram um terceiro intermediário de confiança" (ULRICH, 2014, p.18), sendo ainda de se considerar que "o bitcoin é uma tecnologia, é uma moeda e uma rede internacional de pagamentos e trocas que é completamente descentralizada. Não depende dos bancos. Não depende de governos" (ANTONOPOULOS, 2018, p.16) e foi justamente "a invenção do bitcoin, a tecnologia que o torna possível", que criou "as possibilidades de organização descentralizada em uma escala nunca antes vista neste planeta" (ANTONOPOULOS, 2018, p. 18).

> O *blockchain* não pode ser descrito apenas como uma revolução. É um fenômeno em curso, avançando lentamente com um tsunami, gradualmente envolvendo tudo em seu caminho para força de sua progressão. Basicamente, é a segunda sobreposição significativa à internet, assim como a web foi a primeira camada nos anos 1990. Esta nova camada se relaciona muito com confiança, então poderíamos chamá-la de *camada de confiança*. (MOUGAYAR, 2017, p. xxvii, itálico no original)

Essa tecnologia não foi idealizada para armazenar arquivos, mas sim para "armazenar os *hashes* e códigos alfanuméricos correspondentes aos endereços ou contas dos usuários a partir dos quais as transações acontecem", utilizando-se esse mesmo princípio criptográfico para evidenciar que os arquivos não foram adulterados (GALHARDO *et al.*, 2021, p. 236).

A tecnologia envolvida e a sua extraordinária concepção praticamente anulam qualquer tipo de ameaça, na medida em que:

> Se um atacante ganancioso conseguir reunir maior capacidade de processamento que todos os nós honestos, terá ainda que escolher entre usá-la para enganar as pessoas roubando os seus pagamentos, ou usá-la para gerar novas moedas. Deverá achar mais rentável cumprir as regras, as mesmas que o favorecem com mais novas moedas que todos os restantes em conjunto, que comprometer o sistema e a validade da sua própria riqueza. (NAKAMOTO, 2008, p. 4)

Alguns autores utilizaram a figura de linguagem do "livro-razão" para explicar a *blockchain*, pois é como ele se parece por causa do encadeamento dos registros:

> A tecnologia *blockchain* pode ser traduzida como um "livro-razão" imutável e compartilhado entre os peers (pares) de sua rede, no qual se busca otimizar o processo de registro de transações, sendo possível fazer o rastreamento dos ativos em uma rede peer-to-peer (P2P). Entende-se como um ativo digital a representação da valoração de uma casa, um carro, dinheiro, terras (ativo tangível) ou a valoração de patentes, direitos autorais, propriedade intelectual e criação de marcas (ativo intangível). (NASCIMENTO *et al.*, 2022, p. 36)

É muito comum a utilização da alegoria de que a *blockchain* deve ser imaginada como um grande banco de dados ou uma grande planilha que é escrita com criptografia para o registro das transações, onde cada registro parte do registro anterior num encadeamento de blocos (por isso, *block chain*, ou corrente de blocos ou cadeia de blocos). Como a rede é descentralizada não existe uma autoridade controladora, são os próprios usuários que validam a transação e a registram, sendo depois compartilhada com todos os demais, sendo certo que "[...] esses blocos são constantemente enviados pela rede aos outros nós encadeando com outros blocos já existentes, pelo protocolo do *Blockchain*" (MORAES, 2021, p. 16).

Outrossim, "o *blockchain* é uma metatecnologia porque ele afeta outras tecnologias e ele próprio é feito de várias delas" representando um mudança de paradigma ao "desafiar a função e o monopólio do banco de dados tradicional como conhecemos" (MOUGAYAR 2017, p. 10).

Ao tratar das megatendências, Schwab (2016, p. 27) aduz que "a revolução digital está criando abordagens radicalmente novas que revolucionarão o envolvimento e colaboração entre indivíduos e instituições", citando como exemplo a tecnologia *blockchain* e sua criação de confiança, destacando que até 2025 (SCHWAB, 2016, p. 34) há a previsão de que seja a feita a primeira arrecadação de impostos através de um *blockchain* (chance de 73,1%) e que 10% do produto interno bruto mundial esteja armazenado pela tecnologia *blockchain* (chance de 57,9%).

Atualmente existem vários usos da tecnologia *blockchain* nas mais diversas áreas:

> Uso para compartilhar dados médicos; Medição e tracking de Royalties pagos pela execução de músicas; Uma enorme quantidade de usos em "smart contracts" (contratos inteligentes digitais);Na transferência

> internacional de recursos; Sistemas de detecção de lavagem de dinheiro; Sistemas de Logística e Supply Chain. Uma das modalidades na qual o *Blockchain* vem sendo muito utilizado é nos chamados contratos inteligentes ("smart contracts"). A ideia é eliminar a figura de um cartório ou instituição que registra esse contrato, já que ele ficaria armazenado no livro-razão do *Blockchain*. Como existe uma relação de confiança no *Blockchain*, este seria seguro o suficiente para seguir toda a regulamentação e o compliance envolvidos. Esses contratos inteligentes vêm se tornando muito populares nos setores imobiliários, de saúde e de governo em muitos países. (MORAES, 2021, p. 21).

Há uma variedade de redes *blockchain*, com características próprias, mas que se adaptam a diversas necessidades, podendo ser divididas em públicas e privadas.

Para Marchsin, no que se refere às *blockchains* públicas, este tipo de rede mantém seus dados e *softwares* abertos ao público, para que qualquer pessoa venha a revisá-los ou auditá-los, por exemplo. Sendo assim, como qualquer pessoa pode integrar este tipo de rede, sem necessidade de uma identificação ou permissão para tanto, grande parte dos usuários utiliza-se de pseudônimos, como acontece com a *Ethereum* e o *Bitcoin*, por exemplo (MARCHSIN, 2022).

Por outro lado, no que se refere às *blockchains* privadas, destaca-se que, diferentemente do que se vê nas *blockchains* públicas, para a realização de qualquer alteração na rede, bem como para ter acesso a este tipo de rede, é necessário que os membros da 'unidade central' que controlam a rede autorizem (MARCHSIN, 2022).

Ademais, Marchsin defende que existem *blockchains* considerados como federadas ou de consórcio, tais como um tipo de rede resultante da "fusão entre os *blockchains* público e privado", em que há um sistema "parcialmente descentralizado", sendo, portanto, "muito úteis para governos ou organizações empresariais que desejam armazenar ou compartilhar dados de maneira segura" (MARCHSIN, 2022, p. 16).

Assim, existindo a possibilidade dessa fusão entre *blockchains* "público e privado" existe, então, a condição de utilização da tecnologia na área da saúde.

Gomes e Reis (2023, p. 54) entendem que, "diante de uma sociedade complexa e conectada, novas demandas surgem, enquanto as antigas pedem por novas soluções", sendo "necessário abrir caminhos no sentido de propiciar ao Estado técnicas mais eficazes de gerenciamento da sua atividade econômica e de seus serviços sociais", trazendo a governança reformulada a partir de "novas formas de negociação entre os diversos atores sociais, nos mais variados âmbitos dos multimeios", trazendo a tecnologia do *blockchain* como representativa dos "valores perfeitamente ajustáveis" aquilo que se busca no serviço público:

> [...] segurança no armazenamento de dados, imutabilidade das informações registradas, descentralização das operações, alto nível de dificuldade de corromper o sistema e, consequentemente, mascarar esquemas e transações corruptas, sistema antifraude, transparência na prestação de contas e no acesso à informação, e proteção de dados pessoais em comunhão com a vedação ao anonimato. (GOMES; REIS, 2023, p. 54)

Os autores concluem que "[...] observar uma íntima relação com os anseios e as necessidades da governança àquilo proporcionado pelo *blockchain*, encaminhando-nos à conclusão de que esta ferramenta se apresenta como uma verdadeira viabilizadora da governança pública" (GOMES; REIS, 2023, p. 54).

A revisão da literatura evidencia que a tecnologia *blockchain* tem grande potencial de adoção ampla, mas não se pode ignorar os riscos e desafios que toda nova tecnologia traz consigo, como observa (BARBOSA, 2019, p. 807):

> [...] os maiores problemas resultam não da estrutura da *blockchain* em si mesma, mas daquilo que dentro dela se possa fazer, pelo que só será possível fazer-lhes face sectorialmente, pensando na atividade em si e não na tecnologia em que ela se desenvolve.

Neste mesmo sentido é a observação de Ehrhardt Júnior (2023, p. 211), para quem:

> É preciso destacar que toda aplicação tecnológica é uma construção humana e não está imune a falhas: desde erros de programação até *delay*, vale dizer, atraso na execução de comandos autoexecutáveis por problemas na infraestrutura, passando pela interferência indevida de terceiros (*hackers*).

Noutra ponta, a tecnologia *blockchain*, por sua característica intrínseca de descentralização, surge também como antagonista dos grandes monopólios de dados (e do poder decorrente desse controle), pois a internet:

> A Rede não é a terra prometida onde não há mais mestres ou escravos; é mais como um Velho Oeste. Nela, quem atira primeiro – as grandes corporações digitais – vence, saqueia os dados que pode – dados que, usualmente, parecem ser muitos – e, escapa antes que o Xerife aja. A história das últimas décadas aí está para confirmar, dentre outras coisas, como aqueles que deveriam intervir preferem, por várias razões, voltar sua atenção para outro lugar. A consequência dessa miopia política é que hoje os gigantes da web adquiriram poder que nenhum Estado, sozinho, consegue enfrentar. (AMATO; CATALAN, 2023, p. 502)

No próximo tópico aborda-se o uso da *blockchain* especificamente na área da saúde.

2 *Blockchain* na saúde

A tecnologia *blockchain* possui inúmeras aplicações apesar de não ser necessariamente uma tecnologia omni-uso. Da mesma forma que a internet se disseminou ao longo dos anos sem que necessariamente as pessoas precisassem entender de protocolos de comunicação (http, smtp, ftp, etc.), essa tecnologia está trilhando o mesmo caminho e, em breve, será mais uma camada da internet adicionada na vida das pessoas. Em verdade, inúmeras pessoas já usam a tecnologia ou a ela se conectam sem tomar conhecimento disso.

O uso dessa tecnologia vem ocorrendo porque:

> Oferecendo segurança, transparência, integralidade e imutabilidade dos dados, as *blockchains* podem ser aplicadas em diversas áreas, como, por exemplo, saúde, educação, segurança, economia, entretenimento, política, cultura, tecnologia, setor automobilístico, entre outras. (NASCIMENTO *et al.*, 2021, p. 161)

Ambrósio e Soares (2022, p. 402-403) apontam, como resultado de estudo bibliométrico desenvolvido, que há "[...] crescente interesse despertado pelo potencial de aplicabilidade da tecnologia *blockchain* na área da saúde, com início em 2016", destacando que o volume de publicações triplicou entre os anos de 2017 e 2019, bem como que essa tendência continua em crescimento, embora aparentemente a um ritmo mais moderado. O estudo ainda revela que

> Há uma expressão que salta à vista, a "Internet of Things", (IoT). A indústria da saúde está a gerar considerável interesse na utilização da IoT para assistir pacientes e prestadores de cuidados de saúde através

> de sensores com capacidade de monitorar as condições de saúde de um paciente e gerar relatórios para análise. (AMBRÓSIO; SOARES, 2022, p. 403)

Por fim, os autores destacam que "segurança e privacidade são os conceitos-chave apontados aos desafios da tecnologia *blockchain* na área da saúde e, por isso, naturalmente surgem em grande proporção nas publicações sobre o tema" (AMBRÓSIO; SOARES, 2022, p. 404).

Como exemplo de implementação da tecnologia *blockchain* na saúde Angraal *et al.* (2017) citam o caso de uso do MedRec, que é um projeto iniciado entre o MIT Media Lab e o Beth Israel Deaconess Medical Center, cuja plataforma oferece uma abordagem descentralizada para gerenciar permissões, autorizações e compartilhamento de dados entre sistemas de saúde com o uso de *blockchain* objetivando fornecer aos pacientes a capacidade de controlar e saber quem pode acessar seus dados de saúde.

Ao tratar especificamente dos usos da tecnologia *blockchain* na área da saúde, Mougayar (2017, p. 123-124) cita vários casos de uso, tais como registros de procedimentos e ocorrências médicas, de manutenção de equipamentos, bem como o uso de uma carteira segura de registros médicos do paciente, checagem da cadeia de fornecimento de medicamentos, entre outros.

Em virtude dessas características de segurança e descentralização, o governo brasileiro adotou uma postura inovadora durante a pandemia e fez uso da tecnologia *blockchain* no Brasil, pois a Rede Nacional de Dados em Saúde (RNDS) do Ministério da Saúde utiliza a tecnologia para registrar os dados relativos à vacinação contra o coronavírus, tendo sido o Brasil primeiro país do mundo e efetivar o registro vacinal com tal tecnologia (GUSSON, 2020; BRASIL, 2024).

> Como as aplicações de Saúde Digital são executadas em um ambiente heterogêneo e descentralizado, a tecnologia *Blockchain* foi adotada por apresentar a solução mais forte no quesito segurança, endereçando naturalmente as questões de desempenho, acesso, escalabilidade e segurança (BRASIL, 2024).

Contudo, o uso da tecnologia na área da saúde pública não é tão novo assim, tanto que Mougayar (2017) cita o caso da Estônia, que está usando a tecnologia *blockchain* na saúde:

> [...] publique o registro no *blockchain* e tenha a certeza de que você ou uma pessoa autorizada tenha acesso a ele em qualquer lugar do mundo.

> É isso o que o governo da Estônia fez – um bom caso de tecnologia *blockchain* na saúde. Ao usar a autenticação de dados desbloqueados da Guardtime, em conjunto com um registro distribuído, os cidadãos obtêm uma credencial que desbloqueia o acesso aos seus registros em tempo real. Desse momento em diante, o *blockchain* garante uma corrente de custódia e registra todos os que mexerem nos dados, fazendo com que o processo de conformidade seja mantido. (MOUGAYAR, 2017, p. 123)

Fixados os conceitos fundamentais da tecnologia *blockchain* e evidenciada a sua efetiva utilização na área da saúde, passa-se a descrever a metodologia desenvolvida no estudo.

3 Caminho metodológico percorrido

As inquietações iniciais que motivaram o presente estudo derivaram do pequeno número de artigos científicos sobre o tema (*blockchain* e saúde) acessíveis na literatura nacional, apesar da efetiva implementação da tecnologia por parte do Poder Executivo brasileiro como solução de segurança da infraestrutura no compartilhamento de dados de saúde brasileira no contexto da Rede Nacional de Dados em Saúde (RNDS).

O presente estudo, então, realiza o levantamento da produção científica nacional, buscando identificar os temas pesquisados. Afinal, busca-se dar conta daquilo que está sendo pesquisado e publicado sobre o tema, bem como de quais são os problemas jurídicos apontados nos estudos.

Partindo do pressuposto de que o "objeto das Ciências Sociais é essencialmente qualitativo" (MINAYO, 2016, p. 14), bem como que "toda investigação se inicia por uma questão, por um problema, por uma pergunta, por uma dúvida" (MINAYO, 2016, p. 16), direciona-se, então, a indagação inicial para um conjunto de dados que seja capaz de respondê-la.

Para criar o conjunto de dados (*corpus* da pesquisa), utilizou-se o programa de computador chamado *Publish or Perish* (POP, HARZING, 2007). Esse aplicativo permite que pesquisadores possam realizar pesquisas em diversas bases de dados acadêmicas, inclusive em múltiplas bases, de modo que os resultados sejam exportados em uma planilha para posterior análise.

A escolha pela utilização de uma ferramenta informatizada é feita para diminuir as chances de enviesamento, seguindo o conselho de Bauer e Gaskell (2002, p. 48) quando afirmam ser "[...] necessário um programa de computador que possa fazer buscas inteligentes", pois com o uso de uma ferramenta informatizada e critérios objetivos controla-se a seleção inicial dos dados que compõem o *corpus*, já que para esse tipo de pesquisa é preciso que o pesquisador se engaje na construção dele (BAUER; GASKELL, 2002, p. 57).

Para esse estudo foi utilizada apenas a base de dados do Google Acadêmico (*Google Scholar*) na construção do *corpus*, considerando o objetivo proposto, posto que acessível e aberto.

Nesse sentido, a execução da pesquisa manifestar-se-á segundo o que Marconi e Lakatos (2013, p. 48-56) denominam documentação indireta, o que diz respeito à pesquisa documental, uma vez que se direciona sobre textos científicos publicados que se encontram gratuitamente disponíveis para consulta.

Quanto à sua natureza, a pesquisa empreendida busca gerar novos conhecimentos para aplicação prática, caracterizando-se como uma pesquisa aplicada, abordando seu objeto de modo quantitativo (construção do *corpus* com apoio de programa de computador) e qualitativo.

O caminho percorrido foi o seguinte: (1) inicialmente foi selecionada a procura na base de dados do Google Acadêmico (*Google Scholar*); (2) no título foi selecionado o critério de busca com as palavras *blockchain* e saúde; (3) nas palavras-chave não foram feitas restrições; (4) o recorte temporal foi limitado aos anos de 2019 a 2023; (5) foram avaliados apenas os textos em português.

Como se vê, a opção pela busca na base de dados do Google Acadêmico (*Google Scholar*) se deu em virtude de ser a maior base gratuitamente acessível (do ponto de vista quantitativo) em português, tendo a presente pesquisa foco na literatura nacional sobre o tema.

O segundo critério restringiu as buscas às palavras *blockchain* e saúde no título do texto, considerando que este é o grande tema da pesquisa e, por isso, descartou-se de plano qualquer texto que não fizesse essa referência expressa em seu título.

O terceiro critério de busca focou nas palavras-chave, sem restrições. Ou seja, objetivou-se com este critério fisgar o maior número de textos, de modo a possibilitar uma ampliação da base de dados a ser construída.

O quarto critério foi relativo ao recorte temporal. Optou-se por limitar a pesquisa aos últimos cinco anos, isto é, as buscas recaíram sobre textos publicados nos anos de 2019 a 2023.

O quinto parâmetro utilizado foi a limitação relativa ao idioma, sendo certo que apenas os textos em língua portuguesa foram selecionados, uma vez que a pesquisa objetiva analisar a doutrina nacional.

Assim, como resultado da pesquisa inicial foram fisgados 36 (trinta e seis) textos, tendo sido a consulta realizada por meio do programa *Publish or Perish*, como já mencionado.

Os resultados obtidos pelo programa foram exportados para uma planilha, contendo em suas colunas os seguintes dados categorizados (automaticamente): citações, autor, título, ano, fonte, publicação, *url* do artigo, *url* da citação, *GSRank*, data da pesquisa e tipo.

Em seguida, partindo da planilha exportada, foram analisados cada um dos títulos dos textos fisgados na pesquisa para verificar se havia ou não o enquadramento no objeto de pesquisa.

Então, com os resultados encontrados, foi construída uma nova planilha, descartando-se as informações desnecessárias para a pesquisa, bem como verificando se todos os textos estavam efetivamente acessíveis e abertos para consulta ao seu inteiro teor. Foram desconsiderados os textos com as seguintes características: inacessíveis (4), trabalhos de conclusão de curso de graduação (6); reportagens (2); repetidos (3); livro ou capítulo de livros (2) e dois textos estrangeiros (Portugal).

Na sequência, do universo inicial de 36 (trinta e seis) textos capturados pelo programa, restaram 17 (dezessete) textos para análise. Daí uma nova planilha foi construída e passou a conter os seguintes dados em suas colunas categorizadas: numeração de referência para o estudo, título do texto e ano de publicação.

Quadro 1

(continua)

Texto	Título	Ano de publicação
2	Proposta de um algoritmo de consenso para plataformas *blockchain* em sistemas de gestão de saúde privados	2023
3	Tecnologia *blockchain* aplicada no setor de saúde: contribuição parcial do efeito mediador	2023
4	*Blockchain* na saúde: segurança de dados sensíveis	2023
7	Healthcare 4.0 – fatores que influenciam a adoção de uma arquitetura *blockchain* em sistemas de informação de saúde	2023
13	*Blockchain* em Saúde: uma análise de pesquisas na base Scopus	2022
14	*Blockchain* e Decentralized Autonomous Organization (DAO) nos sistemas de saúde pós-pandemia	2022
18	Internet das Coisas e *blockchain* no Sistema Único de Saúde: a proteção dos dados sensíveis diante da Lei Geral de Proteção de Dados	2021

(conclusão)

Texto	Título	Ano de publicação
19	Armazenamento Descentralizado no Sistema Único de Saúde Brasileiro (SUS) Usando Interplanetary File System (IPFS) e *Blockchain*	2021
20	Tratamento de concessão e revogação de acesso a registros eletrônicos de saúde em *blockchain*	2021
21	Um framework baseado em *blockchain* para preservar a privacidade no compartilhamento de dados de saúde	2021
23	*Blockchain* na viabilização de compartilhamento seguro dos dados de Registros Eletrônicos de Saúde (RES)	2021
26	Concessão de permissão a dados de saúde baseada em contratos inteligentes em plataforma de *blockchain*	2020
27	Proposta de uso da tecnologia *blockchain* no registro eletrônico de saúde do cidadão	2020
28	O uso do AHP e da *blockchain* na gestão educacional de um sistema de acreditação internacional de saúde	2020
33	Concessão de permissão a dados de saúde baseada em *blockchain*	2019
34	Unificação de dados de saúde através do uso de *blockchain* e smart contracts	2019
35	Monetizando dados pessoais: possibilidades na utilização de Business Intelligence para analisar dados pessoais de saúde a partir da *blockchain*	2019

Fonte: Elaboração do autor.

Assim, assentadas as premissas metodológicas da pesquisa e apresentado o *corpus*, na sequência é desenvolvida a análise e realizada a discussão objetivando compreender o que está sendo pesquisado e publicado sobre o tema, conforme descrito anteriormente.

4 Análise dos dados coletados

Inicialmente, é de se destacar que, dos dezessete textos resultantes, doze foram artigos publicados em periódicos e anais de eventos e cinco foram dissertações, sendo quatro delas na área de tecnologia de informação e uma na área de saúde. Ademais, foram poucos os textos publicados em revistas jurídicas especializadas ou mesmo com abordagens técnico-jurídicas.

Contudo, restou evidente a preocupação com a segurança e a proteção dos dados sensíveis dos pacientes, seja com base e citação expressa da Lei Geral de Proteção de Dados (LGPD) ou da ISO 27000.

Outro achado recorrente da pesquisa foi a constatação presente nos estudos analisados da viabilidade de uso da tecnologia *blockchain* para a área da saúde, inclusive como um instrumento a serviço da conformidade com a legislação de privacidade e proteção de dados, na medida em que:

> *[A tecnologia] Blockchain* apresenta um aumento da qualidade de transparência do sistema ao proporcionar o acesso a informações seguras aos *stakeholders* capacitados para utilizar a tecnologia e para todos participantes da cadeia. Ao amplificar tal transparência, estimulará o sentimento de confiança de todos os envolvidos na cadeia. (ALVES *et al.*, 2022, p.115, itálico no original)

Os estudos nacionais consultados corroboram com a revisão de literatura estrangeira, como destacam Freire *et al.* (2023) em trabalho que aponta a existência de diversos estudos que atestam a viabilidade de uso da tecnologia *blockchain* para soluções que variam de controle de suprimentos médicos até o gerenciamento de dados de pacientes.

Corroborando tal assertiva, Silva *at al.* (2023) realizaram estudo empírico com 103 empresas usuárias da tecnologia *blockchain* do setor de saúde e evidenciaram que o uso dessa tecnologia tem impacto na gestão da cadeia suprimento, apesar de 86,5% das empresas ainda estarem em fase embrionária quanto ao seu uso.

De modo assemelhado, Oliveira (2020) apresenta um levantamento de dados realizado entre os anos de 2015 e 2020, destacando o efetivo uso da tecnologia *blockchain* em diversas áreas da saúde. O estudo evidencia aplicações da *blockchain* em áreas como dados genômicos, distribuição de medicamentos, oncologia, prontuário eletrônico do paciente (PEP), registro pessoal de saúde (RPS), registro eletrônico de saúde (RES) e telemedicina, mostrando a relevância e o impacto dessa tecnologia no setor.

Outrossim, estudos aplicados na área de tecnologia sobre o uso de *blockchain* na saúde têm sido desenvolvidos e comparados com os sistemas tradicionais, concluindo que as entidades que "[...] aplicarem corretamente o modelo proposto estarão em alto grau de compliance com a Lei Geral de Proteção de Dados" (GALVÃO *et al.*, 2023, p. 21), concluindo que:

> De maneira geral, a tecnologia *Blockchain* apresenta um avanço na integração de proteção dos dados pessoais, porquanto provou-se ser útil em mitigar os riscos e vulnerabilidades intrínsecas às operações realizadas em meio à internet, principalmente por causa dos hashes gerados em cadeia de blocos interligados. (GALVÃO *et al.*, 2023, p.22)

Assim, o estudo de Galvão *et al.* (2023) dialoga com o trabalho realizado por Camara *et al.* (2021), que aponta fragilidade na "infraestrutura de coleta de dados sensíveis pelo SUS", na medida em que ela "ainda é bastante centralizada nas autoridades sanitárias", revelando ainda dificuldades "especialmente quanto à preservação da privacidade, perseguida pela Lei Geral de Proteção de Dados".

No mesmo sentido, Nunes *et al.* (2021), após apontarem críticas ao funcionamento do Sistema Único de Saúde (SUS), propõem a utilização da tecnologia *blockchain* como forma de melhoria da segurança e da integração dos dados. Justificam que a implementação de um sistema integralizado e descentralizado poderia preencher as lacunas existentes no SUS, tornando-o mais efetivo, econômico e simplificado, considerando que ela proporcionaria uma solução tecnologicamente superior, mais econômica e eficaz, permitindo que os pacientes tenham mais controle sobre seus dados e reduzindo a necessidade de intermediários no registro das informações.

Contudo, Mendonça *et al.* (2021) advertem que a tecnologia *blockchain* é de desenvolvimento recente, pelo que enfrenta desafios para ser amplamente implementada, mas que aplicações voltadas para o controle e compartilhamento de registros médicos têm potencial para oferecer benefícios aos usuários, sendo a segurança e a privacidade dos dados questões críticas. No estudo, propõem uma solução baseada em *blockchain* para tratar concessão e revogação de acesso a registros eletrônicos de saúde, usando contratos inteligentes para registrar essas ações.

No mesmo caminho seguiram Agostinho *et al.* (2019, p. 9), que desenvolvem estudo onde propõem a utilização de *blockchains* em conjunto com *smart contracts* para centralização e manipulação de dados médicos, promovendo experimentos para validar a proposta de uso de dois pares de chaves assimétricas para garantir a confidencialidade dos dados, cujos resultados preliminares demonstraram a viabilidade do uso dos pares e do formato de transação sugerido, com os dados cifrados por um par de chaves e assinados por outro.

O mesmo tipo de solução é apresentado por Junqueira (2020, p.78), que desenvolve "uma solução arquitetural de concessão de permissão de acesso a dados de saúde baseada em *blockchain*", destacando que

> [no estudo] o foco está em garantir a privacidade dos dados do paciente, dando a ele o poder de decisão sobre a confidencialidade dos mesmos, e a escolha de quem conceder ou não acesso. A abordagem centrada na pessoa fundamenta que os dados de saúde são da pessoa, logo, isso

justifica que ela tenha o controle sobre eles. (JUNQUEIRA, 2020, p.25)

Frise-se que essa garantia mencionada tem por base a ISO 27000, que guia os princípios de segurança da informação: confidencialidade, integridade e disponibilidade (JUNQUEIRA, 2020, p. 24).

Em estudo anterior desenvolvido por Junqueira *et al.* (2019) os autores apresentam uma proposta de solução arquitetural baseada em *blockchain* para a concessão de permissão de acesso aos dados de saúde do paciente, coletados por um Sistema de Monitoramento Remoto de Pacientes (SMRP), garantindo a privacidade desses dados, cujo desenvolvimento é feito por Junqueira (2020) no estudo antes mencionado.

Seguindo a mesma linha propositiva, Aguiar (2021) desenvolve aplicação baseada na tecnologia *blockchain* para preservar a privacidade no compartilhamento de dados de saúde, com nítida preocupação em atender aos princípios e regras da LGPD. Como ponto negativo de seu estudo o autor destaca que os resultados revelam um aumento nas despesas dos sistemas de saúde em virtude do custo gerado em decorrência do modelo. Contudo, o autor acentua que as despesas são justificáveis, em face da confiabilidade e da privacidade inerentes ao uso tecnologia *blockchain*.

Assim, as soluções propostas atendem às preocupações levantadas em outros estudos, como se observa das conclusões apresentadas por Pimenta e Silva (2021):

> Conclui-se que apesar de todas as vantagens associadas ao uso de *Blockchain*, a confiabilidade dos dados ainda se destaca como uma das maiores preocupações quando do seu uso para compartilhamento de registros de saúde. Acredita-se que a solução seja o uso de criptografia dos registros e políticas de controle de acesso. (PIMENTA; SILVA, 2021, p.5)

Noutras palavras, os estudos nacionais analisados possuem preocupações recorrentes e semelhantes, alguns enfocando em levantar os problemas e desafios decorrentes da utilização da tecnologia *blockchain* enquanto outros, de viés prático, se debruçam sobre a solução desenvolvendo aplicação com a utilização da tecnologia.

Três estudos propositivos se desviam do foco majoritário dos demais e visam o uso da tecnologia *blockchain* para problemas relativos a credenciamento e certificação, auditoria e fiscalização e ainda pregão eletrônico na área da saúde.

Araújo (2020) trabalha com a ideia de um Sistema Internacional de Credenciamento (IAS) para profissionais de saúde, projetado para oferecer um serviço web às sociedades médicas e de saúde para processos de credenciamento e certificação. Em seu trabalho, ela realiza um estudo de caso em que examina um IAS para um grupo de sociedades profissionais em biologia e medicina de transplantação, propondo a criação de uma organização autônoma descentralizada (DAO), para hospedar e gerenciar o IAS, cuja estrutura seria baseada em uma rede social utilizando a tecnologia *blockchain*, garantindo descentralização, autonomia e confiabilidade no sistema. Ela conclui o estudo pela possibilidade de sua realização com a tecnologia *blockchain*, mas destaca que ainda seria preciso um consenso entre os envolvidos (sociedades médicas) para garantir um sistema realmente autônomo e descentralizado.

Castanha e Schwach (2019) realizam estudo da tecnologia *blockchain* com vistas às suas potencialidade na auditoria e fiscalização aliando essa tecnologia a Business Intelligence como conceito, focando sua preocupação central na monetização de dados pessoais pelas empresas. Concluem os autores que existe a possibilidade de se estabelecer uma conexão entre as oportunidades de transparência e imutabilidade oferecidas pela *blockchain* e a capacidade de auditoria, controle e monetização de dados pessoais, com o suporte do conceito de Business Intelligence, garantindo a conformidade com a Lei Geral de Proteção de Dados (LGPD) e evitando que dados pessoais sejam coletados e monetizados por terceiros.

Por fim, Aveni e Ulisse (2022) propõem o uso da tecnologia *blockchain* como forma de aprimorar o pregão eletrônico do Governo Federal na área da saúde, afirmam que a tecnologia pode reduzir o tempo de contrato e de entrega, mantendo a transparência e a segurança, além de potencialmente melhorar a eficiência das compras públicas.

Uma questão relevante que perpassa todos os estudos é o foco na confiabilidade e segurança da informação decorrente da utilização da tecnologia *blockchain*.

Assim, por meio da tecnologia *blockchain* na saúde, segundo evidências dos estudos apresentados, poder-se-ia atender aquilo que Silva *et al.* (2021, p.180) já anteviam como uma situação jurídica problemática ao tratar da tutela dos dados pessoais no momento da pandemia da covid-19 quando aduziram que era "[...] necessário pensar em métodos razoáveis de segurança que impeçam acessos não autorizados, coleta, uso, divulgação, cópia, modificação, descarte ou riscos análogos [...]", de modo a proteger a população, sob pena de acomodação "[...] numa posição de vigilância, obsessão e assédio social que ameaça devassar a privacidade e segregar indivíduos".

Considerações finais

O estudo partiu da premissa de que a tecnologia *blockchain* pode ser considerada como uma solução na área da saúde para problemas de segurança da informação e privacidade de dados, apontando que essa solução já vem sendo implantada em diversos países, inclusive no Brasil no âmbito do Ministério da Saúde.

O levantamento da produção científica nacional sobre a tecnologia *blockchain* na área da saúde publicada entre 2019 e 2023 apontou a existência de 36 (trinta e seis) textos, dos quais apenas restaram 17 (dezessete) para análise, segundo os critérios definidos pela metodologia, sendo que doze foram artigos publicados em periódicos e anais de eventos e cinco foram dissertações, sendo quatro delas na área de tecnologia de informação e uma na área de saúde. Ademais, foram poucos os textos publicados em revistas jurídicas especializadas ou mesmo com abordagens técnico-jurídicas.

A maioria absoluta dos estudos analisados apresentou como preocupações centrais temas relacionados à segurança e à proteção dos dados sensíveis dos pacientes, seja com base e citação expressa da Lei Geral de Proteção de Dados (LGPD) ou da ISO 27000, abordando "segurança de dados sensíveis", "a proteção dos dados sensíveis diante da Lei Geral de Proteção de Dados", "registros eletrônicos de saúde em *blockchain*", "privacidade no compartilhamento de dados de saúde", "compartilhamento seguro dos dados de Registros Eletrônicos de Saúde (RES)", "concessão de permissão a dados de saúde", "registro eletrônico de saúde do cidadão", "concessão de permissão a dados de saúde", "unificação de dados de saúde", entre outros aspectos em seus títulos.

Outro achado recorrente da pesquisa foi a constatação nos estudos analisados da viabilidade de uso da tecnologia *blockchain* para a área da saúde, inclusive como um instrumento a serviço da conformidade com a legislação de privacidade e proteção de dados.

Os estudos nacionais consultados corroboram com a revisão da literatura estrangeira realizada, atestando a viabilidade de uso da tecnologia *blockchain* para soluções que variam de controle de suprimentos médicos até o gerenciamento de dados de pacientes. Ademais, tais estudos possuem preocupações recorrentes e semelhantes, alguns enfocando em levantar os problemas e desafios decorrentes da utilização da tecnologia *blockchain*, enquanto outros, de viés prático, se debruçam sobre a solução, desenvolvendo aplicação com a utilização da tecnologia. Três estudos propositivos se desviam do foco majoritário dos demais e visam o uso da tecnologia *blockchain* para problemas relativos a credenciamento/certificação, auditoria/fiscalização e ainda pregão eletrônico na área da saúde.

Por fim, sugere-se que pesquisadores da área jurídica se integrem a estudos na área da tecnologia *blockchain* na saúde, sendo certo que esse movimento permitiria uma abordagem mais ampla e abrangente sobre a segurança da informação e a privacidade de dados pessoais sensíveis. Além disso, novas pesquisas poderiam explorar as interfaces entre a legislação e a tecnologia, identificando lacunas e desafios que precisam ser endereçados para garantir o uso ético e responsável da *blockchain* na saúde. A colaboração interdisciplinar entre juristas e tecnólogos é essencial para o desenvolvimento de soluções inovadoras e sustentáveis no Direito da Saúde.

Referências

AGOSTINHO, Bruno; SCHREINER, Geomar; GOMES, Fernanda; PINTO, Alex Sandro; DANTAS, Mário. Unificação de Dados de Saúde Através do Uso de *Blockchain* e Smart Contracts. *In*: ESCOLA REGIONAL DE BANCO DE DADOS (ERBD), 15, 2019, Chapecó. *Anais* [...]. Porto Alegre: Sociedade Brasileira de Computação, 2019. p. 31-40. ISSN 2595-413X. DOI: https://doi.org/10.5753/erbd.2019.8476. Acesso em: 4 fev. 2024.

AGUIAR, Erikson Júlio de. *Um framework baseado em blockchain para preservar a privacidade no compartilhamento de dados de saúde*. 2021. Dissertação (Mestrado em Ciências de Computação e Matemática Computacional) – Instituto de Ciências Matemáticas e de Computação, University of São Paulo, São Carlos, 2021. DOI:10.11606/D.55.2021.tde-16022021-152627. Acesso em: 4 fev. 2024.

ALVES, Charles Jefferson Rodrigues; PINTO DOS REIS, Leandro Teófilo; NETO, Levi Rodrigues; DA SILVA, Débora Oliveira; DA COSTA, Cristiano André. *Blockchain* em Saúde: uma análise de pesquisas na base Scopus. *Journal of Health Informatics*, Brasil, v. 14, n. 2, 2022. Disponível em: https://jhi.sbis.org.br/index.php/jhi-sbis/article/view/935. Acesso em: 4 fev. 2024.

AMATO, Cláudio; CATALAN, Marcos. Novos itinerários da contratação informática: do contrato inteligente ao contrato algorítmico. *In*: EHRHARDT JÚNIOR, Marcos; CATALAN, Marcos; NUNES, Claudia Ribeiro Pereira (coord.). *Inteligência artificial e relações privadas:* possibilidades e desafios. Belo Horizonte: Fórum, 2023. v. 1. p. 471-510.

AMBRÓSIO, F.; SOARES, B. *Blockchain* na saúde, uma análise bibliométrica de 2008 a 2021. *Gestão e Desenvolvimento*, v. 30, p. 387-407, 2022. Disponível em: https://doi.org/10.34632/gestaoedesenvolvimento.2022.11625. Acesso em: 4 fev. 2024.

ANGRAAL, Suveen; KRUMHOLZ, Harlan M.; SCHULZ, Wade L. *Blockchain* Technology:

Applications in Health Care. *Cardiovascular Perspective*, Yale New Haven Hospital, New Haven, CT, 2017. Disponível em: https://www.ahajournals.org/doi/reader/10.1161/CIRCOUTCOMES.117.003800.

ANTONOPOULOS, Andreas M. *A internet do Dinheiro*. São Paulo: Em Rede Editora, 2018.

ARAÚJO, Denise Sampaio de. *O uso do AHP e da blockchain na gestão educacional de um sistema de acreditação internacional de saúde*. 2020. 100f. Dissertação (Mestrado em Ensino em Ciência e Saúde) – Universidade Federal do Tocantins, Programa de Pós-Graduação em Ensino em Ciência e Saúde, Palmas, 2020.

AVENI, A.; ULISSE, C. *Blockchain* e Decentralized Autonomous Organization (DAO) nos sistemas de saúde pós-pandemia. *Revista JRG de Estudos Acadêmicos*, Brasil, São Paulo, v. 5, n. 11, p. 512-526, 2022. DOI: 10.5281/zenodo.7405637. Disponível em: https://www.revistajrg.com/index.php/jrg/article/view/455. Acesso em: 5 fev. 2024.

BARBOSA, Mafalda Miranda. *Blockchain* e responsabilidade civil: inquietações em torno de uma realidade nova. *Revista de Direito da Responsabilidade*, Coimbra, ano 1, v. 1, p. 206-244, jan. 2019.

BAUER, Martin W.; GASKELL, George. *Pesquisa qualitativa com texto, imagem e som:* um manual prático. Petrópolis: Vozes, 2002.

BRASIL. Ministério da Saúde. *A solução tecnológica*. Disponível em: https://www.gov.br/saude/pt-br/composicao/seidigi/rnds/a-solucao-tecnologica#:~:text=Como%20as%20aplica%C3%A7%C3%B5es%20de%20Sa%C3%BAde,%2C%20acesso%2C%20escalabilidade%20e%20seguran%C3%A7a. Acesso em: 4 fev. 2024.

CAMARA, Maria Amália Arruda; LINS, Gabriel Henrique Albuquerque; OLIVEIRA, Fábio Henrique Cavalcanti de; CAMELO, Evellyn Millene Alves; MEDEIROS, Nataly Regina Fonseca Carvalho de. Internet das Coisas e *blockchain* no Sistema Único de Saúde: a proteção dos dados sensíveis diante da Lei Geral de Proteção de Dados. *Cadernos Ibero-Americanos de Direito Sanitário, [S. l.]*, v. 10, n. 1, p. 93-112, 2021. DOI: 10.17566/ciads.v10i1.657. Disponível em: https://www.cadernos.prodisa.fiocruz.br/index.php/cadernos/article/view/657. Acesso em: 4 fev. 2024.

CASTANHA, Thamires C,; SCHWACH, Ricardo Garrido. Monetizando dados pessoais: possibilidades na utilização de Business Intelligence para analisar dados pessoais de saúde a partir da *blockchain*. *Revista FATEC SEBRAE em debate*: Gestão, Tecnologias e Negócios, vol. 6, n. 11, p. 2358-9817, jul./dez. 2019. São Paulo: FATEC Sebrae – Faculdade de Tecnologia Sebrae – CEETEPS – Centro Estadual de Educação Tecnológica Paula Souza. Disponível em: https://revista.fatecsebrae.edu.br/index.php/em-debate/article/view/131/150.

CENDÃO, Fabio; ANDRADE, Lia. *Direito, Metaverso e NFTs*: Introdução aos desafios na Web3. São Paulo: Editora Saraiva, 2022. E-book. ISBN 9786555599121. Disponível em: integrada.minhabiblioteca.com.br/#/books/9786555599121/. Acesso em: 3 jun. 2023.

EHRHARDT JÚNIOR, Marcos. É possível identificar um regime jurídico aplicável aos "smart contracts"? *In*: EHRHARDT JÚNIOR, Marcos; CATALAN, Marcos; NUNES Cláudia Ribeiro Pereira. *Inteligência artificial e relações privadas*: Relações patrimoniais entre o consumo, os contratos e os danos. Belo Horizonte: Fórum, 2023. v. 3. p. 209-212.

GALHARDO, Flaviano; PARO, João P.; NALINI, José R. *et al. Direito Registral e Novas Tecnologias*. Rio de Janeiro: Grupo GEN, 2021. 9786559641130. Disponível em: integrada.minhabiblioteca.com.br/#/books/9786559641130/. Acesso em: 25 jul. 2022.

GALVAO, W. C.; HENRIQUE FELIX DE SIQUEIRA, F.; SANTOS NASCIMENTO, M.;

MORAES DE MENEZES, R. *BLOCKCHAIN* NA SAÚDE: SEGURANÇA DE DADOS SENSÍVEIS. *FatecSeg – Congresso de Segurança da Informação*, [S. l.], 2023. Disponível em: https://www.fatecourinhos.edu.br/fatecseg/index.php/fatecseg/article/view/170. Acesso em: 4 fev. 2024.

GOMES, Filipe Lôbo; REIS, Camilla Lima. ESG e *blockchain*: ensaio sobre o direito ao desenvolvimento no contexto da governança conectada. *In*: EHRHARDT JÚNIOR, Marcos; CATALAN, Marcos; NUNES, Cláudia Ribeiro Pereira (coord.). *Inteligência artificial e relações privadas:* relações existenciais e a proteção da pessoa humana. Belo Horizonte: Fórum, 2023. v. 2. p. 25-58.

GUSSON, Caio. *Cointelegraph*. Vacinação contra o coronavírus no Brasil será toda registrada usando *blockchain* pelo Ministério da Saúde, 20 set 2020. Disponível em: https://br.cointelegraph.com/news/coronavirus-vaccination-in-brazil-will-be-all-registered-using-*blockchain*-by-the-ministry-of-health. Acesso em: 4 fev. 2024.

HARZING, Anne-Wil. *Publish or Perish*. 2007. Disponível em: harzing.com/resources/publish-or-perish. Acesso em: 1 abr. 2023.

JUNQUEIRA, Natália R.; DA SILVA, Gabriel A.; DE CARVALHO, Sérgio T. Concessão de Permissão a Dados de Saúde Baseada em *Blockchain*. *In*: ESCOLA REGIONAL DE INFORMÁTICA DE GOIÁS (ERI-GO), 7, 2019, Goiânia. *Anais* [...]. Porto Alegre: Sociedade Brasileira de Computação, 2019. p. 263-274. Acesso em: 4 fev. 2024.

JUNQUEIRA, Natália Rodrigues. *Concessão de Permissão a Dados de Saúde Baseada em Contratos Inteligentes em Plataforma de Blockchain*. Dissertação (Mestrado) – Universidade Federal de Goiás, Instituto de Informática (INF), Programa de Pós-Graduação em Ciência da Computação, Goiânia, 2020.

MARCHSIN, Karina Bastos K. *Blockchain e smart contracts*: As inovações no âmbito do Direito. São Paulo: Saraiva, 2022. E-book. ISBN 9786555599398. Disponível em: https://integrada.minhabiblioteca.com.br/#/books/9786555599398/. Acesso em: 19 jul. 2023.

MARCONI, Marina de Andrade; LAKATOS, Eva Maria. *Técnicas de pesquisa:* planejamento e execução de pesquisas, amostragens e técnicas de pesquisa, elaboração, análise e interpretação de dados. São Paulo: Atlas, 2013.

MENDONÇA, Ronan D.; GOMES, Otávio S.; VIEIRA, Alex Borges; NACIF, José Augusto. Tratamento de Concessão e Revogação de Acesso a Registros Eletrônicos de Saúde em *Blockchain*. *In*: WORKSHOP EM *BLOCKCHAIN*: TEORIA, TECNOLOGIAS E APLICAÇÕES (W*BLOCKCHAIN*), 4, 2021, Uberlândia. *Anais* [...]. Porto Alegre: Sociedade Brasileira de Computação, 2021. p. 100-113. DOI: https://doi.org/10.5753/w*blockchain*.2021.17133.

MINAYO, Maria Cecília de Souza. *Pesquisa social:* teoria, método e criatividade. Petrópolis/RJ: Vozes, 2016.

MORAES, Alexandre Fernandes D. *Bitcoin e Blockchain*: a revolução das moedas digitais. São Paulo: Editora Saraiva, 2021. 9786558110293. Disponível em: integrada.minhabiblioteca.com.br/#/books/9786558110293/. Acesso em: 25 jul. 2022.

MOUGAYAR, William. *Blockchain para negócios*: promessa, prática e aplicação da nova tecnologia da internet; traduzido por Vivian Sbravatti. Rio de Janeiro: Alta Books, 2017.

MOUGAYAR, William. *Blockchain para negócios:* promessa, prática e aplicação da nova tecnologia da internet. Rio de Janeiro: Alta Books, 2017.

NAKAMOTO, S. Bitcoin: Um Sistema de Dinheiro Eletrónico Ponto-a-Ponto. *Bitcoin Whitepaper*, 2008. Disponível em: bitcoin.org/files/bitcoin-paper/bitcoin_pt.pdf. Acesso em: 25 jul. 2022.

NASCIMENTO, Leonardo B. G.; MIRA, José E. D.; BISON, Thaís *et al. Criptomoedas e Blockchain*. São Paulo: Grupo A, 2022. 9786556900094. Disponível em: integrada.minhabiblioteca.com.br/#/books/9786556900094/. Acesso em: 25 jul. 2022.

NASCIMENTO, Leonardo B. G.; MIRA, José E. de; BISON, Thaís *et al. Criptomoedas e Blockchain* [recurso eletrônico]. Porto Alegre: SAGAH, 2021. *E-book*. ISBN 9786556900094. Disponível em: https://integrada.minhabiblioteca.com.br/#/books/9786556900094/. Acesso em: 4 fev. 2024.

NUNES, Caroline; MA, Stephane; TEIXEIRA FILHO, Marcelo Silveira. Armazenamento descentralizado no Sistema Único de Saúde brasileiro (SUS) usando Interplanetary File System (IPFS) e *Blockchain*. *Revista de Direito, [S. l.]*, v. 13, n. 1, p. 1-25, 2021. DOI: 10.32361/2021130111695. Disponível em: https://periodicos.ufv.br/revistadir/article/view/11695. Acesso em: 4 fev. 2024.

OLIVEIRA, Bruno Souza de. *Proposta de Uso da Tecnologia Blockchain no Registro Eletrônico de Saúde do Cidadão*. Dissertação (Mestrado) – Universidade Federal de São Paulo, Escola Paulista de Medicina. Programa de Pós-Graduação em Gestão e Informática em Saúde. São Paulo, 2020.

PIMENTA, F. U.; SILVA, M. A. D. da. Enabling secure sharing of Electronic Health Records (EHR) with *Blockchain*. *Research, Society and Development*, [S. l.], v. 10, n. 16, p. e194101623410, 2021. DOI: 10.33448/rsd-v10i16.23410. Disponível em: https://rsdjournal.org/index.php/rsd/article/view/23410. Acesso em: 4 fev. 2024.

SCHWAB, Klaus. *A Quarta Revolução Industrial*. São Paulo: Edipro, 2019.

SILVA, Gabriela Buarque Pereira; MODESTO, Jéssica Andrade; EHRHARDT JÚNIOR, Marcos. O tratamento de dados pessoais no combate à Covid-19: entre soluções e danos colaterais. *In*: EHRHARDT JÚNIOR, Marcos; CATALAN, Marcos; MALHEIROS, Pablo (coord.). *Direito Civil e tecnologia*. 2. ed. Belo Horizonte: Fórum, 2021. t. I. p. 165-184.

ULRICH, Fernando. *Bitcoin*: a moeda na era digital. 1. ed. São Paulo: Instituto Ludwig Von Misses Brasil, 2014.

Informação bibliográfica deste texto, conforme a NBR 6023:2018 da Associação Brasileira de Normas Técnicas (ABNT):

CALADO, Vinicius de Negreiros. A tecnologia *blockchain* na saúde: um panorama da produção nacional a partir de bases de dados abertas. *In*: EHRHARDT JÚNIOR, Marcos; CATALAN, Marcos (coord.). *Tecnologia, família e relações sucessórias*: tutela das pessoas e proteção patrimonial. Belo Horizonte: Fórum, 2024. p. 151-171. ISBN 978-65-5518-831-8.

TRANSUMANISMO E PÓS-HUMANISMO: O COLAPSO DA HUMANIDADE?

ADRIANO MARTELETO GODINHO

1 Notas introdutórias

Dentre todas as revoluções operadas pela tecnologia ao longo das últimas décadas, nenhuma parece representar tamanha ruptura com o tempo presente que a proposta pelo fenômeno conhecido mundialmente como transumanismo, que propõe, em essência, o emprego de meios tecnológicos para aprimorar as capacidades humanas. O que se tem em pauta não é apenas colocar a tecnologia a serviço da saúde, por meio de técnicas de cunho terapêutico que permitam curar e cuidar de pessoas enfermas; muito para além disso, a proposta transumanista consiste em facultar aos seres humanos a potencialidade de atingirem patamares de inteligência, vigor e longevidade incompatíveis com a própria natureza humana. Assim, seres transumanos poderiam, ao menos em tese, se tornar muito mais inteligentes que Einstein, mais fortes que Hércules e mais longevos que Noé.

O escopo deste trabalho é o de apresentar, em um primeiro momento, as bases que sustentam a filosofia transumanista e os propósitos que ela pretende alcançar.

Uma vez assentados o conceito e os fundamentos do movimento transumanista, caberá discutir, na sequência, de que modo os melhoramentos operados sobre as naturais limitações dos seres humanos podem acarretar uma drástica e definitiva ruptura com o sentido que temos de humanidade.

Em síntese bastante apertada, são estes os propósitos das linhas que se seguem.

2 Transumanismo: conceito e fundamentos

Muito embora a revolução tecnológica tenha provocado impactos sociais outrora apenas imagináveis em obras de ficção científica, talvez a maior ruptura tecnológica esteja em vias de emergir: propõe-se, por meio do movimento conhecido como *transumanismo*, a superação dos limites físicos, morais e intelectuais dos seres humanos. O fenômeno em questão diz respeito a uma perspectiva de investimento na transformação da condição humana,[1] no sentido de promover seu aperfeiçoamento a partir do uso da ciência e da tecnologia, seja pelas vias da biotecnologia, da nanotecnologia e/ou da neurotecnologia, com fulcro no aumento da capacidade cognitiva e na superação de barreiras físicas, sensoriais e psicológicas, qualidades marcantemente humanas.

A proposta do movimento transumanista tem por objetivo, portanto, empregar toda a tecnologia possível para permitir que seres humanos transcendam suas capacidades naturais, o que, em princípio, propiciará o surgimento de uma nova categoria de entes artificialmente aperfeiçoados em relação às limitações que naturalmente demarcam a condição humana. Como instância derradeira, pressupõe-se mesmo a constituição de seres *pós-humanos*, livres das amarras e dos limites que hoje nos são impostos pela própria essência humana.

O transumanismo vislumbra, em essência, o ultrapassar dos limites impostos à condição humana. Nesse sentido, Max More oferece sua definição de transumanismo. Trata-se de

> [...] uma classe de filosofias que busca nos guiar em direção a uma condição pós-humana. Transumanismo compartilha muitos elementos do humanismo, incluindo o respeito pela razão e pela ciência, um compromisso com o progresso e uma valorização da existência humana (ou transumana) 'terrena', em vez de alguma pós-vida sobrenatural. Transumanismo difere do humanismo ao reconhecer e antecipar as radicais alterações na natureza e as possibilidades de nossas vidas resultantes de várias ciências e tecnologias, tais como a neurociência e

1 VILAÇA, Murilo Mariano; DIAS, Maria Clara Marques. Transumanismo e o futuro (pós-) humano. *Physis: Revista de Saúde Coletiva*, Rio de Janeiro, v. 24, n. 2, p. 341-362, 2014.

a neurofarmacologia, o prolongamento da vida, nanotecnologia, ultra inteligência artificial, combinado com uma filosofia racional e um sistema de valores.[2]

Max More pondera a definição do transumanismo enquanto processo contínuo de superação dos limites da condição humana através da razão científica, ancorada essencialmente nos seguintes princípios: expansão ilimitada; autotransformação; otimismo dinâmico; tecnologia inteligente; inteligência crescente; ordem espontânea; liberdade; prazer e longevidade.[3] Os meios tecnológicos disponíveis para o alcance dos propósitos transumanistas incluem, entre outros, engenharia genética, psicofarmacologia, terapias antienvelhecimento, interfaces neurais, ferramentas avançadas de gerenciamento de informações, drogas que melhoram a memória, máquinas vestíveis (a exemplo dos exoesqueletos), inteligência artificial e a potencialidade de técnicas vindouras, como a nanotecnologia molecular.[4]

Nick Bostrom, figura igualmente destacada entre os transumanistas, oferece sua perspectiva acerca dos objetivos do movimento, que incluem a extensão radical da vida e da saúde, a erradicação das doenças e dos sofrimentos desnecessários e o aumento das capacidades intelectuais, físicas e emocionais dos seres humanos. A exemplo do que propagam os adeptos do transumanismo, ele também considera que a natureza humana é um trabalho em andamento, um começo incompleto que pode ser remodelado da forma como se deseje; assim, a humanidade não seria o estágio final da evolução. A tecnologia emerge, nestes domínios, como uma expressão da natureza humana e um fator que tanto a transforma como também modifica os limites do homem moderno.[5]

O transumanismo, pois, propõe mais do que simplesmente usar a tecnologia para sanar deficiências humanas, mas para aperfeiçoar as capacidades das pessoas, inclusive as que sejam perfeitamente

---

2 MORE, Max. The philosophy of transhumanism. *In*: MORE, Max; VITA-MORE, Natasha. *The Transhumanist Reader*: Classical and Contemporary Essays on the Science, Technology, and Philosophy of the Human Future. Hoboken: John Wiley & Sons, 2013.

3 VILAÇA, Murilo Mariano; DIAS, Maria Clara Marques. Transumanismo e o futuro (pós-) humano. *Physis: Revista de Saúde Coletiva*, Rio de Janeiro, v. 24, n. 2, p. 341-362, 2014.

4 BOSTROM, Nick. Transhumanist values. *Review of Contemporary Philosophy*, v. 4, issue 1-2, p. 89, 2005.

5 GAYOZZO, Piero. ¿Qué es el *transumanismo?* La ampliación del bienestar a través del futuro común del hombre y de la tecnología. Instituto de Extrapolítica y Transumanismo. Lima, Peru, abril de 2019, p. 10.

saudáveis. Há, com efeito, sensível distinção entre o uso de aparatos que visem a reparar enfermidades ou debilidades – que variam entre o uso de simples lentes de contato até a inserção de instrumentos como marca-passos ou próteses no corpo humano – e o emprego de meios tecnológicos para facultar a seres humanos a superação de suas limitações. Enquanto aqueles permitem a uma pessoa corrigir imperfeições e viver em paridade de condições com os demais, estes objetivam dotar indivíduos de condições sobre-humanas, naturalmente inatingíveis por qualquer pessoa.

Aí reside o núcleo da ideologia transumanista: promover, por meio da tecnologia, melhoramentos capazes de dotar os indivíduos de benefícios físicos, como a força e a resistência, e também psíquicos e intelectuais, como uma memória prodigiosa e uma inteligência capaz de processar informações tal qual uma máquina faria. Por se tratar de intervenções realizadas sobre o organismo humano, tais aprimoramentos são também denominados *biomelhoramentos*.

A propósito, a partir da análise dos possíveis biomelhoramentos que podem incidir sobre o organismo humano, e sobretudo mediante a verificação da intensidade dos respectivos efeitos, é possível identificar duas vias distintas para o transumanismo, tomada a expressão *lato sensu*: uma, de viés mais moderado, que propõe o emprego de tecnologias avançadas que visem ao aprimoramento das capacidades humanas; a outra, de caráter mais radical, sugere não apenas a superação de determinadas habilidades humanas, mas a superação da própria condição humana. No primeiro caso, fala-se em um transumanismo *stricto sensu*, que preserva a essência das características humanas, ainda que as amplie. No derradeiro, manifesta-se a perspectiva pós-humanista.

A perspectiva transumanista em sentido estrito e o movimento pós-humanista partem das mesmas bases – a ideia de que os humanos são seres *in fieri*, que podem e devem ser aprimorados – e compartilham os mesmos meios, nomeadamente a proposta de valer-se da biotecnologia para transgredir as limitações que naturalmente demarcam a condição humana. Estas perspectivas, todavia, divergem essencialmente quanto aos fins: enquanto o transumanismo de caráter moderado propõe o aperfeiçoamento dos seres humanos, em uma perspectiva (ainda) antropocêntrica, que não descaracteriza ou desnatura a essência das pessoas – embora proponha o melhoramento de suas faculdades físicas, psíquicas e intelectuais –, o pós-humanismo tem por meta a desconstrução dos seres humanos como os conhecemos, rumo a uma verdadeira "fabricação" de novos seres pós-humanos, enquanto um híbrido das antigas qualidades e capacidades humanas, agora aprimoradas, e artifícios tecnológicos como a inteligência artificial.[6] Neste sentido, a filosofia pós-humanista pode ser considerada como "pós-antropocêntrica".

As premissas em que se baseiam as duas distintas concepções de transumanismo é que justificam a divergência radical entre seus respectivos fins: se de um lado ambos os movimentos convergem no sentido de reconhecer que o ser humano é um "ser de passagem",[7] por outro lado se verifica que o transumanismo moderado advoga que o humano não perdeu seu significado, sua essência. O transumanismo, repita-se, conserva uma visão antropocêntrica de mundo; o pós-humanismo prega uma perspectiva antropomórfica,[8] baseada na proposta de alterações radicais sobre o ser humano – a tal ponto em que caberia questionar o quão humano ele ainda seria.

Devidamente estabelecidos o conceito e os fundamentos que sustentam o movimento transumanista, em suas vias moderada e pós-humanista, resta verificar de que modo o transumanismo, sobretudo em sua vertente pós-humana, pode colocar em xeque o próprio sentido que temos de humanidade.

3 Transumanismo e pós-humanismo: o potencial colapso da humanidade

As revoluções propostas pelo movimento transumanista implicam transformações drásticas em relação a muito (talvez mesmo tudo) daquilo que reconhecemos como sendo intrinsecamente humano: nossos corpos, nossos limites e capacidades, nossa finitude. Este é o momento de indagar que destino vislumbramos para a humanidade. Devemos permitir que a ciência e a tecnologia nos conduzam para além do que até aqui permitiram nossa biografia e nossa biologia? Pietra Diwan[9]

---

6 UZOMAH, Michael M.; ATTOH, Undiekeye S. Transhumanism as a philosophy of material transfiguration: a critical analysis. *Social Sciences, Humanities and Education Journal (SHE Journal)*, n. 1, (3), p. 31, 2020.

7 VARELA, Luca. Posthumanism: beyond humanism? *Cuadernos de Bioética: Revista Oficial de la Asociación Española de Bioética y Ética Médica*, p. 483, set. 2014.

8 FULLER, Steve; LIPINSKA, Veronika. *The proactionary imperative*: a foundation for transhumanism. Palgrave MacMillan, 2014, p. 161.

9 DIWAN, Pietra Stefania. *Entre Dédalo e Ícaro*: cosmismo, eugenia e genética na invenção do transumanismo norte-americano (1939-2009). Tese de Doutorado em História Social. Pontifícia Universidade Católica de São Paulo, 2020, p. 159.

estabelece a síntese dos questionamentos que se impõem, ao apontar que os transumanistas não se importam com o passado e rejeitam a história como componente relevante da construção da humanidade; segundo a autora, "transumanos não têm tempo a perder. Eles querem ser pós. Querem superar e acelerar a condição "trans" (através, além). Quando chegarem lá haverá ainda um humano?".

Eis aí o ponto fulcral do debate: é possível definir a existência de um núcleo de valores ou características capazes de definir o que significa a natureza humana – e, aliás, existe mesmo uma natureza essencialmente humana? O que, afinal, nos torna humanos?

Neste particular, divergem as concepções adotadas por bioconservadores, indivíduos que rechaçam as práticas transumanistas, e bioprogressistas, os adeptos da filosofia transumanista: enquanto estes desprezam a ideia de uma condição humana ontológica, previamente determinada, aqueles defendem a existência de um núcleo duro de valores que conformam a noção de humanidade.

Para os bioconservadores, a natureza humana assenta em uma pressuposição de igualdade entre todos os seres humanos, o que não implica dizer que tenhamos todos as mesmas capacidades, mas antes que gozamos indistintamente de um empoderamento e de uma vulnerabilidade distribuída de forma similar e natural. Bioprogressistas, por sua vez, tendem a menoscabar a noção de natureza humana, ou mesmo a desprezá-la de todo, com base na ideia de que a natureza de nossa espécie é inaceitável e suscetível a horrores como doenças, assassinatos, genocídios e torturas, entre outros males, sendo inconcebível, a partir destas premissas, que se tome a natureza como um guia para definir o que é desejável ou normativamente correto.[10] Precisamente por isso, os transumanistas advogam a ideia de que os melhoramentos intelectuais e morais, em particular, seriam o modo adequado de corrigir estes desvios de caráter naturalmente humano.

Em sendo admitida a existência de uma natureza intrínseca e unicamente atribuída aos seres humanos, caberia então indagar se as intervenções biotecnológicas pretendidas pelos transumanistas poderiam desnaturar a condição humana ou, dito de outra forma, *desumanizar* os seres humanos. Com efeito, esta visão da natureza humana, identificada com um conjunto de atributos que definem a própria

10 BOSTROM, Nick. In defense of posthuman dignity. *In*: HANSELL, Gregory R.; GRASSIE, William. *H+: transhumanism and its critics*. Metanexus Institute, 2010, p. 57.

essência imutável e inerente aos seres humanos, termina por impor a conclusão de que toda e qualquer modificação que afete uma alteração desta essência será inevitavelmente desumanizadora.[11]

Mas quais seriam, afinal, os atributos ou características marcantemente humanas, que nos distinguem de uma infinidade de outros seres vivos que coexistem com a humanidade no planeta? Nick Haslam, em relevante contributo para o debate, aponta que a resposta pode ser apresentada por duas vias, uma comparativa – a identificar as qualidades que separam os seres humanos de outras categorias de animais – e outra não comparativa, a estabelecer as características que são típicas e fulcrais dos seres humanos. A perspectiva comparativa identifica aquilo que é unicamente humano; a não comparativa se refere à natureza humana em si mesma. Exemplos de atributos que são unicamente humanos são a nossa linguagem, nossa cognição de magnitude superior e nossas "emoções refinadas", isto é, nossos sentimentos. Já o que integra o espectro da natureza humana deve ser encarado como tudo o que é profundamente enraizado nos seres humanos e tudo o que integra uma gama de valores que nos são fundamentais e inerentes. Estes seriam sentidos distintos da humanidade, porém complementares, e qualquer ato que implique a sua negação deverá ser interpretado como um ato de desumanização.[12]

Enquanto os bioconservadores entendem que a preservação da natureza humana justifica a recusa aos propósitos transumanistas, os adeptos deste movimento, por sua vez, partem de premissas radicalmente opostas para fundamentar suas posições: para eles, o sentido da humanidade não é um dado naturalmente atribuído, constante e imutável, mas antes algo dinâmico, que se pode (e deve) desenvolver. O que nos torna humanos, na perspectiva bioprogressista, é um conjunto de capacidades maleáveis; assim, a modificação das capacidades humanas não significaria a perda da dignidade ou mesmo a desumanização das pessoas, mas antes um ganho considerável em nossa humanidade.[13] O transumanismo não toma a biologia humana enquanto um valor digno de apreço por si só; o que importa para os transumanistas

[11] WILSON, Samuel; HASLAM, Nick. Is the future more or less human? Differing views of humanness in the posthumanism debate. *Journal for the Theory of Social Behaviour*, v. 39:2, p. 261, fev. 2009.

[12] HASLAM, Nick. Dehumanization: an integrative review. *Personality and Social Psychology Review*, v. 10, n. 3, p. 255-256, 2006.

[13] HASLAM, Nick. Dehumanization: an integrative review. *Personality and Social Psychology Review*, v. 10, n. 3, p. 261, 2006.

é tornar seres humanos seres ainda "mais humanos", mediante o aprimoramento das capacidades que nos dotam de valor moral.[14]

Entre os defensores desta perspectiva, Piero Gayozzo argumenta que o transumanismo não representa um movimento de desumanização da espécie. Segundo entende, o transumanismo não seria em nada desumano, por não contrariar a natureza do homem, e tampouco anti-humano, por não abraçar ações que atentem contra a humanidade, isto é, contra seu bem-estar, seu desenvolvimento e sua existência. Ao revés, o transumanismo, enquanto movimento que propaga o emprego da tecnologia para potenciar as qualidades humanas, melhorar a qualidade de vida e ampliar o bem-estar dos indivíduos, estaria a nos oferecer uma possibilidade de "supra humanização" do homem, mediante sua maximização e sua ampliação, e não a sua anulação.[15]

Sendo aparentemente inconciliáveis as posturas de lado a lado, talvez seja viável, bem sopesados os argumentos sustentados por bioconservadores e bioprogressistas, defender uma posição de equilíbrio, que implique a possibilidade de reconhecer a legitimidade de alguns projetos transumanistas – particularmente aqueles que não implicarem qualquer afronta à dignidade humana – e descartar os demais.

Em vez de se partir de premissas pré-concebidas, a impedir de todo ou permitir livremente os biomelhoramentos pretendidos pelos transumanistas, cumpre tentar alcançar posições razoáveis sobre o assunto. Afinal, são múltiplas as propostas transumanistas, sendo possível, quando menos, incorporar algumas práticas de caráter mais moderado e rechaçar as demais, não apenas porque alguns projetos bioprogressistas podem colocar em causa a preservação do primado da dignidade da pessoa humana, como também porque é pouco provável que a sociedade em geral opte de pronto pela via das transformações mais radicais.[16]

Como proceder então para alçar boas conclusões e evitar o desmedido apego a ideologias extremadas e predeterminadas?

Um bom ponto de partida será o reconhecimento de que a tecnologia pode ser utilizada para fins ética e juridicamente aceitáveis e úteis aos seres humanos. A este respeito, Antonio Diéguez propõe algu-

---

14 PERSSON, Ingmar; SAVULESCU, Julian. Moral transhumanism. *Journal of Medicine and Philosophy*, 0, p. 13, 2010.

15 GAYOZZO, Piero. *Transumanismo*: críticas respondidas. Instituto de Extrapolítica y Transumanismo. Lima, Peru, dezembro de 2019, p. 8-9.

16 LILLEY, Stephen J. Transhumanism and society. *SpringerBriefs in Philosophy*, 2013, p. 35.

mas valiosas premissas para viabilizar o bom emprego da tecnologia: i) evitar a tecnofobia e o neoludismo, pois a técnica moderna não atenta contra a condição e a cultura humanas; pelo contrário, desenvolver a técnica é que corresponde ao fomento de nossa cultura; ii) promover uma política educacional que combine a aquisição de valores cívicos com o ensino da importância da ciência e da tecnologia; iii) reconhecer que, muito embora as novas tecnologias possam implicar riscos, uma sensação de completa segurança é, de todo modo, inviável, não havendo sentido em embargar o desenvolvimento da técnica sob o argumento de que dela podem advir prejuízos; iv) abandonar a fé cega na técnica e refletir cuidadosamente sobre quais os fins a serem atingidos pela tecnologia, que devem ser desejados e benéficos aos seres humanos em geral e não apenas para uma inexpressiva minoria; v) desenvolver tecnologias que não nos separem radicalmente da natureza,[17] eis que, afinal, somos seres que a integram e a habitam.

Caminhemos, pois, rumo à identificação de quais seriam as propostas transumanistas conformes à dignidade humana e quais podem contribuir para estabelecer uma condição desumana em relação às pessoas.

a) Em primeiro lugar, cabe defender a plena legitimidade das intervenções biotecnológicas de cunho estritamente terapêutico, cujo propósito reside, afinal, em eliminar doenças e propiciar boas condições de saúde aos indivíduos.

Muito embora persistam inarredáveis e graves controvérsias a respeito, cumpre advogar inclusive a legalidade das alterações no genoma que também observem fins terapêuticos, sejam em caráter reativo ou curativo – quando se verificarem patologias que possam ser curadas por meio de intervenções genéticas – ou mesmo preventivo, com o fito de evitar a ocorrência de futuras enfermidades. Neste caso, entende-se que a alteração genética não caracteriza uma violação à dignidade da pessoa humana, sendo antes um modo de promovê-la, não apenas porque o emprego desta técnica corresponderá (presumivelmente) à vontade do paciente ou de seus representantes legais, como também porque o que poderia atentar contra a dignidade – e mesmo à vida – do indivíduo seria não utilizar esta tecnologia, desde que manipulada em conformidade com a lei e as diretrizes bioéticas aplicáveis.

---

[17] DIÉGUEZ, Antonio. La acción tecnológica desde la perspectiva orteguiana: el caso del transumanismo. *Revista de Estudios Orteguianos*, n. 29, p. 142, nov. 2014.

b) Quanto às intervenções de caráter melhorador, somente seriam admissíveis se não vierem a propiciar posições de vantagem ao indivíduo que viesse a empregá-las em seu proveito, em detrimento de uma potencial desvantagem de terceiros. Se um indivíduo puder se valer de meios biotecnológicos não apenas para sanar uma patologia (o que revela apenas um caráter de cura), mas também para aprimorar suas condições de visão, auditivas ou tácteis, por exemplo (o que já caracteriza uma intervenção de cunho melhorador), tal recurso será admissível apenas se o aperfeiçoamento das capacidades do beneficiário não representarem, ao mesmo tempo, um prejuízo para outrem.

O que se objetiva, a partir desta premissa, é evitar que as pessoas que não tenham acesso às intervenções melhoradoras, e mesmo aquelas que prefiram não se submeter a elas, se vejam em situação de desvantagem em relação aos indivíduos aprimorados. Não se vislumbra, ao menos à partida, como uma visão aperfeiçoada possa colocar outras pessoas em condições desvantajosas (ainda que não se descarte a análise de determinadas circunstâncias em concreto); do mesmo modo, a introjeção de um *chip* subcutâneo que permita a uma pessoa realizar tarefas simples como abrir portas ou acionar aparelhos eletrodomésticos a distância não implicará, em princípio, a potencialidade de danos ou de uma situação de inferioridade concreta por parte de terceiros.

Outra é a perspectiva quando um desportista se vale de técnicas melhoradoras com o propósito de superar seus adversários, ou quando uma pessoa aperfeiçoa suas capacidades intelectuais e se sujeita a um certame para o provimento de cargos, sejam de natureza privada ou pública. A competição, em qualquer destes casos, seria marcantemente desigual, e tal desigualdade não resultaria do mérito, do esforço ou de um dom natural dos contendores aperfeiçoados sobre seus rivais, mas antes das intervenções que artificialmente lhes permitiram superar os demais.

Naturalmente, a análise sobre quais intervenções podem ou não ser de algum modo lesivas à sociedade há de ser ponderada mediante as vicissitudes de cada caso em concreto, mas este pode ser um critério importante para segregar as intervenções transumanistas que podem ou não ser admitidas.

c) No que toca às posições pós-humanistas, particularmente a hibridização de seres humanos rumo à constituição de ciborgues e a transposição da consciência para suportes extracorpóreos, cabe rejeitá-las de plano.

Primeiramente, quanto à transformação radical do corpo humano por meio da hibridização – o que culmina com a transformação radical da própria pessoa, que passa a ser um ciborgue –, o que se teme é, essencialmente e afinal, a própria extinção do que há de humano nos indivíduos, o que não cabe admitir. Conforme argumenta João Carlos Loureiro, "a inviolabilidade da vida humana pessoal – de cada um – por maioria de razão exige a tutela da vida humana como espécie. Dito de forma inequívoca: o pós-humanismo entendido como desaparecimento do ser humano está constitucionalmente vedado, o que não significa que, de facto, tal não venha a ocorrer".[18]

Naturalmente, não se pretende com isso afirmar que não se pode admitir a interposição de aparatos artificiais sobre o corpo humano. Uma postura de tal sorte radicalizada implicaria, no limite, o impedimento para que uma pessoa amputada pudesse substituir os membros perdidos ou mutilados por próteses. O que se pretende evitar são os extremos da filosofia transumanista, que aludem à possibilidade de uma pessoa, por puro e simples arbítrio, transformar-se em uma simbiose homem-máquina que apresente muito mais das características desta, mediante o desprendimento das condições naturais humanas. Com efeito, é diferente projetar um organismo mediante a junção de partes humanas e mecânicas – um verdadeiro ciborgue – e imaginar um ser humano alterado por intervenções tecnológicas, mas ainda eminentemente *humano*.

Já no que toca à possibilidade de transposição da mente humana para além do corpo, impõe-se o reconhecimento de que uma medida de tal natureza acarretaria inevitavelmente uma grave ruptura da própria condição humana, encaminhando-se o pós-humanismo, neste particular, rumo a um estágio em que os seres pós-humanos, sejam ciborgues ou entidades (físicas ou virtuais) dotadas da própria inteligência humana, já não possam sequer ser chamados de humanos.[19]

Retoma-se, então, a pergunta essencial: o que nos torna humanos? Por mais que insistam os transumanistas em afirmar que não há algo como uma "natureza humana", que nos define enquanto espécie única e insubstituível, não há como recusar a existência de características

---

18 LOUREIRO, João Carlos. *Saúde e Bioconstituição:* a revolução GNR. Curso de Especialização em Direito da Medicina. Centro de Direito Biomédico, Faculdade de Direito da Universidade de Coimbra, p. 15.

19 RÜDIGER, Francisco. Breve história do pós-humanismo: elementos de genealogia e criticismo. *E-Compós*, v. 8, 2007. Disponível em: https://doi.org/10.30962/ec.145. Acesso em: 4 mar. 2024, p. 3.

unicamente humanas, inerentes ao ser humano – e apenas a ele – e que demarcam os limites da humanidade que há em nós. Estas qualidades únicas, quando concernem ao ser humano, delimitam o que significa a natureza humana. Nossos valores e escolhas morais, nossa razão e a ampla gama de emoções[20] particularmente humanas, entre outros atributos, definem o que é o ser humano – e, por consequência, contribuem também para determinar o que não pode ser considerado humano.

Ainda que não haja pleno consenso sobre o que representaria a natureza humana – afinal, os transumanistas entendem que esta natureza nada mais é que uma construção histórica, passível, assim, de revisões de tempos em tempos –, fato é que o próprio ser humano vislumbra, em si mesmo, qualidades intrínsecas à humanidade e que lhe são exclusivas, uma "base comum" da existência dos indivíduos: somos seres feitos de carne e osso, dotados de inteligência, consciência e razão, natural e inequivocamente mortais.

Por isso, ao propor a superação ou mesmo a extinção das qualidades tipicamente humanas, mediante práticas como a hibridização homem-máquina e o abandono do corpo físico, as concepções transumanistas inevitavelmente rompem com tudo o que temos como genuinamente humano. Seres pós-humanos seriam tão inteiramente novos, frutos de uma radical mutação ontológica, que daí resultaria uma verdadeira "abolição do homem pelo próprio homem".[21] Em síntese, quando a própria natureza humana se torna um simples objeto de manipulação tecnológica, tudo muda: não apenas o jogo, mas os próprios jogadores[22] – no caso, os seres humanos.

A emergência de seres pós-humanos pode, de fato, representar a despedida dos seres humanos; podemos estar, pois, no limiar do que entendemos como humanidade. Eis como Harari descreve a passagem do *Homo sapiens* rumo ao *Homo Deus*: "assim que a tecnologia permitir a reengenharia das mentes humanas, o *Homo sapiens* vai desaparecer, a história humana caminhará para seu fim, e um tipo de processo completamente novo vai surgir, incompreensível para pessoas como você e

---

20 FUKUYAMA, Francis. *Our posthuman future (versão e-book)*. New York: Picador, 2011, p. 2.958.

21 FURTADO, Rafael Nogueira. Sentidos da transformação do humano na contemporaneidade: entre o transumanismo e o bioludismo. *In*: CORREIA, A.; NUNES, R. G.; UTTEICHE, L. C.; VALDÉRIO, F.; WILLIGES, F. *Ceticismo, Dialética e Filosofia Contemporânea*. Coleção XVII Encontro ANPOF: ANPOF, 2017, p. 402.

22 DOEDE, Robert. Transhumanism, technology, and the future: posthumanity emerging or sub-humanity descending? *Appraisal Journal*, v. 7, n. 3, p. 41-42, mar. 2009.

eu".[23] A ser seguida esta direção, perde-se de vista um questionamento essencial: o que podemos acabar perdendo, enquanto ingenuamente acreditamos que ganharemos tudo?[24] Eis a resposta: *perderemos tudo* – ou ao menos tudo o que compreendemos como ser humano, todas as nossas construções pessoais e sociais, toda a nossa biografia, todo o sentimento de pertencimento a uma mesma espécie. O desafio que se impõe, então, é o de permitir à humanidade continuar sendo o que é, mesmo com as extensas revoluções tecnológicas que nos ladeiam,[25] ou seja, empregar os mecanismos da ciência e da tecnologia sem, contudo, perder a humanidade que há em nós. Teme-se que este intento se mostre inviável caso as proposições pós-humanas se descortinem tal como apresentadas.

Refletir sobre a humanidade que queremos implica imaginá-la da forma mais concreta possível, inclusive sobre todos os desdobramentos que podem suceder.[26] O que está em jogo é algo tão nobre quanto nossa permanência como espécie e, por isso mesmo, as decisões sobre o modo como se deve empregar a tecnociência não podem ser deixadas a cargo apenas de cientistas ou políticos profissionais:[27] afinal, não é apenas o destino deles que está em xeque, mas o de todos os seres humanos.

Atendamos, pois, ao chamado da vida e à nossa missão enquanto humanos: pensemos sobre o (nosso) futuro. O presente o exige, e com urgência.

4 Considerações finais

Uma vez investigadas as bases do movimento transumanista, e após a constatação de que ao menos uma de suas vertentes – a do pós-humanismo – defende a superação não apenas de eventuais limitações ou capacidades humanas, mas da própria *condição* humana, questionar e ponderar sobre os potenciais benefícios e riscos decorrentes dos

---

[23] HARARI, Yuval Noah. *Homo Deus*: uma breve história do amanhã (trad. Paulo Geiger). 1. ed. São Paulo: Companhia das Letras, 2016, p. 54.

[24] VICENS, Joan Albert. *El transumanismo*: una introducción. Perifèria. El transhumanisme: H? V. 4, 2017, p. 32-33.

[25] UMBRELLO, Steven; LOMBARD, Jessica. Silence of the idols: appropriating the myth of sisyphus for posthumanist discourses. *Postmodern Openings*, v. 9, n. 4, p. 104, 2018.

[26] HAYLES, N. Katherine. Wrestling with transhumanism. *In*: HANSELL, Gregory R.; GRASSIE, William. *H+*: transhumanism and its critics. Metanexus Institute, 2010, p. 225.

[27] ARENDT, Hannah. *A condição humana* (trad. Roberto Raposo). 10. ed. Rio de Janeiro: Forense Universitária, 2007, p. 11.

biomelhoramentos é tarefa que se impõe, e de imediato. Afinal, dentre os diversos temores que dizem respeito às intervenções de cunho melhorador propostas pelo transumanismo, um, em particular, se revela perturbador: o de que tais intervenções representem uma definitiva ruptura com os atributos que historicamente definem o ser humano como tal.

É possível, de fato, que intervenções tecnológicas que tenham por objetivo sanar deficiências possam contribuir para igualar indivíduos, dotando-os das mesmas potencialidades da vida, o que corresponderia a um efeito desejado das técnicas empregadas sobre os seres humanos; ao mesmo tempo, é inegável que as intervenções de caráter estritamente melhorador, mormente aquelas de cunho pós-humanista, podem vir a representar o ocaso da humanidade.

A natureza e a finalidade das intervenções tecnológicas sobre o organismo humano, portanto, hão de ser o fiel da balança, e talvez se faça necessária – eventualmente em tempo mais breve que se possa supor – a edição de instrumentos normativos que estabeleçam diretrizes sobre a questão, a fim de evitar que os avanços tecnológicos ocasionem males irrevogáveis à humanidade.

Referências

ARENDT, Hannah. *A condição humana* (trad. Roberto Raposo). 10. ed. Rio de Janeiro: Forense Universitária, 2007.

BOSTROM, Nick. In defense of posthuman dignity. *In*: HANSELL, Gregory R.; GRASSIE, William. *H+: transhumanism and its critics*. Metanexus Institute, 2010.

BOSTROM, Nick. Transhumanist values. *Review of Contemporary Philosophy*, v. 4, issue 1-2, 2005.

DIÉGUEZ, Antonio. *La acción tecnológica desde la perspectiva orteguiana: el caso del transumanismo*. Revista de Estudios Orteguianos, n. 29, nov. 2014.

DIWAN, Pietra Stefania. *Entre Dédalo e* Ícaro: cosmismo, eugenia e genética na invenção do transumanismo norte-americano (1939-2009). Tese de Doutorado em História Social. Pontifícia Universidade Católica de São Paulo, 2020.

DOEDE, Robert. Transhumanism, technology, and the future: posthumanity emerging or sub-humanity descending? *Appraisal Journal*, v. 7, n. 3, mar. 2009.

FUKUYAMA, Francis. *Our posthuman future (versão e-book)*. New York: Picador, 2011.

FULLER, Steve; LIPINSKA, Veronika. *The proactionary imperative*: a foundation for transhumanism. Palgrave MacMillan, 2014.

FURTADO, Rafael Nogueira. Sentidos da transformação do humano na contemporaneidade: entre o transumanismo e o bioludismo. *In*: CORREIA, A.; NUNES, R. G.; UTTEICHE, L.

C.; VALDÉRIO, F.; WILLIGES, F. *Ceticismo, Dialética e Filosofia Contemporânea*. Coleção XVII Encontro ANPOF: ANPOF, 2017.

GAYOZZO, Piero. ¿Qué es el *transumanismo?* La ampliación del bienestar a través del futuro común del hombre y de la tecnología. Instituto de Extrapolítica y Transumanismo. Lima, Peru, abril de 2019.

GAYOZZO, Piero. *Transumanismo*: críticas respondidas. Instituto de Extrapolítica y Transumanismo. Lima, Peru, dezembro de 2019.

HASLAM, Nick. Dehumanization: an integrative review. *Personality and Social Psychology Review*, v. 10, n. 3, 2006.

HARARI, Yuval Noah. *Homo Deus*: uma breve história do amanhã (trad. Paulo Geiger). 1. ed. São Paulo: Companhia das Letras, 2016.

HAYLES, N. Katherine. Wrestling with transhumanism. *In*: HANSELL, Gregory R.; GRASSIE, William. *H+: transhumanism and its critics*. Metanexus Institute, 2010.

LILLEY, Stephen J. *Transhumanism and society*. SpringerBriefs in Philosophy, 2013.

LOUREIRO, João Carlos. *Saúde e Bioconstituição*: a revolução GNR. Curso de Especialização em Direito da Medicina. Centro de Direito Biomédico, Faculdade de Direito da Universidade de Coimbra.

MORE, Max. The philosophy of transhumanism. *In*: MORE, Max; VITA-MORE, Natasha. *The Transhumanist Reader*: Classical and Contemporary Essays on the Science, Technology, and Philosophy of the Human Future. Hoboken: John Wiley & Sons, 2013.

MORE, Max. True transhumanism: a reply to Don Ihde. *In*: HANSELL, Gregory R.; GRASSIE, William. *H+: transhumanism and its critics*. Metanexus Institute, 2010.

PERSSON, Ingmar; SAVULESCU, Julian. Moral transhumanism. *Journal of Medicine and Philosophy*, 0, 2010.

RÜDIGER, Francisco. Breve história do pós-humanismo: elementos de genealogia e criticismo. *E-Compós*, v. 8, 2007. Disponível em: https://doi.org/10.30962/ec.145. Acesso em: 4 mar. 2024.

UMBRELLO, Steven; LOMBARD, Jessica. Silence of the idols: appropriating the myth of sisyphus for posthumanist discourses. *Postmodern Openings*, v. 9, n. 4, 2018.

UZOMAH, Michael M.; ATTOH, Undiekeye S. Transhumanism as a philosophy of material transfiguration: a critical analysis. *Social Sciences, Humanities and Education Journal (SHE Journal)*, n. 1 (3), 2020.

VARELA, Luca. Posthumanism: beyond humanism? *Cuadernos de Bioética: Revista Oficial de la Asociación Española de Bioética y Ética Médica*, set. 2014.

VICENS, Joan Albert. *El transumanismo: una introducción*. Perifèria. El transhumanisme: H? V. 4, 2017.

VILAÇA, Murilo Mariano; DIAS, Maria Clara Marques. Transumanismo e o futuro (pós-) humano. *Physis: Revista de Saúde Coletiva*, Rio de Janeiro, v. 24, n. 2, 2014.

WILSON, Samuel; HASLAM, Nick. Is the future more or less human? Differing views of humanness in the posthumanism debate. *Journal for the Theory of Social Behaviour*, v. 39:2, fev. 2009.

Informação bibliográfica deste texto, conforme a NBR 6023:2018 da Associação Brasileira de Normas Técnicas (ABNT):

GODINHO, Adriano Marteleto. Transumanismo e pós-humanismo: o colapso da humanidade? *In*: EHRHARDT JÚNIOR, Marcos; CATALAN, Marcos (coord.). *Tecnologia, família e relações sucessórias*: tutela das pessoas e proteção patrimonial. Belo Horizonte: Fórum, 2024. p. 173-188. ISBN 978-65-5518-831-8.

POR UMA ABORDAGEM REGULATÓRIA ANTROPOCÊNTRICA DA INTELIGÊNCIA ARTIFICIAL: UM PANORAMA ENTRE OS PEDIDOS DE MORATÓRIA E O CENÁRIO MUNDIAL DE CLASSIFICAÇÃO DOS RISCOS

LUIZA LEITE CABRAL LOUREIRO COUTINHO

1 Introdução

No hodierno panorama jurídico global, atesta-se inegável proliferação de estudos dedicados aos impactos da disseminação dos mais diversos sistemas inteligentes sob os perfis estrutural e funcional do Direito.[1] Emerge, então, a necessidade premente de, a partir de uma perspectiva civil constitucional, além de se alicerçar em bases axiológicas robustas e asseguradoras de interesses jurídicos humanísticos, enfrentar os múltiplos desafios que permeiam a crescente inserção da Inteligência Artificial na sociedade.

Em consonância com esses princípios, faz-se necessário estabelecer mecanismos obrigacionais *ex ante* e *ex post*, aplicáveis a toda a cadeia

---

[1] COUTINHO, Luiza Leite Cabral Loureiro. *Inteligência artificial*: definição dinâmica, base axiológica e abordagem regulatória antropocêntrica baseada em riscos. Dissertação (Mestrado). Universidade do Estado do Rio de Janeiro, Faculdade de Direito. 2023. 388 f.

de agentes responsáveis por pesquisa, desenvolvimento, implantação e uso de modelos computacionais inteligentes, de modo a promover *accountability* e garantir a reparação de eventuais danos causados.

Na era do Dataísmo, a crescente coleta e o acelerado processamento de dados requerem uma abordagem jurídica que esteja à altura das transformações tecnológicas e sociais em curso. Nesse sentido, a regulação da IA deve ser dinâmica e adaptável, capaz de acompanhar a evolução constante do cenário tecnológico. Somente assim é possível colher os frutos promissores da Inteligência Artificial sem comprometer os alicerces democráticos e humanistas do ordenamento jurídico instituído, mas compatibilizá-los.

Não se admitem mais medidas de *compliance* sobre parâmetros éticos privados, unilaterais e monopolizados no contexto do desenvolvimento, implementação e uso de sistemas de Inteligência Artificial. Diante da flexibilização normativa e da ausência de coercibilidade dos padrões de governança, vê-se a inexequibilidade da autorregulação. Tal também não significa que não se recomende dar espaço às empresas de tecnologia a complementar os preceitos legais e infralegais do setor no qual se inserem prescrevendo boas práticas corporativas como regras internas, sob pena de "lavagem ética"[2] do tema.

Os chamados "códigos de conduta", ou seja, a "netiqueta" – as regras de etiqueta na internet –, ante a heterogeneidade dos internautas, agrupados sem coesão, arriscaria a "democracia informática", relegando a corporações multinacionais o desenho do direito posto no espaço cibernético, agravando a vulnerabilidade dos usuários. Somente àquele que goza do atributo da soberania popular deriva o direito exclusivo de produzir normas jurídicas com caráter geral que regulem a realidade social. Cabe ao Estado regular!

É premente que a lei específica sobre Inteligência Artificial seja potente e eficaz no resguardo de direitos humanos frente aos riscos de arranjos tecnológicos múltiplos em tipologias e níveis de autonomia. Não basta que o instrumento democrático ideal e pragmático para a governança de comportamentos dos variados agentes da cadeia de valor da IA seja uma lista de recomendações, precisa reger posturas

---

2 Em livre tradução: a "lavagem ética", como a "lavagem verde" em alguns aspectos, é a prática de fingir consideração ética para melhorar a forma como uma pessoa ou organização é socialmente percebida (CARNEGIE COUNCIL. Ethics washing. Disponível em: https://www.carnegiecouncil.org/explore-engage/key-terms/ethics-washing. Acesso em: 11 maio 2024).

e cultivar, inclusive com sanções efetivas, condutas que criem um ambiente digital menos lesivo.

Existem, ainda, muitos conflitos na definição da abordagem normativa mais adequada a equilibrar a concretude e a segurança jurídica que se espera da regulação da Inteligência Artificial no Brasil e também no cenário internacional, para além de bases principiológicas e novas recomendações de boas práticas e governança, e a premência de medidas de *enforcement*, arranjos institucionais e detalhamento de direitos e riscos.

2 Os riscos inerentes à pesquisa e ao desenvolvimento de aplicações de inteligência artificial: da insuficiência das medidas de *soft law* e dos ineficazes pedidos de moratória

Os dados pessoais desempenham papel fundamental na tomada de decisões, nos modelos de negócio e na criação de valor. A ascensão da Economia de Dados, do *Big Data* e da Inteligência Artificial anuncia não somente a nova era da computação, mas a alarmante fragilização de axiomas constitucionais. A Internet das Coisas automatiza funções, monitora pessoas de modo onipresente e propicia mudanças sofisticadas no comportamento humano, individual e coletivo, mormente de grupos vulneráveis e mais suscetíveis a influências externas, como consumidores e eleitores.[3] Demandam, assim, alto custo social por gerarem erosão da confiança nas instituições democráticas e falta de controle informacional, podendo resultar até em comprometimento da autonomia.[4]

Em 2014, o filme hollywoodiano *Transcendence* descartou a noção de máquinas altamente inteligentes como mera ficção científica e fez com que as mentes brilhantes de Stephen Hawking,[5] Stuart Russell,

---

3 MANHEIN, Karl M.; KAPLAN, Lyric. Artificial Intelligence: risks to privacy and democracy (October 25, 2018). *21 Yale Journal of Law and Technolog*, v. 106, 2019, Loyola Law School, Los Angeles Legal Studies Research Paper n. 2018-37. Disponível em: https://papers.ssrn.com/sol3/papers.cfm?abstract_id=3273016. Acesso em: 11 maio 2024.

4 RODOTÀ, Stefano. *A vida na sociedade da vigilância*: a privacidade hoje. Maria Celina Bodin de Moraes (org.). Tradução de Danilo Doneda e Luciana Doneda. Rio de Janeiro: Renovar, 2008, p. 46-47.

5 INDEPENDENT UK EDITION. Stephen Hawking: Artificial intelligence could wipe out humanity when it gets too clever as humans will be like ants. AI is likely to be 'either the best or worst thing ever to happen to humanity'. October 8th, 2015. Disponível em: https://www.independent.co.uk/tech/stephen-hawking-artificial-intelligence-could-wipe-out-

Max Tegmark e Frank Wilczek se reunissem para um alerta global:[6] "*Transcendence* analisa implicações da Inteligência Artificial – mas será que estamos levando a IA a sério o suficiente?". E no ano seguinte, o magnata Bill Gates declarou, ao *BBC News*, ser preocupante a população mundial não se mobilizar frente ao potencial lesivo da IA, representativa de grave ameaça à existência humana.[7]

No Japão, pela primeira vez em 2017, durante a *AI Network Society Conference MIC*,[8] uma base principiológica direcionada às aplicações de IA foi levada a debate, que se tornou ainda mais pungente na Comissão Europeia de Princípios da IA. Assim, em 2019, desenhou a OCDE *framework* principiológico para pesquisa, desenvolvimento, implementação e uso de Inteligência Artificial,[9] destacando: a) o crescimento inclusivo, desenvolvimento sustentável e bem-estar, com alusão à privacidade, proteção de dados pessoais e autonomia; b) os valores centrados no ser humano, justiça e equidade; c) a transparência e explicabilidade; d) a proteção, segurança e robustez; e) *accountability*.

A inquietação persistiu fazendo com que a alta-comissária da ONU para direitos humanos, Michelle Bachelet, constatando os riscos aos direitos humanos e o "impacto negativo e até catastrófico se for utilizada sem levar em consideração como afetam os direitos das pessoas",[10] recomendasse a proibição de aplicações de IA em desacordo com normas internacionais humanitárias e defendesse a pausa no uso e comercialização de tais tecnologias até que adequadas políticas protetivas dos *stakeholders* viessem à tona.

---

humanity-when-it-gets-too-clever-as-humans-could-become-like-ants-being-stepped-on-a6686496.html. Acesso em: 11 maio 2024.

6 INDEPENDENT UK EDITION. Interview with Stephen Hawking, Stuart Russell, Max Tegmark e Frank Wilczek. May 1st, 2014. Disponível em: https://www.independent.co.uk/news/science/stephen-hawking-transcendence-looks-at-the-implications-of-artificial-intelligence-but-are-we-taking-ai-seriously-enough-9313474.html. Acesso em: 11 maio 2024.

7 BBC NEWS. Microsoft's Bill Gates insists AI is a threat. January 29th, 2015. Disponível em: https://www.bbc.com/news/31047780. Acesso em: 11 maio 2024.

8 ORGANISATION FOR ECONOMIC CO-OPERATION AND DEVELOPMENT. Japan's AI Utilization Guidelines: an initiative for implementing the OECD AI Principles. Disponível em: https://oecd.ai/en/wonk/japans-ai-utilization-guidelines-an-initiative-for-implementing-the-oecd-ai-principles. Acesso em: 11 maio 2024.

9 ORGANISATION FOR ECONOMIC CO-OPERATION AND DEVELOPMENT. *OECD AI PRINCIPLES*, 2019. Disponível em: https://oecd.ai/en/ai-principles. Acesso em: 11 maio 2024.

10 ORGANIZAÇÃO DAS NAÇÕES UNIDAS. Chefe de Direitos Humanos da ONU pede moratória para inteligência artificial. Nações Unidas Brasil, 16 de setembro de 2021. Disponível em: https://brasil.un.org/pt-br/144671-chefe-de-direitos-humanos-da-onu-pede-morat%C3%B3ria-para-intelig%C3%AAncia-artificial. Acesso em: 11 maio 2024.

Com efeito, o banimento e a instituição de moratórias a dadas tecnologias de IA não devem ser, de pronto, medidas descartadas, desde que adotadas abordagens *top bottom* ou *top down*, em regra, mais adequadas a tecnologias com potencial elevado de risco. O paradigma descendente representa estratégia intricada que se vale de extensos conjuntos de dados para conceber métodos e algoritmos de aplicação versátil, como nos modelos de Inteligência Artificial Generativa, utilizados em contextos diversos daqueles originalmente desenvolvidos. O processamento que descende do geral ao particular caracteriza-se pela decomposição gradual de cada subsistema da estrutura, minuciosamente detalhado, desde aspectos mais abrangentes até peculiaridades basilares do projeto. Embora haja limitações, tal metodologia proporciona benefícios substanciais como a compreensão holística do sistema e a aptidão de antecipar problemas críticos.

Em contrapartida, a abordagem ascendente – *bottom up* – reflete a construção progressiva do sistema a partir de subsistemas complexos cujos componentes integrados gradualmente visam alcançar o *design* completo do modelo. O algoritmo é treinado desde o início para abordar uma tarefa específica, utilizando apenas um subconjunto de dados, uma fração de *Big Data*. Por conseguinte, geralmente não requer pré-treinamento ou ajustes mais finos durante o treinamento da IA, sendo especialmente útil a situações com recursos computacionais limitados e à execução de tarefas menos complexas.

Malgrado as abordagens descendente e ascendente de aprendizado de máquina apresentem vantagens e desvantagens distintas, ambas desempenham papel relevante na resolução de desafios complexos e na criação de sistemas de IA eficazes e confiáveis. A escolha entre uma ou outra depende das necessidades específicas de cada modelo de IA.

No início de 2020, o centro de pesquisas *Berkman Klein Center for Internet & Society*[11] da Universidade de Harvard (EUA) realizou o mapeamento de 36 documentos internacionais para avaliar o consenso sobre os princípios da IA, tendo verificado oito axiomas recorrentes: (i) *accountability*; (ii) privacidade; (iii) segurança e proteção; (iv) transparência e explicabilidade; (v) justiça, equidade e não discriminação; (vi) controle humano das tecnologias de Inteligência Artificial;

11 BERKMAN KLEIN CENTER FOR INTERNET & SOCIETY AT HARVARD UNIVERSITY. *Principled Artificial Intelligence*: mapping consensus in ethical and rights-based approaches to principles for AI. Harvard Publications, Ethics and Governance of AI, 2020. Disponível em: https://cyber.harvard.edu/publication/2020/principled-ai. Acesso em: 11 maio 2024.

(vii) responsabilidade profissional; e (viii) promoção de valores humanos frente aos riscos apresentados por sistemas de IA.

Os princípios delineados pela OCDE dedicam-se como agentes de IA devem moldar a abordagem regulatória centrada no ser humano. Percebidos como instrumento jurídico, o *OECD AI Principles* representam uma aspiração comum de todos os países aderentes. Além de base axiológica mundialmente replicada, definem ainda orientações para as políticas públicas sobre IA, como o contínuo investimento em P&D de aplicações éticas de IA, a promoção de um ecossistema digital compatível com suas distintas tipologias, a aptidão e transição do mercado de trabalho e a cooperação internacional.

Todavia, não basta a positivação dos princípios da IA, é preciso concretude para que se transmutem em direitos com máxima exequibilidade por seus titulares, sob pena de agravamento das inquietações dos especialistas e de implicações lesivas decorrentes do desenvolvimento e do uso desses modelos. Assim, os esforços regulatórios estatais devem ser exercitados objetivando amparar esse primordial sustentáculo teleológico.

Ainda que pareçam se justificar, à primeira vista, as vozes da iniciativa privada que sustentam que a regulação da IA precisaria ser mais generalista e deontológica, tal merece ser confrontado pela necessidade de segurança jurídica. A persistente ausência de definições detalhadas e de análise pormenorizada dos riscos inerentes aos diferentes tipos de modelos de IA, lamentavelmente, poderá relegar a abordagem regulatória da IA ao posto de *soft law*, de mera carta de intenções, como em diversas diretrizes propostas por organismos internacionais, que apenas cumprem um papel orientador e pedagógico.

Em que pese arranjos de boas práticas e governança algorítmica sejam cruciais, um amontoado normativo basicamente deontológico não servirá de eficaz salvaguarda a direitos humanos vilipendiados por modelos inteligentes. É irrefutável a insuficiência de estratégias como a EBIA[12] para alcançar o equilíbrio entre a afirmação protetiva de direitos e os avanços econômico-tecnológicos. Se a máquina já supera os humanos em muitas tarefas, a de decidir sobre as normas que a regerão não pode ser uma delas.

---

12 ESTRATÉGIA BRASILEIRA DE INTELIGÊNCIA ARTIFICIAL – EBIA. Portaria GM nº 4.617/2021 do Ministério da Ciência, Tecnologia e Inovações. Disponível em: https://www.gov.br/mcti/pt-br/acompanhe-o-mcti/transformacaodigital/arquivosinteligenciaartificial/ebia-documento_referencia_4-979_2021.pdf. Acesso em: 11 maio 2024.

Uma abordagem regulatória que peque em especificidade também não sanará os prejuízos decorrentes de falhas de programação e operabilidade em algoritmos dotados de Inteligência Artificial, cujas decisões automatizadas podem ensejar sérias violações a direitos fundamentais. Nesses casos, serão medidas, como requisições de auditabilidade algorítmica periódica, relatórios de impacto, *sandboxes* regulatórios e critérios objetivos de explicabilidade e transparência da IA, que darão concretude a essa base axiológica.

Sobre as alegações de *Pacing Problem*[13] – qual é o momento para se regular a Inteligência Artificial no Brasil? –, é notório que não estamos mais na etapa de debates sobre padrões éticos de uso da IA. Sob a ótica da continuidade do fomento à inovação tecnológica, é genuína a preocupação de que uma regulação de IA extensiva e restritiva acarrete retrocessos à P&D de novas tecnologias no país. Tendo em vista o Direito não acompanhar a velocidade com que as tecnologias avançam e a obsolescência frívola de normas muito rígidas, deve o legislador se valer da experiência estrangeira adaptando-a à realidade social brasileira, especialmente para proteger os mais vulneráveis, a partir de uma graduação dos riscos das variadas aplicações de Inteligência Artificial.

3 O contexto regulatório internacional da Inteligência Artificial como norte para o cenário brasileiro

A necessidade premente de um marco regulatório para Inteligência Artificial tem sido objeto de acalorados debates entre autoridades globais. No encontro multissetorial "O Futuro da IA: Oportunidades e Desafios", em Porto Rico, no ano de 2015, firmou-se a concepção de uma abordagem que prioriza os potenciais impactos a direitos humanos. Reconheceu-se que questões sobre ascensão de IA transcendem o fascínio intelectual e adentram território moralmente crucial que moldará as estratégias regulatórias porvir.[14]

---

13 Tese sustentada por Andrea Renda, professor da Escola Transnacional de Governança do *European University Institute* e Diretor do *CEPS Global Governance, Regulation, Innovation & Digital Economy*, durante participação remota no seminário "A Construção do Marco Regulatório da Inteligência Artificial no Brasil", sediado em Brasília e promovido em 17 de abril de 2023 pelo Conselho da Justiça Federal.

14 WORLD ECONOMIC FORUM. *Emerging technologies*: top 9 ethical issues in Artificial Intelligence. October 21th, 2016. Disponível em: https://www.weforum.org/agenda/2016/10/top-10-ethical-issues-in-artificial-intelligence/. Acesso em: 11 maio 2024.

Segundo relatório da OCDE,[15] aproximadamente 60 nações já delinearam estratégias nacionais para a Inteligência Artificial. Apesar dos esforços de normatização liderados por organizações internacionais e debates francos em fóruns globais, o receio de impactos adversos em pesquisa e desenvolvimento evidencia seu caráter geopolítico.

O Comitê Internacional da Cruz Vermelha, na publicação "Inteligência Artificial e Aprendizado de Máquina em Conflitos Armados: Uma Abordagem Centrada no Ser Humano",[16] reconheceu riscos intrínsecos a sistemas de IA. Em consonância, no Brasil, o relatório elaborado em 2022 pelo Instituto Escola Nacional de Administração Pública (ENAP)[17] sobre a regulação da IA lançou luz sobre políticas regulatórias estrangeiras, destacando o Reino Unido, a Austrália, o Japão, os EUA e a União Europeia.

O Reino Unido,[18] como um dos pioneiros na formulação de estratégias nacionais para a IA, delineou, em julho de 2020, por meio do *Information Commissioner's Office* (ICO), as metas para a proteção de dados em ambientes impulsionados por IA. Contudo, tais diretrizes ativeram-se a implicações da IA no âmbito da proteção de dados pessoais, refletindo atribuições específicas do ICO e negligenciando áreas como saúde e finanças.

No mesmo mês, lançou-se o *National AI Strategy* ou *AI Action Plan*[19] definindo um arcabouço regulatório para a IA pautado na métrica do impacto econômico nacional e na promoção de novas tecnologias. Propõe abordagem segmentada dos princípios da IA adaptados a

[15] ORGANISATION FOR ECONOMIC CO-OPERATION AND DEVELOPMENT. *OECD AI Database of National AI Policies* (2021). Disponível em: https://futureoflife.org/ai-policy/. Acesso em: 11 maio 2024.

[16] THE INTERNATIONAL COMMITTEE OF THE RED CROSS. Artificial intelligence and machine learning in armed conflict: a human-centred approach. *International Review of the Red Cross*, Digital technologies and war: reports and documents, p. 463-479, 102 (913), 2020, p.478. Disponível em: https://international-review.icrc.org/sites/default/files/reviews-pdf/2021-03/ai-and-machine-learning-in-armed-conflict-a-human-centred-approach-913.pdf. Acesso em: 11 maio 2024.

[17] ESCOLA NACIONAL DA ADMINISTRAÇÃO PÚBLICA. Regulação da Inteligência Artificial: benchmarking de países selecionados. Disponível em: https://repositorio.enap.gov.br/bitstream/1/7419/1/2022.12.08%20-%20Regula%C3%A7%C3%A3o%20da%20Intelig%C3%AAncia%20Artificial.pdf. Acesso em: 11 maio 2024.

[18] UNITED KINGDOM NATIONAL AI STRATEGY. UK Office for Artificial Intelligence. September, 2021. Disponível em: https://assets.publishing.service.gov.uk/government/uploads/system/uploads/attachment_data/file/1020402/National_AI_Strategy_-_PDF_version.pdf. Acesso em: 11 maio 2024.

[19] UNITED KINGDOM. GOV.UK. Guidance: National AI Strategy. Disponível em: https://www.gov.uk/government/publications/national-ai-strategy. Acesso em: 11 maio 2024.

distintos contextos, delegando aos reguladores medidas proporcionais às ameaças a direitos humanos conforme os riscos reais e oportunidades negligenciadas, e optando por intervenções mais brandas, como advertências e governança corporativa.

Em março de 2023, o ICO revigorou suas orientações respondendo às demandas da indústria britânica e a uma visão governamental britânica pró-inovação e repisando o compromisso do ICO25 de guiar as organizações nacionais na adoção de tecnologias progressistas, priorizando a preservação de grupos vulneráveis. Em que pese o governo tenha delineado os princípios da IA, como transparência, segurança, proteção, equidade, privacidade, responsabilidade e meios de reparação, no contexto britânico, a regulação da IA ainda é fragmentada, confiando a supervisão a cada setor econômico específico.

A ausência de legislação abrangente sobre IA no Reino Unido resulta em uma diversidade de requisitos regulatórios, uma antinomia real de normas e muitos desafios terminológicos. Diante disso, em novembro de 2023, o *AI Safety Summit*[20] congregou, em Londres, representantes de 28 países, incluindo o Brasil, para endossar declaração conjunta sobre os riscos da IA e a necessidade de colaboração internacional para prover a segurança e a confiabilidade de sistemas inteligentes transfronteiriços.

A Austrália, país membro da *Commonwealth* que figura entre os quatro maiores contribuintes de seu orçamento, sofre forte influência das regulações do Reino Unido e tem se mostrado focada em debater um arcabouço legal e de governança necessários a posicioná-la como líder global em IA. Suas iniciativas incluem a *Australia's AI Action Plan,*[21] a *Australia's AI Technology Roadmap*[22] e a *Australia's AI Ethics Framework.*[23]

---

[20] UK AI SAFETY SUMMIT. Disponível em: https://www.aisafetysummit.gov.uk/. Acesso em: 11 maio 2024.b

[21] DEPARTMENT OF INDUSTRY, SCIENCE, ENERGY AND RESOURCES – DISER. Australia's AI Action Plan. Disponível em: https://webarchive.nla.gov.au/awa/20220816053410/https://www.industry.gov.au/data-and-publications/australias-artificial-intelligence-action-plan. Acesso em: 11 maio 2024.

[22] COMMONWEALTH SCIENTIFIC AND INDUSTRIAL RESEARCH ORGANISATION – CSIRO. Australia's AI Technology Roadmap. Disponível em: https://www.csiro.au/en/research/technology-space/ai/artificial-intelligence-roadmap. Acesso em: 11 maio 2024.

[23] DEPARTMENT OF INDUSTRY, SCIENCE, ENERGY AND RESOURCES – DISER. Australia's AI Ethics Framework. Disponível em: https://www.industry.gov.au/publications/australias-artificial-intelligence-ethics-framework/australias-ai-ethics-principles. Acesso em: 11 maio 2024.

Diferentemente da fase regulatória inaugural em que ainda se sedia a Austrália, o Japão foi o segundo país no mundo a desenvolver suas estratégias de IA, definir metas e alocar orçamento ao enfrentamento do tema. Em 2022, sua Estratégia de IA[24] arrolou cinco objetivos táticos de ação: (i) firmar infraestrutura técnica, adequada e operacional capaz de proteger a vida e a propriedade contra crises iminentes, como pandemias e desastres de larga escala; (ii) promover P&D de novas tecnologias, capacitando recursos humanos e atraindo novos talentos; (iii) tornar-se precursor em aplicativos de IA em indústrias mundiais nas áreas de agricultura, infraestrutura, transporte, desenvolvimento regional e saúde; (iv) criar técnicas pró-sustentabilidade, englobando a diversidade, a construção de infraestrutura de dados e a observância de princípios da IA; (v) consolidar uma rede global de P&D e treinamento especializado em IA liderada pelo Japão.[25]

Também em 2022, os EUA, por meio de *The White House Office of Science and Technology Policy*, apresentaram uma declaração de direitos da Inteligência Artificial, o *Blueprint for an AI Bill of Rights*.[26] Assim, órgãos governamentais como o *National Institute of Standards and Technology* (NIST)[27] e o *Federal Trade Comission* (FTC) passaram a servir como atores na definição de padrões de P&D de sistemas de IA nos EUA. Essa carta de intenções é composta por cinco princípios: a) segurança e eficácia dos sistemas de IA, com ênfase em participação social na avaliação de impactos; b) garantias contra discriminação algorítmica; c) privacidade de dados pessoais e proteção da autonomia de seus titulares; d) notificação do usuário e explicabilidade de como e por que o sistema de IA alcançou dado resultado; e) reconsideração e revisão humanas e acesso ao julgamento por um humano no caso de erros em decisões automatizadas.

---

24 JAPAN'S SECRETARIAT OF SCIENCE, TECHNOLOGY AND INNOVATION POLICY CABINET OFFICE. AI Strategy 2022. Disponível em: https://www8.cao.go.jp/cstp/ai/aistratagy2022en_ov.pdf. Acesso em: 11 maio 2024.

25 SUDOH, OSAMU. Japan's AI Utilization Guidelines: an initiative for implementing the OECD AI Principles. *OECD.AI Policy Observatory*. June, 2020. Disponível em: https://oecd.ai/en/wonk/japans-ai-utilization-guidelines-an-initiative-for-implementing-the-oecd-ai-principles. Acesso em: 11 maio 2024.

26 UNITED STATES OF AMERICA. WHITE HOUSE. Blueprint for na AI Bill of Rights: making automated systems work for the American people. Disponível em: https://www.whitehouse.gov/wp-content/uploads/2022/10/Blueprint-for-an-AI-Bill-of-Rights.pdf. Acesso em: 11 maio 2024.

27 NATIONAL INSTITUTE OF STANDARDS AND TECHNOLOGY. Launch of the NIST AI Risk Management Framework. January 26th, 2023. Disponível em: https://www.nist.gov/itl/ai-risk-management-framework. Acesso em: 11 maio 2024.

Além disso, em fevereiro de 2022, foi modificado o *Algorithmic Accountability Act*.[28] Caso aprovado, tornará compulsórias a avaliação periódica de riscos, a adoção de medidas de aprimoramento e a criação de modelos de relatório de impacto algorítmico para sistemas inteligentes que tomem decisões automatizadas, a ser enviado ao FTC.

Em outro giro, com uma visão militarizada, a Rússia estabeleceu uma estratégia de IA com metas bem delineadas a serem cumpridas em intervalos de cinco a dez anos, em prol da construção de *expertise* nacional em IA, através da instituição de programas educacionais, infraestrutura governamental e sistemas regulatórios, incluindo a IA em sua agenda programática de modernização da defesa nacional e implantando tecnologia robótica, até 2025, em 30% de seus dispositivos militares para o fortalecimento bélico.[29]

Distanciando-se de interferências externas, em 10 de janeiro de 2023, o *China's Deep Synthesis Provisions* entrou em vigor com o condão de fortalecer sua fiscalização sobre produtos e serviços munidos de IA. Suas provisões centralizam-se nos pontos a seguir: (i) proteção de dados e segurança da informação, focada em revisão algorítmica; (ii) transparência na detecção de dados não fidedignos ou insuficientes que causem lesões a direitos; (iii) gerenciamento e rotulagem de conteúdo por autoridade designada; (iv) periódicos reexames de algoritmos de IA e prévios relatórios de impacto.[30]

Totalmente diferenciada da China e, em parte, das outras diretrizes já expostas, nada tem sido mais impactante que a *AI Act*,[31] firmada pelo Parlamento Europeu. Em junho de 2023, a UE firmou a intenção de regular P&D dos sistemas de IA, implantando aberta negociação e

---

[28] UNITED STATES OF AMERICA. CONGRESS.GOV. H.R.6580 – Algorithmic Accountability Act of 2022. 117th Congress (2021-2022). Disponível em: https://www.congress.gov/bill/117th-congress/house-bill/6580/text. Acesso em: 11 maio 2024.

[29] RUSSIAN FEDERATION PRESIDENTIAL OFFICE. Decree of the President of the Russian Federation on the development of Artificial Intelligence in the Russian Federation (Center for Security and Emerging Technology), October 10th, 2019. Disponível em: https://cset.georgetown.edu/publication/decree-of-the-president-of-the-russian-federation-on-the-development-of-artificial-intelligence-in-the-russian-federation/. Acesso em: 11 maio 2024.

[30] HOLISTIC AI E-BOOK. The state of global AI regulations in 2023. Disponível em: https://uploads-ssl.webflow.com/6305e5d52c28356b4fe71bac/64356aa81ecc5f03d47d9310_Holistic-AI-E-Book-AI-Regulation-in-2023-Compressed.pdf. Acesso em: 11 maio 2024.

[31] PARLAMENTO EUROPEU. *The Artificial Intelligence Act*. Regulamento do Parlamento e Conselho Europeu que estabelece regras em matéria de Inteligência Artificial e altera certos atos legislativos da União Europeia. Bruxelas, 2021. Disponível em: https://artificialintelligenceact.eu/the-act/. Acesso em: 11 maio 2024.

amplo debate sobre a temática, a fim de compor pacote regulatório de IA mais amplo, que inclui um plano coordenado e atualizado. O Conselho Europeu empreende reiterados esforços regulatórios desde janeiro de 2019, com um *Guidelines on Artificial Intelligence and Data Protection*, visando uma abordagem orientativa e preventiva dos impactos da IA, considerando os riscos dessas aplicações.[32] Também já foi publicado o *Ad Hoc Committee on Artificial Intelligence*, propondo que a regulação de IA seja baseada nos riscos que tais sistemas apresentam em contextos específicos.[33]

Corroborados, o marco regulatório e o plano coordenado europeus garantirão os direitos fundamentais de pessoas, físicas e jurídicas, frente a riscos do desenvolvimento, implantação e uso de sistemas de Inteligência Artificial, fortalecendo os investimentos em países da União Europeia e a promoção de requisitos e obrigações específicas sobre as aplicações de IA a serem seguidos por todos os agentes da cadeia de valor da IA.

4 Por uma abordagem regulatória antropocêntrica e baseada em riscos e níveis de autonomia dos variados sistemas de inteligência artificial

Na eleição de estratégias regulatórias, é inquestionável a vastidão teórica acerca das alternativas normativas aplicáveis a ambientes globalizados e complexos permeados por incertezas decorrentes de revoluções tecnológicas, especialmente aquelas geradas por avanços em Inteligência Artificial. As opções regulatórias predominantes são: a) a abordagem baseada em riscos (*risk-based approach*); b) a orientada por direitos humanos (*rights-based*); c) a híbrida, que combina perspectiva antropocêntrica e classificação dos riscos da IA; d) a regulação horizontal, que estabelece padrões mínimos contemplados em normas abrangentes para os diferentes setores econômicos, à semelhança do modelo europeu; e) a regulação setorial-vertical, exemplificada pelo sistema vigente nos EUA; e f) a regulação multicamadas ou multissetorial, como

[32] COUNCIL OF EUROPE. Consultative Committee of the Convention for the Protection of Individuals with Regard to Automatic Processing of Personal Data. Guidelines on Artificial Intelligence and Data Protection. Disponível em: https://rm.coe.int/guidelines-on-artificial-intelligence-and-data-protection/168091f9d8. Acesso em: 11 maio 2024.

[33] COUNCIL OF EUROPE. Ad Hoc Committee on Artificial Intelligence – CAHAI. Disponível em: https://www.coe.int/en/web/artificial-intelligence/cahai. Acesso em: 11 maio 2024.

observada na China. Não se discute mais, portanto, a necessidade de regulamentar a Inteligência Artificial, mas como fazê-lo.

Por que, então, o Brasil parece ter optado pela abordagem regulatória híbrida, conforme delineado no Projeto de Lei nº 2.338/2023?[34] O texto do PL nº 2.338/2023 concentra a discussão em substituição aos ora arquivados PL nº 5.051/2019, do Sen. Styvenson Valentim (Podemos-RN), PL nº 21/2020, do Dep. Eduardo Bismarck (PDT-CE), e PL nº 872/2021, do Sen. Veneziano Vital do Rêgo (MDB-PB). Todavia, qual é o formato regulamentar mais apropriado às particularidades da ordem jurídica brasileira?

Entendendo que não haveria uma cadeia de valor da IA sem que a economia atual fosse movida a dados, Stefano Rodotà, com o condão de propor ambiente jurídico favorável a uma disciplina normativa adequada à circulação de informações, consolidou cinco elementos: (1) uma disciplina legislativa de base, constituída por cláusulas gerais e normas processuais; (2) normas autônomas para casos específicos; (3) uma autoridade administrativa independente; (4) uma ordem legal de recurso à autoridade judiciária; e (5) a previsão de um controle difuso, confiado a indivíduos e grupos.[35]

Por se reconhecer a inviabilidade prática de se debater sobre todos os riscos, concretos e prováveis, advindos da ampla variedade de sistemas de IA, existentes e por vir, a proposta regulatória deve priorizar técnicas legislativas que admitam conformação hermenêutica da norma à realidade social, ajustando-a no tempo e no espaço. Que se faça uso, então, de técnicas como cláusulas gerais, conceitos jurídicos indeterminados e/ou listagens legais que contenham fórmula exemplificativa acompanhada de cláusula genérica, para não se afligir a eficácia e a aplicabilidade dessas normas jurídicas.

Propõe-se, então, no citado projeto legislativo uma listagem exemplificativa de riscos que arrola desde os sistemas de IA usados para gestão de recursos críticos, como energia elétrica, até o desenvolvimento de modelos inteligentes na administração da justiça, além de uma abertura ao reposicionamento de determinadas categorias de IA

---

34 BRASIL. SENADO FEDERAL. Projeto de Lei nº 2.338, de 2023. Atividade Legislativa, 2023. Disponível em: https://www25.senado.leg.br/web/atividade/materias/-/materia/157233?_gl=1*1qw7sar*_ga*ODQ3Nzg0NDY2LjE2MjQ2Mzc4Mzg.*_ga_CW3ZH25XMK*MTY4NDE2Mjk0My4yLjAuMTY4NDE2Mjk0My4wLjAuMA. Acesso em: 11 maio 2024.

35 RODOTÁ, Stefano. *A vida na sociedade da vigilância*: a privacidade hoje. Maria Celina Bodin de Moraes (org.). Tradução de Danilo Doneda e Luciana Doneda. Rio de Janeiro: Renovar, 2008, p. 87-88.

de acordo com o seu treinamento e o restabelecimento de sua acurácia ao longo do tempo e pelo uso de técnicas que permitam, *in casu*, a correção de resultados enviesados, o aprimoramento dos algoritmos e a readequação de sua base de dados.

Ao distinguir sistemas automatizados com recursos avançados de processamento de dados para tomada de decisão das demais categorias, identificam-se quais devem ser regulados de modo mais restritivo, quais medidas de proteção devem ser aplicadas a partir de uma gradação de riscos a direitos humanos e quais ramos jurídicos são afetados (responsabilidade civil, proteção de dados, propriedade intelectual, etc.).

Luca Belli,[36] ao destacar a "cadeia de valor da Inteligência Artificial", na forma de processo organizacional pelo qual a aplicação de IA é desenvolvida, implementada e usada, aduz ser necessário qualificar os responsáveis pelos danos causados a partir dos elos da "cadeia de valor da IA": 1) a definição do problema que se pretende resolver; 2) a coleta e a análise de dados e o seu pré-processamento; 3) os dados de treinamento e correção do modelo; 4) testes e avaliações do sistema de IA; 5) a integração em código de programação; 6) efetiva implantação da tecnologia. São partes envolvidas na cadeia de valor da IA: a) os fornecedores de dados que alimentam e treinam a IA; b) os desenvolvedores de algoritmos; c) os fabricantes de *hardware* e *software*; d) os integradores do sistema de IA; e) os usuários finais; e f) os reguladores governamentais.

Foram definidos pelo Parlamento Europeu, no *AI Act*,[37] como participantes essenciais da cadeia de valor da IA, os fornecedores (art. 16), os mandatários (art. 25), os importadores (art. 26), os distribuidores (art. 27) e os usuários (art. 29), abrangendo agentes públicos e privados, asseguradas as condições de concorrência equitativa. Assim também já foi sustentado por Kaufman[38] ao sugerir a qualificação e repartição da responsabilidade civil por danos causados por aplicações de IA, conforme sua cadeia de valor, entre as figuras de fornecedores, desenvolvedores, usuários intermediário e final.

---

36 BELLI, Luca. Painel II: categorização dos riscos e repercussões regulatórias. *In*: Seminário FGV Direito Rio sobre o "Marco Legal da Inteligência Artificial", Rio de Janeiro. Acesso em: 11 maio 2024.

37 PARLAMENTO EUROPEU. *The Artificial Intelligence Act*. Regulamento do Parlamento e Conselho Europeu que estabelece regras em matéria de Inteligência Artificial e altera certos atos legislativos da União Europeia. Bruxelas, 2021. Disponível em: https://artificialintelligenceact.eu/the-act/. Acesso em: 11 maio 2024.

38 KAUFMAN, Dora. *A inteligência artificial irá suplantar a inteligência humana?* Barueri-SP: Estação das Letras e Cores, 2019.

Ante a determinação de uma abordagem regulatória híbrida, centrada em direitos humanos e baseada em gradação de riscos conforme as diferentes tipologias de sistemas de IA, impende o resgate das teorias do risco analisadas nos estudos de responsabilidade civil. Enquanto não advir uma abordagem regulatória própria da IA, "a enunciação de supostos vazios normativos representa problema muito mais grave do que o mero abalo à dogmática consolidada na tradição jurídica (...) melhores resultados se haverão de alcançar pelo esforço de releitura dos institutos já conhecidos pela civilística".[39]

O Marco Legal da Inteligência Artificial no Brasil não se instituirá em completo vácuo legislativo. Pelo contrário, será aditivo ao diálogo de fontes já institucionalizado, que abriga legislações federais consolidadas, como o Código Civil (CC), o Código de Defesa do Consumidor (CDC), a Lei de Acesso à Informação (LAI), o Marco Civil da Internet (MCI) e a Lei Geral de Proteção de Dados Pessoais (LGPD), entre outras.

Malgrado tais normas não tenham sido pensadas, até por questões cronológicas, para lidar com as características específicas dos atuais modelos de IA disponíveis na Economia de Dados, admite-se a sua incidência desde que o intérprete esteja premido de uma visão hermenêutica unitária e sistemática do ordenamento jurídico brasileiro, assim como tecnologicamente sensível e digitalmente educada. Ao operador caberá aderir a uma perspectiva holística diante do amplo escopo da IA, cujos impactos podem atingir diversos campos do Direito: consumerista, concorrencial, trabalhista, cível, entre outros.

Por derradeiro, reporta-se que, em abril de 2024, um novo texto preliminar foi apresentado à Comissão Temporária Interna sobre Inteligência Artificial (CTIA)[40] pelo Senador Eduardo Gomes (PL-TO), com severas alterações ao originalmente proposto pelo Senador Rodrigo Pacheco (PSD-MG). Os pontos mais criticados do novo texto são a redução do escopo dos modelos de IA classificados como de alto risco, o amplo rol de exceções à proibição do uso de tecnologias de reconhecimento

---

[39] TEPEDINO, Gustavo; SILVA, Rodrigo da Guia. Desafios da inteligência artificial em matéria de responsabilidade civil. *Revista Brasileira de Direito Civil – RBDCivil*, Belo Horizonte, v. 21, p. 61-86, jul./set. 2019.

[40] SENADO FEDERAL. Comissão Temporária Interna sobre Inteligência Artificial. Apresentação, em 24.04.2024, de relatório preliminar sobre os Projetos de Lei nºs 2.338/2023, 21/2020, 5.051/2019, 5.691/2019, 872/2021, 3.592/2023, 145/2024, 146/2024, 210/2024 e 266/2024, que dispõem sobre o tema "uso da Inteligência Artificial no Brasil", com o objetivo de dar conhecimento aos senadores membros da comissão acerca da regulação da temática. Relator Senador Eduardo Gomes. Disponível em: https://legis.senado.leg.br/comissoes/reuniao?0&reuniao=12524. Acesso em: 11 maio 2024.

facial, as alterações na conceituação de sistemas de Inteligência Artificial e a previsão de desenvolvimento e utilização no Brasil de modelos de armas autônomas. A meta é a apresentação de um texto definitivo até a reunião de cúpula do G20, programada para 18.11.2024.

5 Considerações finais

A regulação deve encontrar meios técnicos ideais que a tornem mais adaptável e à prova dos efeitos deletérios do tempo, para ser possível mantê-la viva, aplicável, atualizável e confiável na medida em que a tecnologia se modifica e avança. É preciso executar a árdua tarefa de antecipação mínima das consequências de certas tecnologias munidas de Inteligência Artificial, a partir da análise das já existentes ou em testes, sem que se recaia em meros danos hipotéticos ou em exercício inaceitável de futurologia.

É mister superar e compatibilizar questões problemáticas, como o ritmo global acelerado e irrefreável dos avanços tecnológicos em IA, a eventual obsolescência da norma jurídica protetiva e a exigência de atuação coordenada entre especialistas, órgãos governamentais, os representantes da sociedade civil e os múltiplos setores da indústria frente à dificuldade de delinear níveis ideais de responsabilização por danos a direitos humanos causados por IA, tanto em termos de abrangência quanto de efetividade.

Discutir Inteligência Artificial indefinidamente não é uma opção, e não há mais tempo! Seus riscos são tão variados quanto sua tipologia, com consequências graves aos usuários, além de as causas de falhas algorítmicas serem pouco transparentes, quando não inexplicáveis. Destarte, questões regulatórias envoltas em especificidades de cada ramo da indústria ou comércio deverão ser resolvidas setorialmente.

O Marco Legal da IA deve se propor não somente a delinear parâmetros éticos, mas também a fixar conceitos, objetivos e diretrizes, graduar riscos de acordo com classificações basilares da IA, imputando responsabilidades e ônus e traçando as medidas preventivas e repressivas de danos e de *enforcement* das suas regras, com condão de rascunhar os caminhos ideais para que as normas infralegais, de agências reguladoras e/ou de órgãos governamentais, regulamentem setorialmente a matéria de forma mais pontual, operacionalizada e fiscalizável.

Não haverá um *trade-off* – uma escolha mutuamente excludente – entre a proteção de direitos e os riscos do desenvolvimento tecnológico em contínua evolução. É viável perseguir ambos os objetivos e também possível a complementariedade entre uma abordagem regulatória baseada em riscos e uma modelagem antropocêntrica.

A concomitância de uma normatização infralegal não afastará a importância da criação de um Conselho Nacional Multissetorial, quiçá um Comitê de Assessoramento Interministerial, caso seja mais adequado ao planejamento e à organização institucional de governo, de modo a não criar desincentivos ou insegurança a empresas que usem IA em variados setores, nem fragmentar, de modo desmedido, aspectos regulamentares.

Consideram-se decisões-chave na condução regulatória os aspectos a seguir: (i) regular as aplicações das tecnologias de IA, porém não propriamente a IA em si, porque a IA pode ser programada para variados propósitos e usada em diferentes contextos; (ii) reger aplicações e setores específicos que apresentem mais ameaças e prováveis lesões a direitos humanos, mas não todos os setores em si, o que não seria factível; (iii) regular a IA baseada nos direitos a tutelar e na graduação de riscos que cada tecnologia apresenta; (iv) correlacionar a regulação da IA às normas protetivas do consumidor, sempre que cabível; (v) conformar a IA, em pontos mais divergentes, a uma base principiológica.

Informação bibliográfica deste texto, conforme a NBR 6023:2018 da Associação Brasileira de Normas Técnicas (ABNT):

COUTINHO, Luiza Leite Cabral Loureiro. Por uma abordagem regulatória antropocêntrica da inteligência artificial: um panorama entre os pedidos de moratória e o cenário mundial de classificação dos riscos. *In*: EHRHARDT JÚNIOR, Marcos; CATALAN, Marcos (coord.). *Tecnologia, família e relações sucessórias*: tutela das pessoas e proteção patrimonial. Belo Horizonte: Fórum, 2024. p. 189-205. ISBN 978-65-5518-831-8.

NOVA *STELLA JURIS*: DISRUPÇÃO TECNOLÓGICA COMO HIPEROBJETO

JOCEVALDO RODRIGUES MACÊDO

MARCO ANTONIO LIMA BERBERI

> *"Os homens se tornaram ferramentas de suas próprias ferramentas. Aquele que colhia independentemente frutos quando tinha fome tornou-se agricultor; e aquele que se abrigava embaixo da árvore, doméstico."*
> Henry David Thoreau

Introdução: assim na terra como no céu

> *"Se o homem há de estar só, que olhe as estrelas."*
> Ralph Waldo Emerson

Em uma noite de novembro de 1572, o astrônomo dinamarquês Tycho Brahe voltou os olhos para o céu, como tantas outras vezes havia feito, e observou o firmamento em busca de informações mais precisas sobre o movimento dos planetas aparentes para compor a gigantesca base de dados astronômicas pela qual já era reconhecido.[1] No entanto, o que era para ser apenas mais uma noite de coleta de dados sobre fenômenos já conhecidos acabou por se transformar em algo muito maior quando, ao direcionar sua atenção para a constelação de Cassiopeia, ele percebeu a presença do que parecia ser uma nova e muito brilhante estrela na abóbada celeste.

A princípio, tudo parecia não passar de um erro, já que, de acordo com o conhecimento de sua época, baseado no modelo cosmológico aristotélico, a Terra seria uma esfera posicionada em um universo finito no centro de outras esferas em movimento constante e previsível e à qual os corpos celestes estariam conectados.[2] Portanto, o reino celeste acima da esfera lunar não deveria servir de palco para uma novidade como aquela que seus olhos acabavam de testemunhar. Mas qual não foi a surpresa de Brahe ao perceber que, se houvesse algum erro a ser corrigido, ele não provinha da sua observação, mas sim do todo modelo astronômico até então vigente.

Os detalhes das observações feitas dessa estrela foram publicados por Tycho Brahe em 1573, no livro "De nova stella" (Da Estrela Nova), considerado um primeiro passo na derrocada da estrutura do cosmo aristotélico e responsável por alçar sua carreira de astrônomo ao sucesso.[3] A descoberta daquilo que parecia ser um novo corpo celeste[4] abriu as portas para que transformações radicais pudessem ocorrer no entendimento não apenas do funcionamento dos corpos celestes, mas também da realidade como um todo. A partir daquele momento, muitas certezas precisaram ser abandonadas, ainda que de modo gradual, e novas perspectivas foram construídas para abarcar as descobertas desencadeadas por aquele fenômeno inédito ao olho humano.

---

1 SAGAN, Carl. *Cosmos*. Tradução de Paul Geiger. São Paulo: Companhia das Letras, 2017, p.91.

2 RODRIGUES, Jocê. Tempo absoluto (I). *Littera 7*, São Paulo, 01 mar. 2023. Disponível em: https://bit.ly/3JzAIVQ. Acesso em: 23 abr. 2024.

3 GLEISER, Marcelo. *A dança do universo*: dos mitos de criação ao Big Bang. São Paulo: Companhia das Letras, 1997, p.121.

4 Na verdade, o que Tycho havia observado não era o nascimento de uma nova estrela, mas sim uma supernova, ou seja, a morte de uma: a SN1572, também conhecida como "Supernova de Tycho".

Atualmente, os avanços cada vez mais velozes trazidos pelas novas tecnologias se apresentam como uma nova estrela no horizonte do Direito, suscitando profundos questionamentos não apenas sobre os próximos passos, mas igualmente sobre aqueles que estão sendo dados a distâncias cada vez mais largas entre si. É um momento singular, que exige igualmente uma interpretação singular a respeito das direções apresentadas como possibilidades para toda a sociedade.

Para tanto, é crucial primeiro saber orientar-se em meio às rotas recentemente abertas, cuidando para não perder de vista os massivos perigos presentes em tão urgente navegação.

O mundo em busca de orientação

> *"Quando mentes enlouquecidas estão em sincronia,*
>
> *elas criam uma realidade alternativa; matam ou inventam razões;*
>
> *eles encontram razões para agir fazendo de si mesmos*
>
> *um ponto fixo no universo."*
>
> Ioan Culianu

O chão que nos sustenta não parece ser mais tão seguro. Novos horizontes de eventos surgem em constância e velocidade estarrecedoras. Não são apenas os meios de comunicação que se transformaram drasticamente. Junto com eles, mudaram as maneiras como nós, enquanto seres humanos, encaramos o que é o ato de existir.

O modo como os seres humanos se relacionam com o mundo ao redor, incluindo o ambiente natural, social e tecnológico (que desempenha papel cada vez mais central), envolve a postura em relação aos objetos, às práticas e às condições do mundo que os cerca. Acompanhando a crise de sentido[5] dominante, a desorientação se mostra

---

[5] De acordo com John Vervaeke, experimentamos na atualidade um considerável aumento de distúrbios mentais (ansiedade, desespero e radical aumento no índice de suicídios), aliado a uma crise política, ambiental, histórica e cultural. A esse aglomerado de crises que se refletem em larga escala na sociedade, Vervaeke dá o nome de "crise de sentido" ou "crise de significado" (*meaning crisis*).

como uma engrenagem fundamental para as recentes dificuldades de uma civilização que tem pressa, mesmo sem saber ao certo o destino para onde deve ir. Como consequência, o trajeto humano torna-se fatalmente tortuoso, errático e sem objetivos claros, como se se deixasse levar ao sabor desgovernado dos ventos, sem mapa e sem compasso.

De acordo com Werner Stegmaier, a orientação está ligada ao processo de "encontrar o caminho para entrar numa nova situação".[6] Assim, saber orientar-se envolve um aspecto de direcionamento intencional. Isso significa que nossas ações e escolhas são guiadas por nossos interesses, intenções e valores que podem ser assegurados pelo Direito.[7] Quando alguém se utiliza de uma ferramenta ou de uma tecnologia, ele está orientando suas ações em direção a um objetivo específico que deseja alcançar. Neste passo, é importante compreender que as tecnologias são capazes de moldar e de serem moldadas pelas formas de orientação humana.

É notório que as novas tecnologias estão provocando transformações significativas em nossas formas de orientação, incluindo mudanças em hábitos de consumo de informações, nos padrões de interação social e até mesmo nas percepções de tempo e espaço. Ao mesmo tempo, essas transformações apresentam desafios como questões de privacidade, segurança e controle. Basta um breve olhar em torno para perceber que elas têm o potencial de alterar padrões de atenção, percepção e interação com o mundo, influenciando assim a orientação na tomada de decisão de seus usuários.

A orientação, como descrita por Stegmaier, não é apenas uma questão individual, mas também é construída social e culturalmente. As formas de orientação são influenciadas pelas normas, valores e práticas da sociedade em que elas são produzidas.[8] Por exemplo, a orientação em relação ao trabalho, lazer e comunicação pode ser moldada pelas expectativas culturais e sociais enfrentadas. A falta de um princípio orientador, como consequência da crescente dominância do mundo digital sobre o mundo físico, traz consigo uma alarmante crise de identidade, que se espalha sorrateiramente e vai minando, gota a gota, as forças psíquicas e vitais, impossibilitando o desenvolvimento de uma existência plena.

---

6 STEGMAIER, Werner. *What is orientation?* Boston: De Gruyter, 2019, p.1.

7 STEGMAIER, Werner. *What is orientation?* Boston: De Gruyter, 2019, p.175.

8 STEGMAIER, Werner. *What is orientation?* Boston: De Gruyter, 2019, p.26.

O Direito, enquanto fenômeno responsável pela manutenção das relações sociais, tem apresentado certa resistência às investidas da força das microrrevoluções que a tecnologia vem promovendo em peso só nas últimas décadas, ao tentar manter uma caminhada marcada por passos mais cautelosos, como é de sua natureza. Mas por quanto tempo? O cavalo de Troia há muito está dentro dos muros da cidade e os soldados comandados pelo industrioso Odisseu já marcham pelas ruas e casas, pilhando dados e padrões de comportamento que são rapidamente utilizados para agigantar o controle massivo do desejo, aprimorando as técnicas descobertas e empregadas desde o Renascimento por nomes como Giordano Bruno, Marsilio Ficino e Pico della Mirandola,[9] provando de uma vez por todas a tese desenvolvida por Bruno Latour de que, apesar de tantos esforços científicos, artísticos e literários para se provar o contrário, nós nunca fomos, de fato, modernos.[10]

Posicionar-se criticamente frente à tecnologia, essa *nova stella* que está a ofuscar com o seu brilho intenso outros fenômenos dos firmamentos social, político, econômico e cultural, significa, para o Direito e para todas as áreas do conhecimento, a busca por um norte diante do desenrolar dos eventos vertiginosos por ela desencadeados. Empreendimento quase hercúleo, que exige atenção redobrada para não permitir que se sucumba às tentações e promessas de um pacto mefistofélico, onde a humanidade, apoiada na crença desenhada pelas narrativas anteriores à Reforma, acredita que, assim como o ganancioso Fausto, estará isenta de qualquer tipo de punição ou reprimenda por suas escolhas e ações.[11] Somente com esse olhar atento ao que foi, ao que é e ao que possivelmente será, será concebível navegar com o equilíbrio e a moderação que exige a virtude da prudência:[12] ponderando cuidadosamente as opções disponíveis e considerando as consequências de cada escolha, antes de agir.

---

9 CULIANU, Ioan P. *Eros and magic in the Renaissance*. Chicago: The University of Chicago Press, 1987.

10 LATOUR, Bruno. *Jamais fomos modernos*: ensaio de antropologia simétrica. Tradução de Carlos Irineu da Costa. Rio de Janeiro: Editora 34, 1994.

11 De acordo com Ioan Culianu, as versões da narrativa do mito de Fausto que datam de antes do período da Reforma, no século XVI, exaltam a intrepidez e ousadia do protagonista em busca das suas conquistas. Somente com a revolução promovida por Lutero é que punições morais foram acrescentadas à história, com o intuito de alertar sobre os perigos de se barganhar com o diabo. Para mais, ver: CULIANU, Ioan P. Dr. Faust, Great Sodomite and Necromancer. *Revue de l'histoire des religions*, Paris, tomo 207, n. 3, p. 261-288, 1990.

12 MAGNO, Alberto. *Tratado sobre a prudência*. Tradução de Matteo Raschietti. São Paulo: Paulus Editora, 2018, p. 72.

Está mais que claro que o avanço da tecnologia e, mais recentemente, o avanço das IAs generativas nos colocam em uma situação de quase total desorientação. Saber orientar-se em meio às águas turbulentas do contemporâneo é o mínimo que se pode fazer para evitar um choque com o *iceberg* que pode fazer o navio da humanidade, que singra titubeante entre poucas calmarias e muitas tempestades, afundar.

A tecnologia como hiperobjeto

> *"A estética terminou. Ficou o dinheiro. Os homens são génios do bem para o ouro, génios do mal para a paisagem."*
>
> Gonçalo M. Tavares

Segundo algumas das concepções mais aceitas, o ser humano pode ser considerado um ser técnico por natureza, e que, em certa medida, faz uso dela como se fosse uma extensão da sua própria existência. Bernard Stiegler defende que a tecnologia é "o discurso que descreve e explica a evolução dos procedimentos e técnicas especializadas, artes e ofícios".[13] Um tipo de discurso que antes era hegemônico, mas que vem dividindo opiniões sobre a ideia vigente de progresso e de bem-estar do ser humano.[14]

Sob o olhar contemporâneo, o fenômeno da tecnologia ainda traz a dominante perspectiva narcisista herdada do platonismo,[15] que

---

[13] STIEGLER, Bernard. *La técnica y el tiempo*. Tradução de Beatriz Morales Bastos. Hondarribia: Hiru Argitaletxe, 2002, p. 146.

[14] "Se a tecnologia, por muito tempo sinônimo de progresso, não é mais necessariamente percebida como tal, ou melhor, se não é mais evidente que o progresso representa um benefício para a raça humana, sentimento que encoraja profundamente as multiformes reações de resistência ao desenvolvimento, pode-se continuar a afirmar que a tecnociência submete a teoria para propósitos úteis – sempre entendendo a utilidade como utilidade para-o-homem? A técnica seria assim seu próprio fim." STIEGLER, Bernard. *La técnica y el tiempo*. Tradução de Beatriz Morales Bastos. Hondarribia: Hiru Argitaletxe, 2002, p. 147.

[15] As pesquisas de Emanuele Coccia desmistificam a ideia de que a técnica é um instrumento de humanização do mundo. Para o filósofo italiano, todas as espécies viventes trabalham de maneira consciente para alterar, transformar e adaptar o mundo que os circunda de acordo com as necessidades de suas próprias existências, fazendo saltar aos olhos o fato de que todo espaço natural é, na realidade, um espaço artificial. Perspectiva que traz importante contribuição para qualquer estudo sério sobre o que chamamos de tecnologia, mas que ainda é escassamente abordada. Para mais, ver: COCCIA, Emanuele. *Metamorfoses*. Tradução de Madeleine Deschamps e Victoria Mouawad. Rio de Janeiro: Dantes Editora, 2020.

trouxe com ela promessas e tragédias grandiosas. Quando se fala de avanços tecnológicos na modernidade, é importante ter em mente três momentos:

1. A revolução industrial, responsável por maximizar a produção e aprimorar os lucros rápidos e automatizados, padronizando a pesada exploração da mão de obra e trazendo à tona profundas crises existenciais.
2. Os avanços técnico-científicos de finais do século 19 e início do século 20, com importantes descobertas e melhorias em setores como a saúde e que possibilitou ao ser humano ampliar o conhecimento da realidade que o cerca; mas que culminou com a bomba atômica.
3. Por fim, a revolução digital, com suas máquinas e serviços cada vez mais artificialmente inteligentes, que tentam imitar o comportamento criativo humano, enquanto aprofundam as crises existenciais geradas na Revolução Industrial e borram a relação explorador/explorado, normatizando a autoexploração.[16]

Por conta da sua massiva distribuição no tempo e espaço e sua influência incontornável nas relações e no agir humano, a tecnologia poderia facilmente ser enquadrada no rol dos hiperobjetos, termo criado pelo filósofo e ecologista Timothy Morton primeiramente para se referir a materiais altamente tóxicos, poluentes e duráveis como o isopor e o plutônio,[17] mas que posteriormente passou a ser usado para toda uma gama de "entidades invisíveis e massivamente distribuídas, perceptíveis apenas através da marca que elas deixam no mundo".[18] Entidades que o filósofo italiano Federico Campagna prefere chamar de forças cosmogônicas, "como se elas fossem divindades mitológicas que poderiam aparecer em um poema de Hesíodo".[19]

Seguindo a definição mais tardia e abrangente do conceito,

---

16 HAN, Byung-Chul. *Sociedade do cansaço*. Tradução de Enio Paulo Gianecchini. Petrópolis: Vozes, 2017.

17 MORTON, Timothy. *The ecological thought*. Cambridge: Harvard University Press, 2010, p. 130.

18 CAMPAGNA, Federico. *Technic and magic*: the reconstruction of reality. London: Bloomsbury Academic, 2018, p. 8.

19 CAMPAGNA, Federico. *Technic and magic*: the reconstruction of reality. London: Bloomsbury Academic, 2018, p. 8.

> Um hiperobjeto poderia ser um buraco negro. Um hiperobjeto poderia ser o campo de petróleo de Lago Agrio no Equador, ou os Everglades da Flórida. Um hiperobjeto poderia ser a biosfera, ou o Sistema Solar. Um hiperobjeto poderia ser a soma total de todos os materiais nucleares na Terra; ou apenas o plutônio, ou o urânio. Um hiperobjeto poderia ser o produto muito duradouro da fabricação humana direta, como o isopor ou as sacolas plásticas, ou a soma de todo o maquinário barulhento do capitalismo. Hiperobjetos, então, são "hiper" em relação a alguma outra entidade, quer sejam diretamente fabricados por humanos ou não.[20]

Mesmo com a breve explicação citada, resta claro que os hiperobjetos não são meras peças, coleções, sistemas ou sobreposições de outros objetos. "Eles são objetos por si mesmos, objetos em um sentido especial".[21] Entretanto, para ser considerado como tal, um hiperobjeto precisa apresentar cinco características, apresentadas brevemente a seguir:

1. Viscosidade: não se refere a uma qualidade física literal, mas sim a uma característica metafórica que descreve a natureza da interação e da presença dos hiperobjetos, que não são facilmente isolados, entrelaçando-se com outras entidades e processos, moldando suas dinâmicas e influenciando seus resultados. Nesse contexto, a viscosidade ressalta como os hiperobjetos permeiam e influenciam outros sistemas e contextos de maneiras complexas e duradouras, como uma sombra que anuncia a sua chegada e que ao mesmo tempo envolve, rodeia, gruda.[22]
2. Não localidade: os hiperobjetos não estão localizados em um único lugar específico no espaço ou no tempo. Eles têm uma presença difusa e estão dispersos em várias escalas espaciais e temporais. Por exemplo, o aquecimento global é

---

20 No original: *"A hyperobject could be a black hole. A hyperobject could be the Lago Agrio oil field in Ecuador, or the Florida Everglades. A hyperobject could be the biosphere, or the Solar System. A hyperobject could be the sum total of all the nuclear materials on Earth; or just the plutonium, or the uranium. A hyperobject could be the very long-lasting product of direct human manufacture, such as Styrofoam or plastic bags, or the sum of all the whirring machinery of capitalism. Hyperobjects, then, are 'hyper' in relation to some other entity, whether they are directly manufactured by humans or not"* (MORTON, Timothy. *Hyperobjects*: philosophy and ecology after the end of the world. Minneapolis: University of Minnesota Press, 2013, p. 1).

21 MORTON, Timothy. *Hyperobjects*: philosophy and ecology after the end of the world. Minneapolis: University of Minnesota Press, 2013, p. 2.

22 MORTON, Timothy. *Hyperobjects*: philosophy and ecology after the end of the world. Minneapolis: University of Minnesota Press, 2013, p. 32.

um hiperobjeto que existe em uma escala planetária, afetando diversas regiões e ecossistemas.[23]

3. Ondulação temporal: hiperobjetos existem em escalas temporais vastas e não humanas. Isso significa que sua presença e influência se estendem ao longo de períodos de tempo muito além da vida individual ou até mesmo da existência de civilizações humanas, trazendo implicações éticas e políticas significativas em diferentes gerações.[24]
4. Faseamento: hiperobjetos não são entidades isoladas. Eles operam em múltiplas dimensões ou camadas de realidade simultaneamente e estão continuamente se movendo e interagindo em relação a outros fenômenos e processos, além de possuírem aspectos ocultos e inacessíveis, podendo revelar diferentes facetas ou influências a depender do contexto ou da perspectiva adotada na sua investigação.[25]
5. Interobjetividade: de modo similar ao que o termo intersubjetividade representa para as relações humanas, a interobjetividade implica uma influência recíproca entre os elementos que constituem os hiperobjetos. Cada componente dentro da rede contribui para a formação e para a dinâmica dos hiperobjetos, ao mesmo tempo em que é moldado e influenciado por eles. Essa dinâmica de interação contínua é central para a compreensão dos hiperobjetos como entidades interdependentes.[26]

Ao analisar atentamente as características dos hiperobjetos, parece confirmado que a tecnologia, com o seu rastro inconfundível e desdobramentos incomparáveis, pode mesmo reclamar o seu posto como um deles. Ela é viscosa, pois envolve e influencia diretamente no processo e na dinâmica de outras entidades (seja no consumo, na educação, na saúde, no entretenimento); ela é não local, pois possui uma presença difusa em diversas escalas temporais e espaciais; ela possui ondulação temporal, pois sua influência se estende para além da vida de civilizações inteiras; ela possui faseamento, pois opera em diversos

[23] MORTON, Timothy. *Hyperobjects*: philosophy and ecology after the end of the world. Minneapolis: University of Minnesota Press, 2013, p. 42.

[24] MORTON, Timothy. *Hyperobjects*: philosophy and ecology after the end of the world. Minneapolis: University of Minnesota Press, 2013, p. 55.

[25] MORTON, Timothy. *Hyperobjects*: philosophy and ecology after the end of the world. Minneapolis: University of Minnesota Press, 2013, p. 70.

[26] MORTON, Timothy. *Hyperobjects*: philosophy and ecology after the end of the world. Minneapolis: University of Minnesota Press, 2013, p. 82.

níveis e camadas da realidade de modo simultâneo, com aspectos ocultos e, por vezes, inacessíveis; por fim, ela participa da interobjetividade, influenciando e sofrendo influência de outros hiperobjetos (a radical mudança climática, por exemplo, tem relação direta com o impacto causado pelas máquinas que aceleram o desmatamento, assim como o aumento de transtornos como depressão e ansiedade possui relação com as redes sociais).[27]

Um itinerário para o fim do mundo

> *"Constatamos que ao final da civilização antiga*
> *a ansiedade ôntica é predominante;*
> *ao final da Idade Média a ansiedade moral,*
> *e ao final do período moderno, a ansiedade espiritual.*
> *Porém, a despeito da predominância de um tipo,*
> *os outros são também presentes e efetivos."*
> Paul Tillich

Além das cinco principais características anteriormente descritas, os hiperobjetos possuem ainda outro aspecto interessante: o fato de serem apocalípticos. Apocalipse que não deve ser somente interpretado em seu sentido escatológico de caos e destruição, mas também como revelação.[28] De fato, desde o aprimoramento da tecnologia até a era digital, muitas coisas foram e são constantemente reveladas, incluindo a incerteza cada vez mais crescente sobre o projeto de progresso incessante teoricamente posto em andamento com o Iluminismo.

A tecnologia, com seu rápido crescimento nas últimas décadas, tem ajudado a desencadear um apocalipse que vai muito além da

---

27 FACUNICAMPS. Quando a rede social deixa de ser um prazer e se transforma em dor. G1. 09 jul. 2021. Especial publicitário. Disponível em: glo.bo/3UlujlU. Acesso em: 27 abr. 2024.

28 Em grego, a palavra ἀποκάλυψις (apokálypsis) pode ser traduzida como "retirar o véu", ou "revelação".

interpretação simplista e literal de uma catástrofe iminente e que em muito se assemelha ao apocalipse causado pelas novas descobertas científicas do século 19, que imaginaram e abriram as portas para se empreender jornadas em outros mundos possíveis.[29] Ainda não se pode dizer com toda a certeza quais as consequências da sua existência no final das contas. Se um novo éden ou um inferno terrestre, pois os inúmeros indícios de sua presença são interpretados de maneiras diversas e talvez seja sempre assim.

Por isso, é preciso cuidado para não se antecipar e cair nas armadilhas de um pessimismo niilista, que costuma fechar os olhos para significativos avanços, como os esforços para criar práticas e protocolos de controle mais efetivos para as IAs generativas.[30] Aos saudosistas crônicos e neuróticos, que como náufragos se apoiam aos restos partidos de navios vetustos, é mais que hora de entender que certos passos não podem ser desfeitos, apenas corrigidos em direção a novos caminhos. Ainda que seja tarefa dolorosa para os mais resistentes, é preciso admitir que, como bem apontou Wolfgang Giegerich, no ponto em que nos encontramos, "ninguém é forte o bastante para arrancar o mundo natural das mãos da ciência e da tecnologia [...] Em nossa época o mundo natural é propriedade legítima da lógica do positivismo; pois é a alma atual que autoriza a ciência e a tecnologia".[31]

Entretanto, as consequências desse domínio inalterável, que tem entre suas fileiras o desenraizamento denunciado por Simone Weil,[32] levam a uma inevitável situação apocalíptica, com prenúncios de mudanças radicais que irão tensionar ao máximo as capacidades adaptativas não apenas do organismo humano, mas também do organismo social. Mas, como sempre acontece em situações similares, nem tudo está perdido.

---

29 CULIANU, Ioan P. *Out of this world*: otherworldly journeys from Gilgamesh to Albert Einstein. Boston: Shambhala, 1991.

30 LEMOS, Ronaldo. Google mostrou que IA pode ser controlada. *Folha de São Paulo*, 2024. Disponível em: https://bit.ly/3UgbBfG. Acesso em: 27 abr. 2024.

31 GIEGERICH, Wolfgang. *A vida lógica da alma*: em direção a uma noção rigorosa de psicologia. Tradução de André Dantas. Petrópolis: Editora Vozes, 2021, p. 306.

32 "O desenraizamento é de longe a doença mais perigosa das sociedades humanas, pois se multiplica. Seres verdadeiramente desenraizados dificilmente têm mais do que dois comportamentos possíveis: ou caem em uma inércia da alma quase equivalente à morte, como a maior parte dos escravizados no tempo do Império Romano, ou atiram-se em uma atividade que tende sempre a desenraizar, frequentemente pelos métodos mais violentos, aqueles que ainda não o são ou o são em parte" (WEIL, Simone. *O enraizamento*. Tradução de Giovani T. Kurtz. Belo Horizonte: Aynê, 2022, p. 69).

Quando se trata do apocalipse atrelado à tecnologia e ao seu aparente desenvolvimento desenfreado, a exemplo daquele anunciado pela crise climática, o que está a acabar é apenas um tipo de mundo, um tipo de visão de mundo, "o fim do sonho do ser humano de que a realidade é significativa apenas para ele".[33] Um acontecimento que, entre todos os seus aspectos negativos e catastróficos, abre espaço igualmente para explorar novas relações com a realidade e com a totalidade de seus habitantes:

> Perdemos o mundo, mas ganhamos uma alma — as entidades que coexistem conosco se impõem em nossa consciência com uma urgência cada vez maior [...]. Agora temos a perspectiva de forjar novas alianças entre humanos e não humanos, agora que saímos do casulo do mundo.[34]

Nesse contexto, o "Titanic da modernidade", juntamente com sua tripulação, precisa lidar com mais um *iceberg* à deriva. A tecnologia, essa estrela supermassiva[35] que atrai com sua força gravitacional tudo ao seu redor, tem exigido de toda a sociedade ações gradativamente mais conscientes e a obriga a olhar ao redor e a encontrar soluções que estão além do espectro antropocêntrico. No entanto, sem o direcionamento adequado, algumas respostas e tentativas podem acelerar ainda mais a colisão.

Nesse momento, é crucial que o Direito e seus representantes estejam cientes da importância de se desenvolver um olhar mais dinâmico em relação ao fenômeno das novas tecnologias, para assim criar práticas e saberes devidamente orientados para a nova realidade que já bate à porta. Caso contrário, o novo mundo que se desenha poderá ter uma vida bem mais curta do que aquele que agora pode estar a exalar os seus últimos suspiros.

---

33 MORTON, Timothy. *Hyperobjects*: philosophy and ecology after the end of the world. Minneapolis: University of Minnesota Press, 2013, p. 108.

34 MORTON, Timothy. *Hyperobjects*: philosophy and ecology after the end of the world. Minneapolis: University of Minnesota Press, 2013, p. 108. Tradução livre.

35 Salienta-se que, seguindo os princípios criados por Morton para se identificar um hiperobjeto, uma estrela também pode enquadrar como um, pois possui todas as cinco características que o definem como tal.

Conclusão: *sidereus nuncius*

> *"Aproximando o meu olho da lente côncava observei objetos bastante maiores e mais próximos."*
>
> Galileu Galilei

O Direito junto com a Filosofia, a Psicologia e outras disciplinas são ferramentas indispensáveis para a navegação nas águas turbulentas da sociedade contemporânea. Entretanto, é fato que é preciso aprimorá-las. Tanto a Filosofia quanto a Psicologia, com amplo apoio das mais recentes descobertas na área das ciências cognitivas, estão caminhando nessa direção. Portanto, torna-se imprescindível que o Direito também o faça, com iniciativas que continuem a garantir uma valorização daquilo que é essencialmente humano, sem ignorar ou deixar de criar aberturas para outras formas de existência que compartilham da mesma realidade.

Entender com profundidade o impacto e o significado do surgimento de novas tecnologias é tarefa primordial para que se possa ir além de análises e medidas superficiais. Diante de toda a complexidade da sua existência e da influência que elas passam a exercer sobre todas as formas de vida, seria leviano incutir-lhes importância menor do que aquela que lhes é, de fato, devida. O singular atraso em se detectar as principais lacunas e padrões que se apresentam nessa nova realidade, surgida ainda entre os escombros de um mundo já antigo e ultrapassado, com intuito de reorientar a sociedade após a iminente colisão com esse novo hiperobjeto, pode significar o cruzamento da linha básica que separa profilaxia e tratamento paliativo.

Não se trata de demonizar as Inteligências Artificiais Generativas, por exemplo. É sobre garantir que o uso delas possa proporcionar bem-estar efetivo ao ser humano e aos coabitantes da realidade que os cerca, diminuindo igualmente suas mazelas. Muito antes das redes sociais e de assistentes virtuais, Simone Weil chamava a atenção para o fato de que os trabalhadores estavam perdendo suas identidades pelo crescente avanço do maquinário no ambiente de trabalho e, antevendo a problemática em torno da substituição da força de trabalho humano pelo desempenho dos autômatos, a filósofa ressaltou o papel fundamental que o Estado deveria desempenhar para mediar a relação entre o trabalhador e a máquina.[36] Desse modo, em consonância com o apelo feito por Weil, é responsabilidade do Direito construir as pontes e canais que conectam essas relações, sem perder de vista a intensidade do brilho e o comportamento dessa *nova stella juris*.

Referências

CAMPAGNA, Federico. *Technic and magic*: the reconstruction of reality. London: Bloomsbury Academic, 2018.

COCCIA, Emanuele. *Metamorfoses*. Tradução de Madeleine Deschamps e Victoria Mouawad. Rio de Janeiro: Dantes Editora, 2020.

CULIANU, Ioan P. Dr. Faust, Great Sodomite and Necromancer. *Revue de l'histoire des religions*, Paris, tomo 207, n. 3, p. 261-288, 1990.

CULIANU, Ioan P. *Eros and magic in the Renaissance*. Chicago: The University of Chicago Press, 1987.

CULIANU, Ioan P. *Out of this world*: otherworldly journeys from Gilgamesh to Albert Einstein. Boston: Shambhala, 1991.

FACUNICAMPS. Quando a rede social deixa de ser um prazer e se transforma em dor. G1. 09 jul. 2021. Especial publicitário. Disponível em: glo.bo/3UlujlU. Acesso em: 27 abr. 2024.

GIEGERICH, Wolfgang. *A vida lógica da alma*: em direção a uma noção rigorosa de psicologia. Tradução de André Dantas. Petrópolis: Vozes, 2021.

GLEISER, Marcelo. *A dança do universo*: dos mitos de criação ao Big Bang. São Paulo: Companhia das Letras, 1997.

HAN, Byung-Chul. *Sociedade do cansaço*. Tradução de Enio Paulo Gianecchini. Petrópolis: Vozes, 2017.

LATOUR, Bruno. *Jamais fomos modernos*: ensaio de antropologia simétrica. Tradução de Carlos Irineu da Costa. Rio de Janeiro: Editora 34, 1994.

LEMOS, Ronaldo. Google mostrou que IA pode ser controlada. *Folha de São Paulo*, 2024. Disponível em: https://bit.ly/3UgbBfG. Acesso em: 27 abr. 2024.

MAGNO, Alberto. *Tratado sobre a prudência*. Tradução de Matteo Raschietti. São Paulo: Paulus Editora, 2018.

MORTON, Timothy. *Hyperobjects*: philosophy and ecology after the end of the world. Minneapolis: University of Minnesota Press, 2013.

MORTON, Timothy. *The ecological thought*. Cambridge: Harvard University Press, 2010.

RODRIGUES, Jocê. Tempo absoluto (I). *Littera 7*, São Paulo, 01 mar. 2023. Disponível em: https://bit.ly/3JzAIVQ. Acesso em: 23 abr. 2024.

SAGAN, Carl. *Cosmos*. Tradução de Paul Geiger. São Paulo: Companhia das Letras, 2017.

---

[36] WEIL, Simone. *O enraizamento*. Tradução de Giovani T. Kurtz. Belo Horizonte: Aynê, 2022, p. 80.

STEGMAIER, Werner. *What is orientation?* Boston: De Gruyter, 2019.

STIEGLER, Bernard. *La técnica y el tiempo*. Tradução de Beatriz Morales Bastos. Hondarribia: Hiru Argitaletxe, 2002.

WEIL, Simone. *O enraizamento*. Tradução de Giovani T. Kurtz. Belo Horizonte: Aynê, 2022.

Informação bibliográfica deste texto, conforme a NBR 6023:2018 da Associação Brasileira de Normas Técnicas (ABNT):

MACÊDO, Jocevaldo Rodrigues; BERBERI, Marco Antonio Lima. Nova *stella juris*: disrupção tecnológica como hiperobjeto. *In*: EHRHARDT JÚNIOR, Marcos; CATALAN, Marcos (coord.). *Tecnologia, família e relações sucessórias*: tutela das pessoas e proteção patrimonial. Belo Horizonte: Fórum, 2024. p. 207-221. ISBN 978-65-5518-831-8.

SOBRE OS AUTORES

Adriano Marteleto Godinho
Professor do curso de graduação e do programa de pós-graduação (mestrado e doutorado) da Universidade Federal da Paraíba. Pós-doutor em Direito Civil pela Universidade de Coimbra. Doutor em Ciências Jurídicas pela Universidade de Lisboa. Mestre em Direito Civil pela Universidade Federal de Minas Gerais. Membro fundador do Instituto Brasileiro de Estudos de Responsabilidade Civil (IBERC). E-mail: adrgodinho@hotmail.com.

Ariane Ferreira Ferro
Mestra pela UFAL. Advogada e professora de Direito Civil. Membro da Coordenação Nacional de Inovação e Tecnologia do CFOAB (2022-2024) E-mail: ariane.ferreira.ferro@gmail.com. Instagram: @arianeferreiraferro.

Camila Sampaio Galvão
Mestranda em Direito pela Faculdade de Direito do Recife (UFPE). Advogada.

Eduardo Henrique Costa
Mestre em Direito pela Universidade Federal de Alagoas (UFAL). Professor do Centro Universitário CESMAC. Membro do Instituto Brasileiro de Política e Direito do Consumidor (BRASILCON) e do Instituto Brasileiro de Direito de Família (IBDFAM). Advogado. E-mail: eduardo.costa@cesmac.edu.br.

Gabriela Balbinot
Advogada. Graduada em Direito pela Universidade do Vale do Rio do Sinos.

Gustavo Henrique Baptista Andrade
Professor do PPGD e da graduação da Faculdade Damas da Instrução Cristã (FADIC) e da graduação do Centro Universitário FAFIRE (UNIFAFIRE), com doutorado pela Universidade Federal de Pernambuco (UFPE) e pós-doutorado pela Universidade do Estado do Rio de Janeiro (UERJ), com imersão de pesquisa no Instituto Max Planck de Hamburgo, Alemanha. Pesquisador dos Grupos de Pesquisa CONREP – Constitucionalização das Relações Privadas/UFPE, Historicidade e Relatividade do Direito Civil/UERJ e Direito Civil e Ação/ UNICAP.

Jocevaldo Rodrigues Macêdo
Graduando em Filosofia na Universidade Cidade de São Paulo (UNICID). Escritor, jornalista e editor (assina como Jocê Rodrigues). Foi um dos coordenadores dos Encontros de Leitura do ITS (Instituto de Tecnologia e Sociedade) em parceria com a EMERJ (Escola da Magistratura do Estado do Rio de Janeiro). Consultor em casos de perícia e avaliação de obras de arte. ORCID: https://orcid.org/0000-0002-4062-8295.

Laiza de Lima Frank
Pós-graduanda em Governança Corporativa e *Compliance* pela Universidade Federal do Paraná. Pós-graduanda em Segurança da Informação pela Descomplica Uniamérica Centro Universitário e graduada em Direito pelo Centro Universitário Curitiba (UniCuritiba).

Luiza Leite Cabral Loureiro Coutinho
Mestra em Direito Civil pela Universidade do Estado do Rio de Janeiro (UERJ). Professora universitária de Direito Civil, Direito do Consumidor e Direito Digital. Advogada. E-mail: luizalcloureiro@gmail.com. ORCID: https://orcid.org/0000-0003-3118-2049.

Marcelo L. F. de Macedo Bürger
Doutorando e mestre em Direito pela Universidade Federal do Paraná. Professor de Direito Civil no Centro Universitário Curitiba (UniCuritiba). Vice-presidente do Instituto Brasileiro de Direito de Família (IBDFAM), Seção Paraná. Advogado.

Marco Antonio Lima Berberi
Doutor, mestre e bacharel em Direito pela Universidade Federal do Paraná (UFPR). Pesquisador do Núcleo de Pesquisa em Direito Civil-Constitucional da UFPR (Grupo "Virada de Copérnico"). Professor, advogado e Procurador do Estado do Paraná. ORCID: https://orcid.org/0000-0002-5132-6452.

Marcos Catalan
Doutor *summa cum laude* pela Faculdade do Largo do São Francisco, Universidade de São Paulo. Mestre em Direito pela Universidade Estadual de Londrina. Estágio pós-doutoral no Mediterranea International Center for Human Rights Research (2020-2021). Visiting Scholar no Istituto Universitario di Architettura di Venezia (2015-2016). Estágio pós-doutoral na Facultat de Dret da Universitat de Barcelona (2015-2016). Professor visitante no mestrado em Direito de Danos da Facultad de Derecho de la Universidad de la Republica, Uruguai. Professor visitante no mestrado em Direito dos Negócios da Universidad de Granada, Espanha. Professor visitante no mestrado em Direito Privado da Universidad de Córdoba, Argentina. Cofundador da Rede de Pesquisas Agendas de Direito Civil Constitucional. Diretor do Brasilcon (2020-2021). Advogado parecerista.

Marcos Ehrhardt Júnior
Doutor em Direito pela Universidade Federal de Pernambuco (UFPE). Professor de Direito Civil dos cursos de mestrado e graduação da Universidade Federal de Alagoas (UFAL) e do Centro Universitário CESMAC. Editor da Revista Fórum de Direito Civil (RFDC). Vice-Presidente do Instituto Brasileiro de Direito Civil (IBDCIVIL). Presidente da Comissão de Enunciados e vice-presidente da Comissão de Família e Tecnologia do Instituto Brasileiro de Direito de Família (IBDFAM). Associado do Instituto Brasileiro de Estudos em Responsabilidade Civil (IBERC) e Membro fundador do Instituto Brasileiro de Direito Contratual (IBDCont). Cofundador da Rede de Pesquisas Agendas de Direito Civil Constitucional. ORCID: https://orcid.org/0000-0003-1371-5921. E-mail: contato@marcosehrhardt.com.br.

Maria Rita Holanda
Professora da Universidade Católica de Pernambuco (UNICAP) e da Universidade de Pernambuco (UPE), com doutorado pela Universidade Federal de Pernambuco, pós-doutorado pela Universidad de Sevilla/ES, e em Direito e Tecnologia pela International post-doctoral programe in new Technologies and law (2022-2023). Pesquisadora dos Grupos de Pesquisa CONREP – Constitucionalização das Relações Privadas da UFPE e Direito Civil e Ação da UNICAP.

Patrícia Ferreira Rocha
Doutoranda na Universidade do Minho. Mestra pela UFPE. Advogada e professora de Direito das Famílias e Sucessões. Pesquisadora do CONREP/UFPE. Presidente do IBDFAM/AL (2024/2025). Membro da Comissão Nacional de Família e Sucessões da ABA. E-mail: patriciarochamcz@hotmail.com. Instagram: @professorapatriciarocha.

Sarah França Mendonça Placido
Advogada, formada pelo Centro Universitário CESMAC. Mestranda em Direito Público pela Universidade Federal de Alagoas (UFAL). E-mail: sarahfrancamendonca@hotmail.com.

Sérgio Coutinho dos Santos
Doutor em Sociedade, Tecnologias e Políticas Públicas pelo SOTEPP – UNIT/AL. Mestre em Sociologia pela Universidade Federal de Alagoas (UFAL). Professor do Centro Universitário CESMAC. E-mail: coutinhosergio@live.com.

Vinicius de Negreiros Calado
Doutor em Direito. Professor e pesquisador do mestrado profissional em Direito e Inovação da Universidade Católica de Pernambuco (Unicap). Advogado. ORCID: https://orcid.org/0000-0002-7151-6261.

Esta obra foi composta em fonte Palatino Linotype, corpo 10
e impressa em papel Offset 75g (miolo) e Supremo 250g (capa)
pela Formato Artes Gráficas.